Nzinga

Coleção Debates
Dirigida por J. Guinsburg

Equipe de Realização – Tradução: Silvia Mazza, J. Guinsburg e Fany Kon; Revisão: Plínio Martins Filho e Fany Kon; Produção: Ricardo W. Neves e Sergio Kon.

roy glasgow
NZINGA

**RESISTÊNCIA AFRICANA À INVESTIDA
DO COLONIALISMO PORTUGUÊS
EM ANGOLA, 1582-1663**

 PERSPECTIVA

Título do original
Nzinga: African Resistance at the Onset of Portuguese Colonialism in Angola, 1582-1663

Copyright © Roy Arthur Glasgow

CIP-BRASIL. CATALOGAÇÃO-NA-FONTE
SINDICATO NACIONAL DOS EDITORES DE LIVROS, RJ

G475r

Glasgow, Roy Arthur
    Nzinga : resistência africana à investida do colonialismo
Português em Angola, 1582-1663 / Roy Glasgow ; [tradução
de Silvia Mazza]. - [1. reimpr.]. - São Paulo : Perspectiva, 2013.
(Debates ; 178)

    Tradução de: Nzinga : resistência africana à investida do
colonialismo português em Angola, 1582-1663
    Inclui bibliografia
    ISBN 978-85-273-0638-6

    1. Nzinga, Rainha de Matamba, 1582-1663. 2. Angola -
História - 1482-1648. 3. Angola - História - 1648-1885. I. Título.
II. Série.

13-0536.
                        CDD: 967.3
                        CDU: 94(673)

24.01.13   29.01.13
                        042381

1ª edição – 1ª reimpressão
[PPD]

Direitos reservados à

EDITORA PERSPECTIVA LTDA.

Av. Brigadeiro Luís Antônio, 3025
01401-000 São Paulo SP Brasil
Telefax: (11) 3885-8388
www.editoraperspectiva.com.br

2019

SUMÁRIO

Introdução à Edição Brasileira	7
Prefácio	9
Sumário Biográfico	13

1. Ndongo, a "Mãe Pátria" 15

   1. *Descrição* 15
   2. *Os Conquistadores Ambundos* 19
   3. *Alguns Contatos Iniciais* 22
   4. *O Início da Fase Militarista* 29

2. Os Primeiros Anos 35

   1. *Infância* 35
   2. *Nzinga Perde a Luta pelo Poder* 42

3. A Infra-Estrutura do Tráfico de Escravos em Angola .. 45
   1. Asientos *de Negros* 52
   2. *O Conceito de Peça e suas Aplicações* 55
   3. *Undar* 63
   4. *Guerra Preta ou "Soldados Escravos"* 68
   5. *Pombeiros* 71

4. A Princesa Nzinga Negocia em Luanda 77

5. Nzinga Torna-se Rainha 91
   1. *A Rainha Nzinga na Corte* 95

6. Conquista Lusa do Ndongo 99
   1. *A Evasão de Nzinga e a Chegada de suas Irmãs a Luanda* 113

7. O Fluxo dos Acontecimentos 117
   1. *Nzinga faz uma Aliança com os Holandeses* 121
   2. *A Batalha Final de Massangano* 135

8. O Declínio do Ndongo 139
   1. *Brasil e Angola: Ação e Reação* 139
   2. *As Rotas Atlânticas dos Escravos para o Brasil* 143
   3. *As Missões de Paz* 156

9. Os Anos de Decadência em Matamba 163
   1. *As Reformas e Alguns de seus Efeitos* 163
   2. *O Casamento da Rainha Nzinga* 165
   3. *Os Problemas de Jaga Kalanda* 167
   4. *Os Dias de Decadência* 170
   5. *O Fim de uma Época* 173

10. Algumas Observações Conclusivas 177

   Apêndices

   A. *Três Cartas da Rainha Nzinga* 183
   B. *Termos de Paz entre os Portugueses e a Rainha Nzinga* 187
   C. *Carta do Governador Luís de Sousa Chichorro ao Rei de Portugal, Relatando Acerca dos Termos de Paz com a Rainha Nzinga* 190
   D. *Escravos que a Rainha Nzinga deu ao Governador Luís Martins de Sousa Chichorro pela Liberdade de sua Irmã D. Bárbara de Araújo* 192

   Bibliografia Selecionada 195

INTRODUÇÃO À EDIÇÃO BRASILEIRA

A presença de um grupo considerável de gente de ascendência africana no Brasil sempre provocou um vivo interesse para a contribuição da cultura africana à maior nação de língua portuguesa. Gilberto Freyre, Nina Rodrigues, entre outros, documentaram de maneira adequada esta contribuição, expondo os elos culturais entre o Brasil e a África. Esta preocupação com coisas africanas está se ampliando, considerando que o Brasil está se movendo para o centro do palco entre o grupo principal de nações e está ampliando seus contatos com a África.

A biografia da Rainha Nzinga é particularmente importante para os estudantes e os leitores de língua portuguesa, interessados nos elos primitivos entre Angola e Brasil, principalmente através do tráfico de escravos, a estrutura e as dimensões daquele comércio, e sua influência em ambas as economias.

Mas talvez de maior importância seja o papel da Rainha Nzinga em sua oposição às iniciais incursões portuguesas em Angola durante o fim do século XVI e o início do XVII. Por vezes, Nzinga parecia fazer a diferença entre o sucesso e a derrota, quase sempre atacando e tomando a iniciativa contra os portugueses. Desde que, a respeito de muitas coisas, Angola era, quase, uma colônia do Brasil, tanto os brasileiros como outros povos de língua portuguesa compartilharão do interesse por este obscuro aspecto de sua história. Esses antecedentes históricos devem fornecer um quadro mais compreensivo a respeito de um importante período.

R. A. Glasgow

PREFÁCIO

O período gamista[1] da expansão portuguesa além-mar produziu personalidades lendárias e românticas que desempenharam um papel central na fundação e na exploração de colônias e na criação de novas fontes de riqueza. Ao passo que muitos volumes têm sido escritos sobre as atividades de funcionários portugueses — governadores, religiosos, marinheiros e soldados, com referências mais ou menos ocasionais sobre as mulheres — esforços realmente minúsculos têm sido dirigidos em prol daqueles distintos e influentes homens e mulheres africanos, cujas ações repeliram e por vezes frustraram a inicial avalancha militar portuguesa. Esse livro, portanto, representa um modesto esforço feito com o intuito de corrigir esse desequilíbrio resgatando

---

1. Assim chamado por causa de Vasco da Gama.

uma importante personalidade africana de uma obscuridade imerecida.

O antigo reino do Ndongo, uma extensa região da hodierna Angola, representa um exemplo *par excellence* da resistência africana do século XVII e, em certa medida, de sua decendência guerrilheira contemporânea. Com efeito, a atual revolta africana contra o domínio português em Angola, incitou-me, em parte, a investigar a carreira da Rainha Nzinga — 1582-1663 — que foi um dos primeiros e efetivos oponentes à dominação portuguesa. Por conseguinte, o veículo de exame, que proporciona uma mais profunda compreensão dos eventos e das personalidades, é a personalidade de Nzinga e suas atividades de resistência.

Embora seja a personagem central deste estudo, o movimento de luta de Nzinga e suas atividades, suscitam e iluminam questões mais amplas tais como a escravidão, o papel da Igreja, sua herança social, política e econômica, e a influência passada e presente de Nzinga nos descendentes de escravos africanos no Brasil. Pessoa absolutamente invulgar, demonstrou uma inflexível determinação para libertar sua Nação do controle português e tornar-se rainha do Ndongo, território que se estende desde o interior mais profundo até ao Oceano Atlântico. Nem gatinha nem tigre, provavelmente um pouco de ambas, ela foi um anátema para os portugueses durante mais de quarenta anos. Apesar de seus esforços hercúleos, seus objetivos viram-se frustrados, pois a ela se opôs um embate étnico sem quartel, uma tecnologia superior e sua concomitância de intimidação e terror, e ganância comercial.

Este livro pode ser convenientemente dividido em duas partes. A primeira compreende os Caps. 1 a 7 e a segunda, os Caps. de 8 a 10. A primeira parte examina a topografia, a estrutura demográfica, a escravidão e a primeira fase das atividades de resistência, enquanto a segunda observa o declínio do Ndongo, o conflito para conseguir uma aproximação diplomática com os portugueses e o esforço feito para construir um novo Estado africano.

Como já foi exposto acima, esse estudo desenvolve-se ao redor da personalidade de uma mulher enigmática consumada nas lutas de guerrilha que envolviam não somente seu poder e seu prestígio pessoais como a sobrevivência de seu reino que estava sob a investida dos portugueses. Como as instituições, normas e símbolos tradicionais estabelecidos viram-se sob crescente ataque; a insegurança, o caos e as anomalias resultantes serviram de berço e de campo de treinamento para um líder com alto nível de funcionalidade "societal" que pudesse se defrontar com o desafio de sua época por meio da resistência armada[2].

10

Facilitada pela posição geográfica, a tática de guerrilha de Nzinga adaptava-se amplamente a sua missão carismática, exceto num fator. A força real de um exército guerrilheiro assenta-se em sua habilidade em politizar as massas, uma tarefa um tanto hiperbólica, considerando a pluralidade étnica de Angola. Mas a estratégia crucial numa guerra de guerrilha foi e ainda é a capacidade das guerrilhas em passar das táticas de ataca e foge para a guerra regular; em outras palavras, eles (os guerrilheiros) devem enfrentar o seu adversário no seu terreno mais forte[3]. Uma tarefa tremenda, e por vezes insuperável. A batalha final de Massangano foi um exemplo da inaptidão de um exército de guerrilha tecnologicamente inferior para enfrentar com sucesso os portugueses numa guerra regular. E, além do mais, apesar de seus reveses, a Rainha Mbundo permaneceu convicta de que seus objetivos valiam o mais alto preço que sua nação pudesse ter sido chamada a pagar. Mais tarde, num esforço dramático para reabilitar sua sociedade, tentou repudiar o passado e introduzir o Cristianismo.

Assim, meus esforços neste livro visam salientar as dimensões históricas e humanas deste movimento e pôr em evidência sua extraordinária líder, cuja personalidade ficou gravada em, virtualmente, toda atividade que ela empreendeu. Nunca desafiada seriamente como soberana, possuía um traço de obstinação e de crueldade, que preservou sua posição, exterminando adversários e recompensando amigos. Na qualidade de agitadora-propagandista, levantou as massas, dirigindo propaganda política aos escravos e aos "soldados-escravos", apelando para seu orgulho nacionalista e prometendo-lhes terras.

O livro não pretende ser definitivo; é possível que venham à luz informações adicionais que permitam dar um quadro mais nítido da Rainha Nzinga e de sua época. Sabemos muito pouco, ou nada, acerca de muitos anos de sua vida. Mas talvez, a estranha vida de Nzinga, seu estilo e seu caráter não podiam ser transmitidos à correspondência e aos arquivos dada a compreensível viés das fontes primárias — funcionários, governadores, soldados, viajantes, padres e aventureiros. No entanto, hoje, cerca de trezentos anos após sua morte, muitos dos aspectos de sua vida ficam confundidos devido a relatos contraditórios. Possivelmente muitos mitos, fantasias e boatos solidificaram-se nos

2. TALCOTT PARSONS (org.), *Max Weber: The Theory of Social and Economic Organization.* New York, The Free Press, 1968, pp. 71-73.

3. E. J. HOBSBAWN, *Revolutionaries: Contemporary Essays.* New York, Pantheon Books, 1973, pp. 169-171, e DOUGLAS PIKE, *Viet Cong: The Organization and Techniques of the National Liberation Front of South Vietnam,* Cambridge, The M.I.T. Press, 1966.

fatos, criando assim uma mitologia Nzinga que tem imposto maiores gravames sobre os dados, do que estes pudesse razoavelmente suportar. Por conseguinte, apesar de ter compulsado numerosas fontes portuguesas e brasileiras para o preparo desse livro, muitas foram inúteis, pois eram mitificadas, positiva ou negativamente, ou eram visivelmente racistas[4]. Apesar de alguns leitores poderem lamentar, em conseqüência disto, a ausência de referências enciclopédicas, gostaria de lhes garantir que isso não foi devido a descuido ou negligência, mas à inclinação do autor em evitar essas fontes portuguesas que, ou estereotiparam a figura de Nzinga com qualidades mágicas, ou eram fontes obviamente preconceituadas. Minha esperança é que esse estudo possa separar os fatos da ficção.

---

4. Veja-se, por exemplo, GLADWYN MURRAY CHILDS, The People of Angola in the Seventeenth Century according to Cadornega, *Journal of African History*, 1, 2 (1960), pp. 271-299. Childs faz referência ao tratamento que Cadornega dispensava ao povo e aos acontecimentos como sendo de natureza "racista". Por exemplo, no volume III, Cadornega argumenta em favor e sanciona o uso de métodos terroristas contra os africanos "pagãos". Suas referências aos africanos e à sua cultura são sempre pejorativas.

12

SUMÁRIO BIOGRÁFICO

1582   Nascimento de Nzinga no Ndongo Oriental.

1590   Presente, com o séquito do pai, na batalha de Massangano.

1617   Morte de seu pai; Nzinga perde a luta pelo trono Mbundo.

1622   Embaixatriz em Luanda; assinatura de um tratado de paz; aí, ela foi batizada na religião cristã.

1623   Deixa Luanda; torna-se Rainha do Ndongo com a morte de seu irmão, o Rei; casamento político com Jaga Kaza.

1624   Inicia contatos diplomáticos com o Bispo Simão Mascarenhas, em Luanda.

1625   Nzinga estabelece seu acampamento de guerra na Ilha Ndangi, no Rio Kwanza; intensa atividade diplomática com os portugueses.

1626	Batalha com as forças portuguesas na Ilha Mapolo; foge da Ilha Mapolo.
1628/29	Retoma contatos diplomáticos com Luanda e os chefes africanos; Nzinga se instala em sua fortaleza em Quina Grande dos Ganguelas.
1641	Aliança com os holandeses.
1647	Formação da tríplice aliança entre Nzinga, o Rei do Congo e os holandeses.
1648	Derrota das forças portuguesas; batalha de Massangano e retirada das forças de resistência.
1651	Nzinga permite a entrada de missionários em seu reino.
1657	Assinatura do tratado de paz.
1658	Casamento com Dom Salvatore.
1663	Morte de Nzinga.

1. NDONGO, A "MÃE-PRETA"

1. Descrição

Ndongo, uma ampla região da Angola hodierna, na África Centro-Ocidental, era a extensa área que se estendia entre os Rios Dande e Cuanza. Este era o mundo dos Bantos que estavam localizados ao sul do reino do Congo e a leste do território de Luba. Originariamente, o povo Mbundo veio do Ndongo Oriental, ou seja, a área descrita como Matamba. Algum tempo depois da invasão desta área pelos Jagas durante os séculos XVI e XVII, o povo Mbundo se dirigiu para oeste como conquistador e se estabeleceu na região de Luanda. Alguns grupos Mbundos voltaram posteriormente para o leste a fim de se subtraírem ao controle português no século XVII.

Geograficamente, o Ndongo era subdividido em três regiões: a região baixa, a média e a alta. A região baixa ou *Loanda* se estendia desde a costa, numa configuração de planície ou pra-

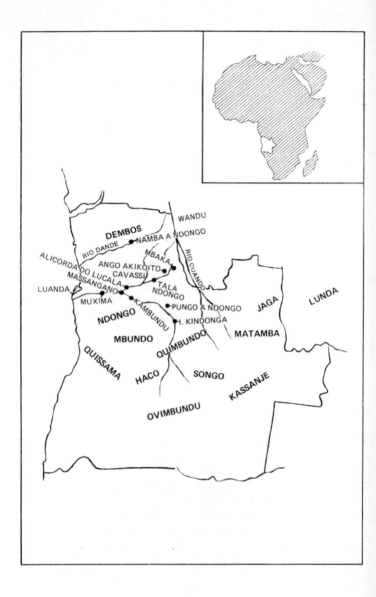

Mapa dos povos de Angola indicando alguns dos lugares das batalhas.
Mapa do Ndongo.

daria, até o leste onde se encaixava profundamente na região média e finalmente na região mais alta[1]. A região média eleva-se em altas e contínuas projeções de terra ao alcançar o leste ou terras mais altas. Os Jagas ocupavam parte dessa região média.

Uma das primeiras descrições (1504) da costa do Ndongo foi a de Pacheco Pereira[2]:

A costa forma uma baía de pouco mais de uma légua e à sua entrada há duas pequenas ilhas, baixas e rasas e de vegetação escassa, chamadas de *Ilhas das Cabras*. Estão muito próximas ao continente, e os negros que as habitam pertencem ao Manikongo, o território Congo que se estende mesmo para além deles. Os negros dessas ilhas apanham pequenas conchas (do tamanho de pinhões em suas cascas) que eles chama de "zinbos". Essas conchas são usadas como dinheiro no país de Manikongo; com cinqüenta se compra uma galinha e com trezentas uma cabra e assim por diante... O território desde o *Rio do Padran* (o Rio Congo) até o Rio do Mondego (Rio Bengo) e as *Ilhas das Cabras* ao longo da costa é plano e matagoso... A trinta braças destas ilhas há pesca extremamente abundante.

Mais afastado da costa há o platô interior, uma planície levemente ondulada por vezes elevando-se sub-repticiamente para o leste e para o sul em altitudes que variam entre 3 500 e 4 500 pés acima do nível do mar. Em outras áreas desta região média, tal como a Serra da Chela, penhascos escarpados adornam os arredores. Ao passo que essa região interior, como a maioria das regiões de Angola, está situada na região tropical, com sua estação úmida e estação seca; as áreas elevadas, especialmente as que sobem 9 000 pés, gozam de um clima temperado. Esse planalto central imerge no Ndongo Oriental, ou seja, na região conhecida como Matamba.

João Cavazzi, o clérigo capuchinho, que viveu no Ndongo por muitos anos, nos deu uma descrição do Ndongo Oriental[3]. Esta área está situada a mais de 600 milhas do Oceano Atlântico

1. F. A. PINTO, *Angola e Congo: Conferências*. Lisboa, Livraria Ferreira, 1888, p. 28. Ver também *A Report of the Kingdom of Congo and Surrounding Countries*, de F. PIGAFETTA. Traduzido do italiano e editado por Margarite Hutchinson. Extraído dos escritos e discursos de DUARTE LOPEZ em 1591, Londres, Frank Cass & Co. Ltd., 1970, p. 18.

2. DAVID BIRMINGHAM, *Trade and Conflict in Angola: The Mbundu and their Neighbors under the influence of the Portuguese 1483--1790*. Oxford, Clarendon Press, 1966, p. 26. Fonte: VISCONDE DE PAIVA MANSO, *História do Congo* (Documentos). Lisboa, 1877, p. 67.

3. JOÃO ANTONIO CAVAZZI DE MONTECUCCOLO, *Descrição e História dos três Reinos do Congo, Matamba e Angola*. Vol. 1, Lisboa, Junta de Investigações do Ultramar, 1965, p. 21. Hoje, Matamba é chamada Duque de Bragança e Jinga. A referência acima é, por conseguinte, dada como sendo de Cavazzi.

e a 15° sul do Equador. O Ndongo Oriental estava inserido entre o Congo e o Matamba Ocidental. Os outros limites territoriais eram o Rio Cuanza perto da província de Libolo e o reino de Batuta, a suleste. O Rio Cuanza, medindo 600 milhas, tem 18 ilhas, das quais Dangi ou Ndanji eram por vezes usadas como residência da Rainha Nzinga. Fluindo para oeste em direção ao Atlântico através de uma terra fértil, o Rio Cuanza fornecia acesso para o interior até uma distância de 120 milhas da costa. Outros grandes rios, tais como o Zambesi, o Cunene e o Cubango também nascem aí.

Cavazzi pensava que, se cultivada, a província podia produzir um excedente de alimentos exportáveis para as áreas circunvizinhas. A relativa instabilidade da população devido às guerras tribais foi provavelmente um dos maiores fatores do baixo aproveitamento do solo. Além do mais, a população geralmente aplicava suas embrionárias habilidades no trabalho de metais mais no desenvolvimento da fabricação de armamentos do que na fabricação de implementos para a agricultura. As regiões mais prósperas eram aquelas próximas à residência real, perto do Rio Cuanza Oriental. Esse rio era a principal via fluvial do reino de Ndongo, abrindo caminhos para o interior aos comerciantes, amigos e adversários. O historiador português, Gastão Sousa Dias, descreve-o como sendo um grande rio, um amplo rio de águas claras que eram margeadas por árvores de mangues[4].

Matamba, a leste, era uma daquelas regiões periféricas (a outra era o Ndongo), que reconhecia a soberania do Congo pagando um tributo anual. O controle congolês, todavia, era somente nominal. Por conseguinte, quando seu *soba* (ou sova) (chefe) se rebelou contra o controle congolês foi aclamado *cambolo*, que significa rei de Matamba. O capuchinho enfatizou que esse rei era orgulhoso, destemido e um grande guerreiro. Por conseguinte, ele tratou logo de ampliar os seus domínios às custas dos outros sobas. Não conseguimos localizar outros dados que pudessem colocar o cambolo num contexto histórico mais significativo face ao Ndongo e ao Congo. Especulativamente falando, ele poderia ter sido Zimbo, que realmente foi rei de Matamba no século XVI[5].

---

4. GASTÃO SOUSA DIAS, *Relações de Angola*, Coimbra, Imprensa da Universidade, 1934, p. 100.

5. ALBUQUERQUE FELNER, *Angola: apontamentos sobre a ocupação e início do estabelecimento dos Portugueses no Congo, Angola e Benguela*, Coimbra, Imprensa da Universidade, 1933, p. 91. Felner sustenta que a distinção que alguns autores fazem ao separar o Ndongo de Matamba não é, de fato, justificada.

2. Os Conquistadores Ambundos

A obscuridade envolve as origens do reino do Ndongo[6]. De acordo com Antonio Brasio, o rei do Congo, Nzinga a Mbemba (Afonso I), incluiu o Ndongo (os Ambundos) numa lista de suas possessões quando escreveu para Lisboa em 1512[7], sobre as condições internas no Congo.

Os Ambundos ou Mbundos eram religiosos, dando grande ênfase a ídolos e orixás. Usavam braceletes, colares e argolas nos tornozelos, feitos de cobre. Os principais grupos étnicos no Ndongo pertenciam ao grupo lingüístico Kumbundo e esses grupos, com exceção do Kasanji (Kissanje) ou Cassange (lingüisticamente Quinbundu) — tais como os Ambundos (Mbundo), Ndembo, Gangala ou Imbangala (Jagas), tinham-se consideravelmente interligado pelo casamento. Esses, e outros pertencentes ao grupo Kumbundo, partilhavam muitas palavras e expressões gramaticais que facilitavam o entendimento mútuo e que ajudaram a borrar as linhas étnicas. O grupo Mbundo veio das terras altas a leste de Matamba e se estabeleceu na região leste de Luanda. Seu modo de vida nômade nem sempre se prestava a atividades agrícolas mas, antes, à manufatura de lanças, facas e machados, alguns dos quais eram usados na produção de colheitas perto da residência do monarca. Para o norte havia os Ndembos, culturalmente mais próximos aos Bakongos, que faziam parte, outrora, do Reino do Congo. Os industriosos Ndembos inicialmente cooperaram com os portugueses, mas subseqüentemente se tornaram um de seus mais implacáveis inimigos, ao perderem sua independência em 1607.

Alguns dos Mbundos vieram originariamente das terras altas orientais de Matamba onde sustentam Felner e Lopez de Lima se encontrava um Jaga de Matamba (Zimbo) que conquistara o Ndongo, seja no fim do século XV ou no início do XVI e o dera como anexo a seu filho, Ngola Mbandi ou Ngola Kiluanji[8]. Este foi provavelmente o mesmo Ngola Kiluanji que centralizara o reino Mbundo[9] e vivera em Tandi ni Milumba, uma região próxima ao Zambesi Superior. Se aceitarmos a "infor-

---

6. BARTOLOMEU DIAS afirmou ter visto o Ndongo em 1488 quando estava a caminho do Cabo da Boa Esperança.

7. ANTONIO BRASIO, *Monumenta Missionaria Africana Oriental*, I, Lisboa, Agência Geral, 1956, p. 260.

8. FELNER, *op. cit.*, p. 201 e LOPEZ DE LIMA, *Ensaio sobre a Estatística d'Angola e Benguela*. Vol. III, Lisboa, 1846, p. 41.

9. CAVAZZI, *op. cit.*, pp. 292-295. Também BIRMINGHAM, *op. cit.*, pp. 30-32.

19

mação" de Felner e de Lima de que o Jaga de Matamba ou Zimbo foi o conquistador do Ndongo, então, presumivelmente, foi o opulento soba ou *musuri* (Mussur?), que significa ferreiro, a quem foi atribuída a fundação do reino[10]. A profissão de ferreiro era altamente apreciada pela elite porque proporcionava muitas das coisas indispensáveis à vida. Por exemplo, o ferreiro fabricava lanças, facas, os machados necessários aos trabalhos dos campos e por conseguinte, devido à demanda desses utensílios, resultava em poder, *status* e influência. Além do mais, durante os períodos de seca e de carestia o musuri permutava instrumentos de ferro por alimentos com os grupos étnicos vizinhos. Mas o musuri podia também ter usado seu poder, *status* e autoridade para subjugar outros grupos étnicos, salvando desse modo o seu povo da carestia. Essa explicação parece mais plausível porque os recursos do grupo eram engrenados mais em direção da expansão de seu espaço vital do que no sentido de criar um excedente econômico. Um dos primeiros missionários observou essa prática em Ndongo. "Todos os habitantes são muito pobres, nenhum deles procura por riquezas. Mesmo as pessoas mais eminentes nada põem de lado para o futuro"[11]. Somente os servos produziam riquezas, das quais não desfrutavam. O musuri tinha provavelmente muitos servos que trabalhavam para ele e portanto se tornava influente e poderoso. Alguns lhe davam o nome de Ngola Bumbambula. Outros o chamavam Irene Ngola, que significa "Ngola, o Grande"[12].

Cavazzi menciona Mussuri, um ferreiro, que se tornou rei ou Ngola. Parece tratar-se do mesmo musuri, Ngola Musuri, que tinha duas filhas, Zundu dia Ngola e Tumbia dia Ngola. Tumbia foi dada em casamento pelo pai ao chefe dos Bembas, soba Kiluanji Kia Samba. Duas crianças nasceram deste casamento. Posteriormente, Irene Ngola morreu em circunstâncias duvidosas, e foi sucedido por sua filha, Zundu. Acredita-se que tenha sido assassinado por um servo ou um escravo que tinha sido promovido à posição de seu herdeiro aparente e que cobiçava seu trono[13]. A filha solteira do rei assassinado, Zundu, subiu ao trono. Considerando que a nova soberana não tinha filhos, ela achou necessário consolidar sua posição política. Suas ações futuras mostraram que ela tinha ou pensava ter motivos de

10. *Musuri* significa ferreiro. Veja-se CUVELIER, *Koningen, op. cit*, pp. 14-18; e também BIRMINGHAM, *op. cit.*, p. 20.

11. CUVELIER, *loc. cit.*

12. Provavelmente Ngola Irene Kiluanji. Veja-se BIRMINGHAM, *op. cit.*, p. 31, que declara que isto poderia não ser um fato comprovado.

13. CUVELIER, *op. cit.*, p. 18.

preocupação. Seu modo de agir pode ter sido baseado no receio de possíveis rivalidades ou ciúmes. Talvez um pouco de ambos. Todavia, resolvendo eliminar seus dois sobrinhos, sugeriu à sua irmão, Tumbia, que os filhos dela deveriam ir residir na corte, já que ela não tinha filhos e, portanto, nenhum sucessor. O pai dos meninos, o soba Kiluanji Kia Samba, desconfiou das intenções da rainha e temeu pela vida de seus filhos[14]. Sua esposa era mais confiante e persuadiu o marido a enviar os filhos à corte, receando provocar a ira da rainha. Kia Samba concordou em enviar somente um dos filhos, pois em caso dele vir a ser assassinado pela rainha, o outro sobreviveria.

A Rainha Zundu, ao descobrir que apenas um dos sobrinhos chegara, e possivelmente suspeitando que seu ardil fora desmascarado, ficou enfurecida e decapitou a criança e seu séquito. Todos os componentes do grupo morreram — menos um, que escapou levando as notícias à irmã da rainha e seu povo. A reação do conselho dirigente de Tumbia foi imediata. Resolveram vingar a morte do filho de Tumbia e de sua gente pela guerra.

Tumbia levou suas forças à batalha contra a irmã. Aniquilando rapidamente o inimigo, vingando-se pessoalmente a morte de seu filho matando a irmã. Por injunção de seus seguidores e pela força de seu parentesco e de sua bravura, Tumbia foi proclamada rainha. Como soberana, quis que também seu marido reinasse, e ao tornar-se rei, adquiriu o nome de Ngola Kiluanji Kia Samba. O casal régio, após ter reinado por um curto período de tempo, abdicou em favor de seu filho, que foi chamado Ngola Kiluanji. Este faleceu em 1557 ou 1558[15].

Ngola Kiluanji, o terceiro rei[16], expandiu as fronteiras de seu reino por meio de conquistas. Seu filho, que lhe sucedeu,

14. BIRMINGHAM, op. cit., p. 31, citando de G. L. HAVEAUX, *La tradition historique des Bapende Orientaux*, Bruxelas, 1954, relaciona uma ordem dinástica que deve ser aceita com reservas. A ordem é a seguinte: Ngola Ngobe (que deu início ao tráfico de escravos); Ngola Irene Kiluanji (? 1557); Ngola Ndambi Irene ia Ndgenge; Ngola Kiluanji Kia Samba; Ngola Nzinga in Bandji, e Njinga Pande ou Rainha Nzinga 1624-63. Cavazzi dá a seguinte: Ngola Kiluanji, Nbdambe Ngola, Ngola Kiluanji, Nzinga Ngola, Kilombo Kia Kasenda, Mbandi Ngola Kiluanji, Ngola Mbande e a Rainha Nzinga Mbande. Ver CAVAZZI, op. cit., pp. 294-96.

15. CUVELIER, op. cit., p. 17. LOPES DE LIMA, *Ensaio*, vol. III, *parte segunda*, é muito severo com Cavazzi, a quem acusa de ter falsificado a história. Ver seu *Ensaio sobre a Estatística d'Angola e Benguela*, vol. III, Lisboa, 1846.

16. E. G. RAVENSTEIN (org.), *The Strange Adventures of Andrew Battell of Leigh in Angola and the Adjoining Regions*. Londres, The Hakluyt Society (MDCCCI), p. 144. Battell declara que os nomes dados

21

foi Ndambi a Ngola. Parece que Ndambi a Ngola acelerou a prática de eliminar todos os rivais, que fora iniciada sob o reinado da Rainha Zundu. Sua história é marcada por uma série de atos repressivos. Cavazzi escreveu que ele foi um terrível tirano, cruel e sem moral. O clérigo pode ter cometido o erro de excesso de dramatização e não ter entendido a natureza e o uso criativo de força como fator de homogeneização de grupos étnicos diferentes.

Em 1575, Ndambi a Ngola ou Ngola Ndambi Irene ia Ndjenge faleceu depois de ter governado cerca de dezoito anos[17]. Ngola Kiluanji Kia Ndambi sucedeu ao monarca falecido. Ele via a si próprio como o Senhor do sol e da lua, da chuva e do bom tempo. Aparentemente, Ngola Kiluanji Kia Ndambi era um monarca presunçoso, pois as crônicas revelam que seus sequazes eram obrigados, e assim o faziam, a adorá-lo como a um deus. Como seu predecessor, prosseguiu nas suas atividades militares, estendendo o reino até seis milhas de Luanda. A área de Luanda e as ilhas contíguas pertenciam ao rei do Congo. O sexto rei Mbandu foi Ngola Kilombo Kia Kasenda, um descendente de Ngola Kiluanji Kia Samba, que fora o esposo da Rainha Tumbia dia Ngola. Seu filho chamou-se Mbandi Ngola Kiluanji ou Nzinga Mbandi.

3. Alguns Contatos Iniciais

O contato luso-africano inicial em Angola deu-se aparentemente pouco antes de 1504[18], quando alguns mercadores portugueses, que não estavam satisfeitos com a posição do monopólio comercial de seus compatriotas no Congo, chegaram ao Ndongo e convenceram o Ngola Irene a enviar um embaixador ao Rei de Portugal. De acordo com Andrew Battell, todavia, em 1504, um representante do Ngola na Corte Congolesa sugeriu a alguns missionários em Mbanza Kongo (São Salvador) que seu monarca gostaria de ser convertido à nova religião[19]. Esse representante dera ao rei congolês, Nzinga a Mbemba,

por Cavazzi, Antonio Laudati de Gaeta, Cadornega e outros como sendo reis, eram meramente títulos que eles assumiam e pelos quais eram geralmente conhecidos. O título completo do rei do Ndongo era Ngola Kiluanji Kia Samba e seu nome exato era Kalunga (isto é, Excelência Ndombo Ukambo.

17. *Ibid.*

18. BRASIO, II, *op. cit.*, pp. 387-388, 415. Esse volume contém muitos detalhes sobre as primeiras atividades dos portugueses em Angola.

19. RAVENSTEIN, *op. cit.*, p. 139; BIRMINGHAM, *op. cit.*, p. 26.

"alguns braceletes de prata" com o pedido que fossem entregues ao rei luso. Em Lisboa, esses presentes excitaram a imaginação dos portugueses e confirmaram ulteriormente sua crença de que metais preciosos abundavam no Ndongo. O pedido de missionários foi um subterfúgio da parte de Ngola. Ele estava provavelmente com ciúmes do Manikongo e de seu monopólio comercial que elevara seu prestígio, aumentara sua riqueza e o pusera em contato com o mundo europeu do tráfico e do comércio. Além do mais, a abertura de Ngola fora efetuada com vista a mais um propósito, a eliminação das incursões congolesas, através da fronteira, para a captura de escravos[20].

Aparentemente, nada se fez com respeito a esse pedido até o ano de 1520. Então, Dom Manuel, rei de Portugal, redigiu um regimento em Évora e ordenou a dois antigos residentes no Congo, Manuel Pacheco e Balthazar de Castro, que visitassem "el Rey d'Angola"[21]. Pelas instruções incumbia-lhes procurar a corte do monarca africano e explorar as "possibilidades missionárias e comerciais" da região[22]. Portugal aferira algum proveito do Congo, mas nenhum metal precioso. O rei português queria metais preciosos, tanto mais quanto a Espanha já estava explorando suas minas americanas, e foi assim com visível entusiasmo que os portugueses se prepararam para empreender essa viagem. Eis a seguir alguns extratos do regimento[23]:

> Confiamo-vos essa missão com a finalidade principal de averiguar se o Rei de Angola deseja realmente ser cristianizado tal como foi feito no Congo. Foi-nos dito que o Rei realmente o deseja e que os mensageiros enviados pelo Rei exprimiram essas idéias. Juntamente com isso, fomos informados que no reino de Angola poderão ser encontradas algumas minas de prata. Devereis tentar encontrá-las, e também procurar saber se há outros metais. Deus antes e acima de tudo, mas tenhais em mente também o ouro.

A missão malogrou. Manuel Pacheco voltou para Lisboa com uma pequena carga de escravos, marfim e prata[24]. Seu compatriota, Balthazar de Castro, fora capturado e aprisionado pelos Mbundos. Em 15 de outubro de 1562, Castro escreveu de Mbanzakongo ao Rei João III, de Portugal[25]:

20. BIRMINGHAM, *op. cit.*, p. 29.

21. GASTÃO SOUSA DIAS, *Os Portugueses em Angola*. Lisboa, Agência Geral do Ultramar, 1959, p. 95.

22. RAVENSTEIN, *loc. cit.*

23. CUVELIER, *op. cit.*, pp. 19-20; também BRASIO, II, *op. cit.*, pp. 431-440.

24. RAVENSTEIN, *op. cit.*, p. 144.

25. CUVELIER, *op. cit.*, pp. 20-22.

O Rei do Congo me libertou da prisão e me ajudou a escapar do poderio do Rei de Angola. Cheguei a Mbanzakongo em fins de setembro de 1526. O Rei Afonso me forneceu os trajes de que necessitava porque eu não possuía mais nenhum. Ele enviara um homem a Angola para me libertar e também um sacerdote para o rei, para batizar seu povo. Todavia, o mensageiro não foi bem-sucedido em sua missão e regressou a Mbanzakongo.

Entrementes, os portugueses passaram a ter problemas de abastecimento com o Congo no que dizia respeito às *peças das Índias*, como eram chamados os jovens (de 20 anos e mais novos) e considerados escravos de primeira. O Congo não queria ou não podia fornecer o contingente necessário de força humana de trabalho para o qual estava se desenvolvendo um mercado tremendo nas Américas[26].

Houve queixas dos traficantes de São Tomé porque os barcos deixavam Mpinda com um carregamento de apenas quarenta ou cinqüenta escravos. Os Manikongos consuravam a escassez de navios e sua capacidade inadequada como sendo fatores que contribuíam para o declínio das exportações. Qualquer que fosse a razão, os portugueses resolveram, sub-repticiamente, descumprir o tratado de monopólio que havia sido negociado com o Rei do Congo.

O Ndongo oferecia certos atrativos para os estrangeiros. Em primeiro lugar, a região ao redor da capital de Ngola ou *kabasa* fora descrita como sendo fértil e populosa. A densidade da população era provavelmente maior do que em qualquer outra zona do país. Em segundo lugar, essa área produzia aguardente, azeite de dendê e frutas, assim como materiais de construção para casas e estabelecimentos fortificados. Os numerosos rios, especialmente o Cuanza, facilitavam o acesso ao interior para as trocas de tecidos, quinquilharias e víveres[27]. Por fim, a opinião inicial e errônea dos portugueses era que o Ndongo, ao contrário do Congo, não constituía uma sociedade muito complexa e altamente organizada. Por conseguinte, uma reprodução do modelo ibérico seria mais fácil nesta última região.

Assim como no Congo, as incursões comerciais e militares dos portugueses provocaram rivalidades e contendas em Angola. Vista de Mbanzakongo, qualquer tentativa dos Mdundos para participar do tráfico de escravos ameaçaria a posição financeira de Mbanza como único fornecedor legal de escravos, marfim

26. *Boletim da Sociedade de Geographia de Lisboa*. Lisboa, Imprensa Nacional, 1885, p. 302. Note-se que os escravos mais velhos eram avaliados em menos de uma peça.

27. OLIVEIRA MARTINS, *Brasil e as Colônias Portuguesas*. Terceira edição, Lisboa, Livraria de Antonio Maria Pereira, s.d., p. 54.

e cobre. Conselheiros portugueses, *pombeiros* (traficantes) e *sertanejos* (matutos), dentro e ao redor da corte do Manikongo, que tinham um interesse adquirido na compra de escravos, eufemisticamente descrita como aquisição e redenção de escravos, haviam advertido o monarca africano acerca dos acontecimentos que estavam ocorrendo ao sul do Rio Dande. Esses mercadores estavam ciosos de sua posição de monopólio e estavam determinados a não ceder essa vantagem a quem eles consideravam concorrentes e entrelopos.

Ngola Kiluanji tinha seus problemas com os conselheiros portugueses oficiosos e com o pequeno número de politiqueiros alienígenas que desejavam abrir um novo mercado[28] para aumentar o fornecimento de escravos. Como prática iniciada e desenvolvida no Congo e mais tarde no Ndongo, os "conselheiros" portugueses foram colocados na corte do Manikongo e de *Ngola*. O conselheiro (por vezes um padre), tinha usualmente a patente de capitão e funcionava como um quase-embaixador e juiz perante a colônia comercial portuguesa na corte africana. Suas funções principais eram solucionar "imparcialmente" as disputas, promovendo, defendendo, ao mesmo tempo, a defesa dos interesses portugueses; também, ficava de olho, vigiando o preço dos escravos, enquanto supervisionava os *pombeiros* para certificar-se de que não transgrediam as leis da coroa portuguesa. Em casos de contenda podia-se recorrer de sua autoridade, apelando para Lisboa. Esses conselheiros desenvolveram grandes interesses políticos e econômicos e amplo poder, em detrimento dos monarcas africanos. Alguns gozaram da confidência dos soberanos africanos e tinham condições de influenciá-los para que agissem de modo favorável aos interesses portugueses. Eram uma força subversiva, um posto político avançado "subornando e traficando" nas intrigas da política nacional e internacional em detrimento dos governantes africanos. O rei capitulou às importunações deste grupo e enviou (1556) um embaixador (Dom Antônio), a Lisboa, para solicitar o estabelecimento de relações diplomáticas.

Houve três implicações subseqüentes às manobras e intrigas acima citadas. Em primeiro lugar, foi significativa a nova atitude independente de Ngola. De fato, se não em lei, essa postura formalizou a secessão do Ndongo em relação ao Congo. Até então, este monarca sempre reconhecera a posição superior do rei do Congo. Embora houvesse cessado de pagar o tributo, Ngola envia-

---

28. SOUSA DIAS, *Relações, op. cit.*, p. 79. Note-se que antes de 1580 o número de escravos exportados de Luanda era avaliado em cerca de 10 000 escravos anuais. BRASIO, III, *op. cit.*

ra anualmente presentes ao Manikongo, o que indicava um certo reconhecimento de dependência e homenagem. Por exemplo, inicialmente, quando Ngola quis informar-se sobre a nova religião e suas possibilidades comerciais, enviou embaixadores à corte do Congo. Agora tais embaixadores eram despachados diretamente à corte portuguesa em Lisboa. Isso significou um deslocamento no *locus* do poder, do Congo para o Ndongo. Em segundo lugar, *pari passu* com essa mudança, houve o aumento da dependência dos sobas africanos para com os mercadores portugueses e posteriormente aos soldados lusitanos. Os africanos que desejassem derrotar seus inimigos e acertar seus conflitos mortais, tinham de procurar obter a assistência militar e o apoio político dos portugueses. Em muitos casos, estes prestavam ajuda àqueles chefes que se mostravam simpáticos com seus interesses ou extorquiam uma tal promessa como condição de apoio futuro. Em outras ocasiões, davam assistência a um soba mais fraco contra seu oponente mais forte a fim de eliminar uma potencial ameaça militar. Deste modo, alguns sobas se tornaram vassalos portugueses[29]. Por outro lado, Birmingham nota crescente rivalidade entre os monarcas angolano e congolês, uma rivalidade nascida da recém-encontrada riqueza em escravos, por parte do Ngola. Essa riqueza foi o fator do poder cada vez maior do monarca Mbundo[30].

A Rainha Catarina, em Lisboa, aquiesceu à demanda de Ngola, enviando Paulo Dias de Novais, neto do famoso Bartolomeu Dias, para o Ndongo. Na sexta-feira, 22 de dezembro de 1599, três navios zarparam de Lisboa levando Dias e uns poucos soldados. A missão refletia uma justaposição do aspecto espiritual e do comercial. O jesuíta, Padre Gomez, prevenira que não seria diplomático desviar abruptamente o tráfico do Congo para o Ndongo. A Coroa fora aconselhada a fazê-lo mui lentamente. O conselho caiu em ouvidos moucos. De Lisboa, a flotilha visitou São Tomé e chegou à embocadura do Rio Cuanza a 3 de maio de 1560. Nove dias mais tarde Dias enviou seu primo Luís Dias para contatar o Ngola apesar das advertências dos portugueses para que fosse feito o contrário. Luís Dias foi

---

29. RAVENSTEIN, *op. cit.*, p. 169. Ver também a obra seguinte para as condições de vassalagem, ALBUQUERQUE FELNER, *Angola: apontamentos sobre a ocupação e início do estabelecimento dos Portugueses no Congo, Angola e Benguela*. Coimbra, Imprensa da Universidade, 1933, p. 221.

30. JOAQUIM JOÃO MONTEIRO, *Angola e o Rio Congo*, 1. Londres, Macmillan and Company, 1875, p. 21, também PADRE MANUEL RUELO POMBO, *Paulo Dias de Novais e a Fundação de Luanda*. Lisboa, 1940.

acompanhado por um mulato, que trabalhara no navio, e pelo embaixador Mbundo, em viagem de regresso, Dom Antônio. Em 24 de junho, o grupo regressou com um negro eminente, Ngongo a Nzinga, e vários africanos. A resposta do rei foi indiferente. Provavelmente, isso foi porque ele não expedira o convite original aos portugueses, tendo seu predecessor e convidante falecido vários anos antes[31]. Pode-se presumir também que o monarca não estivesse interessado nas dádivas dos céus mas unicamente nas dádivas terrenas, e como alguns mercadores portugueses junto à sua corte já lhe houvessem oferecido as vantagens comerciais que lhe pareciam anteriormente só obteníveis pela conversão à fé cristã, tal empreendimento não mais era necessário.

Ignorando as advertências, Dias despachou o embaixador africano e alguns missionarios numa segunda missão junto ao rei. Por quatro meses, o embaixador e os missionários ficaram aguardando que Ngola a Ndambi houvesse por bem recebê-los. Ele remeteu então uma concisa resposta a Dias, na qual afirmava conhecer algo da terra mas que podia dispor-se a ouvir algo sobre os céus. Aparentemente, tratava-se de um artifício, pois o Ngola estava mais interessado nos bens materiais do que nos espirituais. Em todo caso, Dias ansiava por visitar a Corte. Deixara Lisboa cerca de um ano antes, e não alcançara até então nenhum elemento tangível de sucesso. Entrementes, como prenunciador de futuras calamidades, o clima letal começara a reivindicar suas vítimas. Durante o período em que aguardavam a resposta do rei, oito marinheiros morreram, e na viagem de sessenta milhas até a capital de Ngola, a doença, a morte, a total escassez de víveres, a fome e a sede foram os companheiros constantes de Dias e seu grupo.

Depois de ladear uma vintena de povoados, o grupo chegou à cidade real, sendo alojado em três choupanas. O rei enviou os tradicionais presentes de víveres (galinhas e cabras), e aguardente de palmeira. Sua capital era uma cidade ampla formada por cerca de quinhentas a seiscentas choupanas, feitas de vigas de palmeira e cobertas de folhas. Na parte interna deste cercado havia vários pátios e entradas que conduziam para o âmago da corte. Era aí, num pátio amplo, que o monarca recebia seus hóspedes, conselheiros e nobres[32].

31. O terceiro ou quarto rei podia ter enviado o convite original por volta de 1504. Cadornega, I, dá os seguintes nomes de reis do Ndongo desde a chegada dos portugueses: Ngola a Kiluanji, Ngola Mbandi, Ngola a Kiluanji II, Rainha Nzinga, Ngola Kanini e sua esposa Mocambo. Isto, porém, é inconsistente em Cavazzi.

32. BRASIO, II, *op. cit.*, pp. 500-503.

De acordo com o costume local o monarca podia receber seus hóspedes somente depois de vários dias. Finalmente, Dias e seu grupo foram conduzidos à presença do Ngola que, sentado entre seus cortesãos, bebia aguardente de palmeira. Envergava vestimentas coloridas e estava sentado em seu trono. Na mão esquerda segurava o corno de um antílope e à sua direita havia uma grande cabaça com aguardente de palmeira, da qual bebia constantemente. Houve uma troca de presentes entre os visitantes e o rei africano. Dias apresentou como dádivas trajes de lã e de seda, quatro espadas e um burro de metal[33]. O Ngola retribuiu com cabras, galinhas, vacas, frutas e aguardente de palmeira.

O rei porém desconfiava dos forasteiros. Permitira com relutância, que o missionário Padre Gouveia, ensinasse a uns vinte súditos seus, jovens rapazes, os princípios do Cristianismo. Sua atitude mudou depois de ter recebido os presentes, e se tornou mais cauteloso e menos amigável. Presumivelmente se lembrara das advertências do Rei do Congo acerca das maquinações maquiavélicas dos portugueses. Ele fora avisado que eles roubariam sua prata e o espionariam com o objetivo de lhe conquistar o reino. Logo, as relações pioraram, alimentadas pela suspeita, a ganância e outros fatores inevitáveis aos conflitos humanos, tão prenhes naquele choque de culturas e de interesses.

A bagagem de Dias e de seus homens foi confiscada e todo o grupo, seqüestrado e aprisionado em uma pequena aldeia[34]. Após vários meses, trinta homens foram soltos. Dias, Padre Francisco de Gouveia e o Frei Mendes permaneceram na prisão. Os homens postos em liberdade não puderam voltar à pátria porque seu navio já partira. Todavia, um soba amistoso deu-lhes alguns víveres e alguns barcos, de modo que largaram rumo ao norte para Mpinda, o porto marítimo do Congo. Em Mpinda, embarcaram para São Tomé, de onde um navio português foi enviado para o Rio Cuanza, a fim de negociar a libertação dos cativos.

O rei estava determinado a capturar o navio, de preferência, a libertar os prisioneiros. Enviou, portanto, uma severa admoestação ao capitão, advertindo-o que as vidas de seus cativos estariam em perigo se a mercadoria que se encontrava a bordo não fosse entregue ao seu representante. Tendo o capitão pouca ou nenhuma escolha[35], Dias foi posto em liberdade e voltou para Lisboa determinado a conquistar o Ndongo, mas os missionários ficaram detidos naquele país.

33. *Boletim da Sociedade de Geographia, ibid.*
34. MONTEIRO, I, *loc. cit.*, e também BRASIO, *op. cit.*
35. BRASIO, II, *op. cit.*, pp. 490-510.

4. O Início da Fase Militarista

Em Lisboa, a crença de que havia grandes quantidades de ouro, prata e cobre no Ndongo, especialmente em Kambambe, ganhou grande aceitação nos círculos oficiais. Essa crença estava em contradição com a opinião de Balthazar de Castro (1526), que estivera preso no Ndongo durante vários anos. Dias, porém, era um aventureiro particular e como tantos outros estava patologicamente obcecado pelo intoxicante chamariz representado pelas possibilidades minerais do país. De acordo com o teólogo Molina, os portugueses estavam convencidos que o Ndongo possuía minas de sal, de prata e de ouro. Corria o boato que as minas de sal eram tão grandes que abasteciam "toda a Etiópia (*sic*) e parte da Pérsia"[36]. Também, era voz corrente que somente os ferreiros conhéciam sua localização e que necessitavam de muitos ajudantes para fazê-las funcionar[37]. Os jesuítas conseguiram convencer o monarca português, e mais tarde a corte espanhola, da existência de minas de prata, muito grandes e muito ricas, no Ndongo. Ficaram tão obcecados por esta idéia, quanto o estavam com a fatuidade da evangelização e de sua eficiência no Mbundo.

Acreditava-se que as minas de prata situavam-se em Kambambe, local que era descrito como próximo a muitos rios. As áreas circunstantes, habitadas por pacíficos lavradores, eram muito férteis, como atestava a abundância de azeitonas, pêras e figos. Apesar desta nota otimista, pareceu a Dias que uma exploração pacífica das minas era impossível. Baseado em suas experiências das vicissitudes da política africana, estava decidido a se equipar para todas as eventualidades[38].

Além do mais, o Ndongo, de acordo com os relatórios, possuía quantidades inexauríveis de mão-de-obra escrava. Isto representava uma fonte de novas riquezas. Os motivos principais eram, portanto, a exploração *das minas de prata* e a mão-de--obra humana. A "correta" justificação ideológica utilizada era o ensino do cristianismo. Mas como isso não era possível sem dominação, a conquista armada se tornou parte integral dos futuros esforços de colonização por parte dos portugueses. Com base em suas precedentes experiências na África, poderia

36. LUCIANO CORDEIRO, *Memórias do Ultramar: Terras e Minas Africanas*, Lisboa, Imprensa da Universidade, s.d., p. 196.

37. DIAS, *Os Portugueses, op. cit.*, p. 93.

38. Relatórios anteriores afirmavam que o rei africano se interessava principalmente em fazer guerras. Ele tinha um grande número de chefes vassalos que tomavam armas em sua defesa. Às vezes chegava a receber até 50 000 homens de seus sobas. BIRMINGHAM, *op. cit.*, p. 39.

parecer que, nesta fase, os portugueses tivessem decidido pela conquista total.

Em 1563, um missionário jesuíta pioneiro do Ndongo pleiteara pela "pregação com a espada e o açoite de ferro"[39]. O Padre Maurício de Serpe anunciara, em 1568, ao Superior da Companhia de Jesus que, a um povo bárbaro, o cristianismo não podia ser imposto sem repressão[40]. Assim, a sorte estava lançada, pois o clero se decidira pela doutrina da repressão a qualquer preço. Foi tomada a decisão de "civilizar" os africanos por meio da guerra. Os africanos somente poderiam ser trazidos para o seio da civilização (isto é, da cristandade), pela abertura do interior de seu continente ao comércio[41].

Quatro anos depois de ter assinado um contrato com o Rei Dom Sebastião, que reconhecia Dias como governador e colonizador do Ndongo, ele (Dias) voltou a Angola a 11 de fevereiro de 1575 para "fundar um Império Cristão". Setecentos soldados e colonos, quatro padres jesuítas e dois padres seculares desembarcaram na ilha de Loanda (Luanda), que fazia parte do Reino do Congo[42]. Esta ilha estava abarrotada por mais de três mil refugiados que haviam se abrigado do ataque Jaga, em 1560, contra o Reino do Congo. Entre os refugiados havia quarenta opulentos mercadores portugueses que tinham conseguido sua riqueza com o tráfico de escravos no Congo[43]. Em parte devido a considerações estratégicas e em parte devido a fatores de inospitalidade, Dias imediatamente deslocou suas forças para o continente[44]. Rompeu, desse modo, um tratado que fora firmado entre os monarcas congolês e português, que

39. CHARLES BOXER, *Race Relations in the Portuguese Colonial Empire 1415-1825*, Oxford, Clarendon Press, 1963, p. 22.

40. JOFRE AMARAL NOGUEIRA, *Angola na época Pombalina, o governo de Sousa Coutinho*, Lisboa, Publicações Europa-América, 1960, p. 20. Também Rev. FRANCISCO RODRIGUES, *História da Companhia de Jesus*, II (Lisboa, s.d.), p. 578. Nogueira, citando Serpe, afirma que *"Cristandade em um povo bárbaro não se pode bem fundar sem sujeição"*.

41. MONTEIRO, *op. cit.*, pp. 4-10, e RUELO POMBO, *Paulo Dias, op. cit.*, pp. 15-20. Ver também M. ÁLVARES DA CUNHA, "Em volta da Cazunga – notas históricas e missionárias", *Boletim Eclesiástico de Angola e São Tomé*, ano III, n. XII, (49) janeiro de 1943, p. 24. Para estabelecer um Império Cristão.

42. NOGUEIRA, *op. cit.*, p. 20.

43. Rev. P. FRANCISCO RODRIGUES, S. J., *Uma história inédita de Angola*, Lisboa, 1936, p. 17, também *Carta* de 20 de outubro de 1575, de Luanda, *Boletim da Sociedade de Geografia de Lisboa*, Lisboa, Imprensa Nacional, 1883, p. 340, 4.ª série, n. 7.

44. CUVELIER, *op. cit.*, pp. 31-41. Também SOUSA DIAS, *Os Portugueses, op. cit.*, pp. 62-65.

haviam restringido suas atividades somente à ilha de Luanda. O rei congolês, Mpanza Mini a Lukeni Lua Mbamba (1568-1584), tinha especificamente visado e recebido estas garantias porque a região entre a ilha e o continente possuía as conchas *nzimbu* que representavam sua moeda corrente.

No continente, Dias fundou a primeira colônia portuguesa, que ele chamou São Paulo de Loanda[45]. A trinta milhas para o interior de São Paulo de Loanda (a partir daí chamada Luanda) ergueu uma fortaleza em Nzele, região situada entre os Rios Bengo e Cuanza.

Os acontecimentos que estavam se desenrolando na costa foram observados pelos olhos atentos e desconfiados dos espiões de Ngola. O monarca africano fora advertido por súditos portugueses de sua corte acerca dos planos militares de seus compatriotas instalados na costa. Ngola, atendendo a seu conselho, ameaçou matar Padre Gouveia, caso Dias não entregasse seus navios. Porém, a subseqüente morte do sacerdote removeu toda influência que o soberano tinha sobre Dias, o qual estava determinado a evitar ações precipitadas ou irrefletidas. Compreendeu que não seria vantajoso dar início a uma conquista geral naquele momento porque o rei do Congo e alguns dos mercadores portugueses fiéis a sua corte poderiam ir auxiliar Ngola.

Em 1576, Dias firmou um acordo com Ngola, no qual Dias prometia a Ngola ajuda militar contra um soba recalcitrante, chamado Kisama. Em troca o rei consentiria o tráfico em seus domínios e Pero de Fonseca representaria Dias na corte de Ngola na qualidade de conselheiro.

Três anos mais tarde, a inevitável guerra irrompeu entre Ngola e os portugueses. À frente de 12 000 soldados Mbundos, Ngola atacou e expulsou 60 soldados portugueses e 200 africanos. Em fevereiro de 1580, Dias enviou o Padre Balthazar Barreira ao Congo a fim de solicitar a ajuda do Rei Mpanzi Mini a Lukeni Lua Mbandi. Em outubro, Dias avançou ao longo do Rio Cuanza saqueando, furtando, principalmente víveres, sob ataques contínuos dos Mbundos. Neste mesmo mês os reforços congoleses, formados por um contingente de 10 000 soldados com 50 conselheiros portugueses entraram em Ndongo. Antes de poderem entrar em contato com Dias, foram derrotados por um contingente Mbundo.

---

45. Para uma descrição posterior desta cidade, ver A. A. DA SILVA REGO, *A Dupla Restauração de Angola 1641-1648*, Lisboa, Divisão de Publicações e Biblioteca Agência Geral, 1956, p. 6, "a cidade de Luanda, construída em frente à ilha de Luanda... Também abundavam fortificações e igrejas. As principais fortalezas eram as do morro de São Paulo e a de Nossa Senhora da Guia".

31

A posição militar dos portugueses igualmente foi se tornando cada vez mais desesperada no início de 1582; Dias e seus homens, que se encontravam no braço superior do Rio Cuanza, estiveram à beira da aniquilação por parte das forças africanas. Todavia, o habilidoso Padre Barreira havia novamente reunido alguns soldados, víveres e munições, junto aos grupos leais de portugueses residentes no Congo. A 24 de junho de 1582, este reforço se incorporou a seus compatriotas sitiados e derrotou os Mbundos, inclusive o soba de Songa (Mushima Kita Mbonje), um importante conselheiro de Ngola, cuja soberania se estendia sobre uma região que ia da embocadura do Rio Cuanza até Muxima. Depois deste soba ter participado de um *undar*[46], Dias o promoveu capitão das tropas africanas e lhe concedeu o "privilégio" de sentar-se num tapete com os oficiais portugueses.

As tropas portuguesas enfrentaram difíceis problemas logísticos. Uma das preocupações mais imediatas de Dias era a falta de tropas competentes para defender e expandir as posições fronteiriças. O fornecimento de tropas vindas de Lisboa, era irregular e inadequado[47]. Para contrabalançar as fortes deficiências de mão-de-obra, vários habitantes brancos de Luanda e de outras cidades foram incerimoniosamente forçados, pelos governadores, a guerrear no sertão. Foi estimado que durante o período 1575-1594, chegaram ao Ndongo 2 000 soldados portugueses, e que dois terços destes morreram de febre, desertaram, ou abandonaram o exército. Por volta de 1594, somente 300 deles haviam sobrevivido. Dias, por conseguinte, começou a organizar tropas negras, também conhecidas pejorativamente como "soldados-escravos" ou *guerra preta*.

Recuperando a confiança e ainda sob a influência narcotizante do ouro e da prata, Dias resolveu marchar para Cambambe a fim de conquistar as famosas minas de prata. Isto o pôs a caminho da capital de Ngola. Um conflito era inevitável. A 2 de fevereiro de 1583, o Rei Nzinga Mbandi Ngola Kiluanji se defrontou com Paulo Dias e o soba de Songa, à frente de um enorme exército, em Tala Ndongo. A estratégia usual de ataque dos Mbundos era a de dispor-se em leque sobre três lados da formação inimiga em aproximação. O rei comandava então o ataque frontal, enquanto os oficiais investiam contra os flancos direito e esquerdo a fim de cercar o inimigo. O soba de Songa, que era o capitão da guerra preta, estava *au courant* de tal estra-

---

46. Cerimônia que garante e liga um chefe africano, tornando-o vassalo dos portugueses. Para uma explicação mais detalhada, ver o Cap. 3, as páginas 63-68.

47. SOUSA DIAS, *Os Portugueses, op. cit.*, pp. 145-146.

tégia, e aconselhou Dias a atacar imediatamente, antes que o inimigo pudesse levar a cabo o plano. A batalha foi violenta e durou cerca de duas horas. Milhares de africanos foram mortos, de ambos os lados. Dias, proclamando-se vitorioso, mas por demais cansado para poder avançar, recuou até à confluência do Rio Lucala com o Rio Cuanza. Aí fundou a cidade de Massangano (Vila da Vitória de Massangano), que significa fluente[48]. Apesar de continuados esforços para alcançar Cambambe e suas supostas minas de prata, Dias logrou o seu intento. O rumor acerca das minas de prata parecia ter sua própria dinâmica interna, pois um rumor alimentava outros rumores acerca das supostas riquezas. Em 1585, Padre Diogo da Costa lembrou a seu rebanho[49]:

> Antes de mais nada há muitas minas de prata e muitas riquezas. Eu vi sua localização e tive em minhas mãos pedras trazidas de lá e entre as quais havia algumas tão grandes que os mineiros juravam nunca terem visto minas tão opulentas... os negros dizem haver minas onde tudo é prata sem pedra alguma e que essas minas são muitas... muitas minas de cobre, ferro, aço e estanho.

Continuando a pressionar para leste em busca das minas, Dias compreendeu que não poderia avançar muito além de sua cidade fortificada de Massangano sem derrotar o Ngola. Era uma empreitada da altura de um Himalaia, que Dias sabia-a, não era realizável àquela altura. Os Mbundos hostilizavam incessantemente os portugueses e parecia não haver trégua para Dias e seus homens. Aparentemente cercado por forças numericamente superiores, afligido por fome e doenças e sofrendo deficiência de mão-de-obra, Dias reagiu de uma maneira e forma que havia de tornar-se parte integrante do futuro padrão da colonização portuguesa na África Central. Atos de violência, quer individuais quer grupais eram desenvolvidos ofensiva e defensivamente no campo. As palmeiras eram destruídas, a fim de impedir que os habitantes tivessem sua bebida alcoólica favorita. A paixão secular e clerical pela violência foi descrita por Balthazar Afonso, S. J., a 4 de julho de 1585, o qual relatou entusiasticamente como os portugueses queimavam vivos "os pagãos em suas choupanas e como várias cabeças eram expostas a fim de amendrontar os adversários". Continuando, o sacerdote fazia referência a uma ocasião

48. ANTONIO DE OLIVEIRA DE CADORNEGA, *História Geral das Guerras Angolanas*, I, (org.) Matias Delgado e Álvares da Cunha, Lisboa, Divisão de Publicações e Biblioteca, 1942, p. 36. Em 1640, a Igreja de São Bento de Palerno foi aí erigida e dedicada a um santo franciscano da África.

49. SOUSA DIAS, *Relações, op. cit.*, p. 161.

em que 619 narizes foram cortados como troféus pelos portugueses. Outra ocasião em que um chefe foi compelido a pagar 100 escravos para garantir sua segurança, e então foi executado[50].

Sempre que possível os portugueses usavam táticas terroristas antes de se arriscarem a batalhas regulares[51].

Não é de se admirar que muitos anos mais tarde um famoso soldado-historiador-político luso pudesse afirmar que "todos aqueles povos pagãos não são governados e nem obedecem pelo amor mas somente pela força bruta"[52].

Paulo Dias faleceu a 9 de maio de 1589, e foi sucedido por Luís Serrão como governador. Este último e seu exército, embrenhando-se no sertão, foram retumbantemente derrotados por uma aliança Ndongo-Congo. O contingente português compreendia três cavaleiros, 125 arcabuzeiros europeus e 15 000 soldados-escravos.

50. *Ibid.*, p. 54.
51. *Ibid.*, p. 52.
52. CADORNEGA, I, *op. cit.*, pp. 91-92.

2. OS PRIMEIROS ANOS

1. Infância

Jinga Mbandi Ngola Kiluanji, Rei do Ndongo, suportou a crise da fase inicial da invasão de Angola pelos portugueses. Enquanto defendia seu reino contra essas incursões, conheceu uma escrava Mbundo, Guenguela Cancombe, com quem se casou, na aldeia de Ndambi a Embo, quarenta e cinco milhas a leste de Kambambe, a assim chamada cidade da prata[1]. Uma filha, Nzinga Mbandi Ngola Kiluanji, nasceu desta união em 1582 no Ndongo Oriental. 1582 não foi um ano propício para o Rei Mbundo, sobretudo porque foi derrotado pelos portu-

1. CAVAZZI, vol. I, *op. cit.*, p. 21; também PIGAFETTA, *op. cit.*, p. 37.

gueses no alto Cuanza e um de seus importantes chefes, Muxima Kita Mbonje, foi capturado.

A jovem princesa tinha os mesmos olhos sedutores de sua mãe, "a cor da noite", e o caráter forte de seu pai, que era o mais terrível adversário com que os invasores portugueses se haviam defrontado até então. Nzinga, treinada como o pai para a liderança, veio a ser uma criatura corajosa, sinuosa e forte.

Nascera sob signos astrológicos que prediziam terríveis calamidades para o seu povo, os Mbundos. Os pais-de-santos do reino tinham, de acordo com os costumes, invocado as almas dos reis mortos a fim de determinar o futuro da jovem princesa. Esta invocação era feita pela meditação sobre o pequeno relicário com os ossos dos ancestrais, que cada um carregava consigo. Muitos desses pais-de-santos viram-se em dificuldades para interpretar esses signos invocatórios, descritos como desconcertantes e assustadores. Uma interpretação de um dos signos indicava que se acaso Nzinga chegasse à idade adulta e se tornasse rainha, os rios do reino inundar-se-iam com o sangue de um sem-número de vítimas. Continuando, os pais-de-santos revelavam que a Nação seria invadida por homens brancos provindos dos mares através dos muitos rios que regavam a Nação e que haveria doenças, fome, guerras, tristezas e miséria em Angola. O Ngola, ou o governante, solicitou-lhes para que usassem de suas habilidades e influência junto aos deuses de modo a garantir que sua filha viesse a ser não apenas uma competente governante na defesa do reino, mas que também viesse a ter um coração compassivo para com os seus súditos.

A linhagem de Nzinga pode ser traçada até o fim do século XV quando seu tataravô, o Jaga ou Rei de Matamba, Zimbo ou Gola-Zinga, conquistou o Ndongo e o deu a seu filho, Ngola Kiluanji, como anexo de Matamba[2]. Nzinga explicava que "descendia dos reis que haviam reinado sobre todo o estado, antes que fosse partido em dois"[3]. Ela posteriormente basearia sua pretensão a hegemonia sobre a região inteira nos seus vínculos ancestrais Jaga.

Vêm aqui a propósito alguns comentários, sobre os povos Jagas e a associação de Nzinga com eles, porquanto representaram a espinha dorsal da resistência africana à colonização européia. Sua origem é obscura, apesar de Andrew Battell, um inglês

---

2. J. LOPES DE LIMA, *Ensaios sobre a estatística das possessões portuguesas, Angola e Benguela*, vol. III, Lisboa, 1846, p. 47.

3. M.G.R. J. CUVELIER, *Konigin Nzinga van Matamba*, Bruge, Brussem, 1957, p. 22. A senhora L. de Vink da Embaixada da Bélgica gentilmente traduziu trechos relevantes deste livro.

que vivera em seu meio, ter informado que eles lhes haviam contado serem chamados Gagas ou Gindes e que provinham da Sierra de Leon[4]. Birmingham declara que eles eram refugiados políticos vindos do país de Luba em Katamba[5], ao passo que Lopes de Lima e Duarte Lopes sustentam que os Jagas vinham da região do Rio Nilo[6].

A data de sua entrada no Ndongo é incerta. Muitos grupos chegaram a Matamba conduzidos por seu Jaga ou Rei e seus chefes, Dongif, Dumba, Quizuva e Kandonga. Deslocando-se para oeste de algumas partes conquistadas do Ndóngo Ocidental, assumiram o nome de Imbangola ou Imbangala e se misturaram com os habitantes locais. Por vezes ocuparam a beira do planalto na Angola Central, cujos nativos criavam um pouco de gado. Jan Vansina porém afirma que eles não eram pastores de gado "porque abatiam e comiam o gado que criavam"[7]. Uma explicação pouco plausível se examinarmos cuidadosamente a observação.

Os Jagas eram imponentemente altos e atacavam seus inimigos com facas, lanças, arcos e flechas, azagaias e escudos. Eram táticos militares cujo artifício operacional era a surpresa. As mulheres Jagas não criavam seus filhos, mas os abandonavam nos bosques, adotando no lugar deles adolescentes capturados na guerra. Estes alcançavam a liberdade e a virilidade, trazendo a cabeça de um inimigo a seu general.

Os Jagas viviam em acampamentos muito bem vigiados, os quilombos[8]. A competência profissional e a disciplina eram mantidas por meio de freqüentes (provavelmente diários) exercícios militares. Nzinga e seus pais viviam num quilombo, e participando regular e entusiasticamente dos exercícios militares. Nzinga se distinguia freqüentemente pela execução de

4. E. G. RAVENSTEIN (org.), *The Strange Adventures of Andrew Battell of Leigh in Angola and the Adjoining Regions*, Londres, The Hakluyt Society, MDCCCI, p. 148.

5. DAVID BIRMINGHAM, *Trade and Conflict in Angola: The Mbundu and their Neighbors under the influence of the Portuguese, 1483-1790*, Oxford, Clarendon Press, 1966, p. 65.

6. LOPES DE LIMA, *op. cit.*, p. 47. PIGAFETTA, *op. cit.*, p. 96. Ver também as recentes investigações de JOSEPH P. MILLER, The Imbangala and the Chronology of Early Central African History, *Journal of African History*, XII, 4 (1972), pp. 549-574.

7. JAN VANSINA, *Kingdoms of the Savanna*, Madison, University of Wisconsin Press, 1966, p. 67.

8. GASTÃO SOUSA DIAS, "Uma viagem a Cassange nos meados do século XVIII". *Boletim da Sociedade de Geografia de Lisboa*, série 56.ª, 1 e 2, janeiro e fevereiro de 1938, p. 6.

incríveis feitos de coragem, tais como lutas corpo a corpo, rapidez no ataque a seus oponentes, e destreza no arremesso de armas, conquistando o respeito, o temor e a admiração de sua gente.

Os Jagas selecionavam com cuidado seu acampamento de guerra, escolhendo de preferência uma localidade perto de um precipício. A seleção da localidade era responsabilidade de seu general, e dos chefes religiosos, que subseqüentemente supervisionavam a construção do acampamento circular, cercado por doze fortes estacas, cada uma vigiada por um capitão e que proporcionava a base de um elaborado sistema de segurança. O acampamento dividia-se em sete blocos, com um oficial importante à testa de cada bloco; e cada bloco estava separado de seus vizinhos por fortes grades e cancelas. O monarca, seus servos e seus guardas residiam no círculo mais interno. As casas em cada bloco erguiam-se uma bem perto da outra e os ocupantes expunham sempre armas à entrada de suas casas, pois, dadas as condições incertas que caracterizavam, às vezes, o ambiente hostil tornavam necessários, a uma notícia momentânea, mobilizar todos os membros do acampamento, para se empenharem no ataque ou na defesa.

Quando Nzinga se tornou Rainha do Ndongo, adestrou suas tropas (principalmente Jagas), diária e corajosamente, de modo que combatessem até o último homem. Conseqüentemente, muitas se converteram em pelotões suicidas cuja terrível reputação, segundo Cadornega, "aterroriza toda essa parte da Etópia (sic)"[9]. Os portugueses respeitavam sua habilidade de combate e empregavam, com grande êxito, Jagas como mercenários, em seus exércitos. O Bispo de Luanda, o padre Dom Manuel Baptista, gabava-se de "que tendo os Jagas como combatentes, os portugueses estão a salvo do perigo"[10].

As principais armas dos Jagas eram o arco e a flecha, o machado, um escudo enorme que cobria praticamente o corpo todo e a *mbila*, um tipo especial de faca afiada com três palmos de comprimento, com a ponta envenenada. O machado tinha a forma de uma meia-lua e um homem que o soubesse usar bem poderia, de um só golpe, abrir o tórax de um adversário.

Nzinga atribuía uma considerável importância à coleta de informações, que se tornou o principal suporte complementar e amparador de suas forças militares. Seus batedores trabalhavam incessantemente no intuito de descobrir as intenções e os movimentos das forças inimigas, inclusive o poderio dos

9. CADORNEGA, III, *op. cit.*, p. 165.

10. *Ibid.*: BRASIO, IV, *op. cit.*, pp. 64-72, e A.H.U. Angola, papéis avulsos, caixa 4, 1636.

exércitos lusos e os planos diplomáticos e estratégicos dos governadores e dos capitães-gerais. Chefes recalcitrantes e outros que trabalhavam ou forçados a colaborar com os portugueses eram objeto de espreita e ataque. Além do mais, os batedores, na qualidade de forças, enquanto formação de vanguarda, podiam hostilizar o inimigo com rapidez de relâmpago e repelir o primeiro assalto de suas investidas.

Nzinga, como chefe das forças armadas, compreendia de como era importante manter a moral de suas tropas. Dois dentre os mais importantes de seus métodos merecem uma certa atenção. Na tradição Mbundo-Jaga, o arco simbolizava a realeza. De fato, na transferência de poder entre governantes, o recebimento do arco pelo Ngola que assumia o cargo legitimava seu comando. Por conseguinte, Nzinga concedia arcos aos membros de seu exército, que tivessem executado excepcionais atos de bravura durante os combates. Supunha-se que a posse de um arco tornava invencível seu recebedor, e embora a experiência pudesse mostrar o contrário, os soldados quase nunca esmoreciam em sua audácia e persistência em adquirir um arco das mãos da Rainha. Outro estímulo para uma incansável valentia era o igualamento da covardia à traição contra a qual a penalidade era, em geral, a morte. Tais práticas renderam bons dividendos, na medida em que aumentavam o *esprit de corps* dos soldados de Nzinga e o número de seus sequazes leais e de confiança.

O sacrifício humano e um certo grau de canibalismo eram uns dos aspectos dos hábitos religiosos Jagas, costumes estes que se fundiam com a política como meios de construção de uma força unida de resistência. Apesar de inconsistentes com a tradição Mbundo, cerimônias que envolviam imolações e canibalismo eram praticadas pela Rainha Nzinga e seu exército antes de marcharem para a batalha. Nos agrupamentos heterogêneos que formavam o exército de Nzinga, tais ritos religiosos intensificavam o sentido de participação e de confiança comum entre seus seguidores. Conquanto, como informou Cavazzi, a Rainha Nzinga e os Mbundos expressassem sua aversão ao canibalismo[11], ela tinha consciência de como esse ritual era eficaz para forjar a unidade de suas forças[12].

11. CAVAZZI, III, *op. cit.*, p. 72.

12. GEORGE BALANDIER, *Daily life in the Kingdom of the Kongo*, New York, Random House, 1968, p. 36. Ver também GALDWIN MURRAY CHILDS, The People of Angola in the Seventeenth Century According to Cadornega, *Journal of African History*, 1, 2 (1966), pp. 271-299.

A Rainha Nzinga governava seu reino através de dois conselhos, um religioso (*xinguilar*), e o outro secular, composto de nove membros políticos e militares. Seu primeiro-ministro era um de seus principais generais (*tandala*), que respondia pelas coisas, na ausência da soberana. No caso da morte da Rainha, manteria temporariamente a posição de governante. Nzinga consultava freqüentemente o conselho apropriado antes de dar andamento a qualquer ação. Embora o curso da ação pudesse ser essencialmente político, consultava também os pais-de-santo além de usar os ossos de seus antepassados como meio de assegurar boa orientação para seus atos. Tal era pois a natureza do exército da Rainha Nzinga e o movimento que havia por trás dele.

Na corte, Nzinga partilhava a afeição dos pais com dois meio-irmãos, o mais velho dos quais era Ngola Mbandi, rebento de outro casamento. Como filha mais velha, a jovem princesa se encontrava na linha direta da sucessão. Todavia, alguns dos ministros reais se opunham a isto, presumivelmente por ser ela mulher e das terríveis predições dos pais-de-santo. Essas pessoas defendiam a causa do irmão de Nzinga, embora ele fosse vaidoso, fraco e irresoluto, e não parecesse adequado para lidar com os problemas de um país sob constante ataque dos europeus. Houve outra razão, provavelmente a mais importante, pela qual o irmão dela não foi qualificado para a linha de sucessão imediata ao trono de Ndongo. A mãe dele ao cometer adultério, tornara-o inelegível para suceder ao pai. Não obstante, uma teia de intrigas se desenvolveu no reino entre entre os campos opostos de partidários. Em conseqüência, ainda adolescente, Nzinga viu-se envolvida em tramas contra o irmão, sendo ela própria objeto de contratramas. O ódio e a inveja acerraram-se entre os irmãos, promovendo cada um deles alianças políticas que procuravam subverter e destruir o grupo oposto.

Amplamente admirada por sua inteligência, energia, precocidade, sutileza e audácia no esporte, Nzinga também era uma jovem atraente, com uma figura provocante. Era graciosa e esbelta, de quadris arredondados e bem modelados. Atraía muita atenção e respeito por toda parte. Já havia sinais daquela aparência magnética descrita com termos que iam de magnífico a feroz. Seu cabelo cobria-lhe as orelhas e seus olhos escuros podiam refletir ódio imediato ou ternura. Um queixo com ligeira ponta, com um corte pétreo, sustentava lábios atraentes. Seu velho pai tinha grande orgulho dela e esperava que ela fosse uma grande rainha. Ele freqüentemente rezava aos deuses pedindo-lhes que derramassem suas bênçãos sobre sua filha favorita.

Visto que Nzinga estava sendo cuidadosamente preparada para desempenhar o futuro papel de rainha, ela foi confiada à tutoria de uma velha negra de grande sabedoria, cujo nome é desconhecido. Dela, Nzinga recebeu os princípios de uma educação religiosa, especialmente aquelas práticas que diziam respeito aos Jagas. Pois, sendo Nzinga em parte Jaga e em parte Mbundo-Jaga através do seu tataravô e Mbundo através de sua mãe — precisava de um tipo de instrução cruzada do ponto de vista cultural para poder reinar sobre o heterogêneo povo Mbundo. O pai de Nzinga esperava que ela utilizasse estes conhecimentos ecléticos e princípios fundamentais para defender o reino dos invasores lusos, tal como ele o fizera.

A 2 de fevereiro de 1583, com apenas um ano de idade, Nzinga talvez tenha presenciado pela primeira vez a uma batalha. Seu pai, à testa de um grande exército, se defrontou com os europeus em Tala Ndongo. A batalha terminou em um ponto morto, arrogando-se ambas as partes a vitória. Dias, porém, julgou de bom alvitre retirar-se para a confluência do Rio Lucala com o Rio Cuanza, onde fundou a cidade de Massangano. De conformidade com o costume, a família, mulheres e crianças, faziam parte do exército Mbundo e é possível que Nzinga haja testemunhado e ouvido os cruéis pormenores destas guerras, dado que ela viajava com os militares[13]. Seu ódio aos portugueses foi a conseqüência natural disso. A luta de seu pai para preservar a integridade territorial do reino contra todos os inimigos, impeliu os portugueses a tomar medidas desesperadas e sangrentas. Nzinga sabia que o pai, que não mais iria viver por muito tempo, estava preparando-a para prosseguir na luta. O velho guerreiro acreditava que a filha mais velha tinha o potencial necessário para continuar o embate e derrotar os invasores. Nzinga sabia ser essa a razão pela qual haviam prodigalizado tantos cuidados e atenções com ela. Suas experiências de criança nutriram sua antipatia pelos portugueses, o que armou a jovem princesa para a luta sem quartel e decidida que a consumiu durante toda a sua vida adulta. Tais embates aparentemente aceraram a jovem princesa e desenvolveram nela uma fanática determinação militar de expelir os estrangeiros de Angola.

Às filhas do monarca era dado o direito de escolher seus maridos. Elas podiam, também, se divorciar deles se assim o desejassem. Nzinga teve muitos pretendentes, e embora não se

---

13. Muitas mulheres acompanhavam o exército Mbundo; por vezes elas eram mais numerosas do que os soldados e eram incumbidas de carregar e preparar as provisões; RAYMUNDO JOSÉ DA CUNHA MATOS, *Histórico das Possessões de Portugal na África*, Rio de Janeiro, Ministério da Justiça e Negócios Interiores, 1963, pp. 247-248.

saiba quando se casou, as escassas crônicas sem data revelam que teve um filho[14], o qual recebeu de sua mãe muitos cuidados e carinho.

Durante os anos de 1590 a 1617, os portugueses avançaram em direção leste, à procura de metais preciosos e escravos. Esta penetração os estava conduzindo para mais perto da capital de Ngola em Mbaka. Os Mbundos se opuseram ao avanço luso, mas as táticas de terror e o poder superior de fogo eram fatores cruciais para as vitórias lusas. Tão crucial era a tecnologia, que Duarte Lopes afirmou que um soldado português de cavalaria equivalia a 100 africanos[15]. Isso se devia, presumivelmente, em parte, ao temor inicial dos africanos face ao cavalo ou antes face ao cavalo e o cavaleiro. Não é inconcebível que os africanos, tal como os índios mexicanos, houvessem encarado o animal e o homem como uma só criatura, fugindo em pânico, em vez de enfrentar o inimigo.

2. Nzinga Perde a Luta pelo Poder

A Princesa Nzinga contava trinta e cinco anos, quando seu pai faleceu em 1617. A essa morte, seguiu-se a inevitável luta pelo poder entre ela e o seu irmão e, por cerca de trinta anos, o ciúme e o ódio os envolveram e por vezes os dominaram por completo. Um e outro utilizaram meios dissimulados e manifestos para enfraquecer a posição e a influência do oponente. Agora, o conflito era em campo aberto e polarizava os dois grupos de partidários. Perdendo pouco tempo, Ngola Mbandi começou a organizar suas forças a fim de desfechar um golpe. Ele teve a sorte de obter o apoio de dois poderosos generais de seu falecido pai. Não sabemos quais promessas lhes foram feitas, mas a verdade é que esses generais foram aliados inestimáveis na realização do golpe graças a suas espadas. Um deles, Kalunda, entrou no quilombo (acampamento de guerra) de Nzinga durante a ausência da princesa, e assassinou seu filhinho, removendo assim um possível rival de Ngola Mbandi[16].

Nzinga, ciente das mentiras e das calúnias que estavam sendo disseminadas pelo irmão, inclusive a danosa falsidade segundo a qual ela não poderia suceder ao pai, porque a mãe dela não teria sido uma mulher livre mas meramente uma escrava,

---

14. CUVELIER, op. cit., p. 37.
15. PIGAFETTA, op. cit., p. 39.
16. Ibid.

havia levantado acampamento e se transferido para outra região com seus partidários, provavelmente a fim de planejar uma estratégia para opor-se a Ngola Mbandi. Cumpre enfatizar que a condição prévia de servidão não constituía impedimento para chegar-se ao *status* de realeza. Um ponto difícil de ser superado era por certo o argumento de que a eleição de Nzinga ofenderia os deuses e efetivariam as calamidades que, segundo os pais-de-santo haviam previsto, sobreviriam aos Mbundos se Nzinga se tornasse Rainha. Sem dúvida, o irmão de Nzinga difundiu muitos argumentos diversivos porque estava preocupado com sua própria legitimidade, não apenas em termos do desejo expresso de seu pai para que Nzinga o sucedesse, mas também por causa do adultério de sua mãe. De acordo com o Padre Cavazzi, uma de nossas fontes primárias, o meio-irmão mais moço de Nzinga deveria, legitimamente, ter sido rei[17]. A explicação é, pode-se presumir, que ele era o único membro da família real, com reputação imaculada. Ele, todavia, foi declarado inelegível para a sucessão por ser menor de idade[18]. Sendo potencialmente um futuro rival e podendo, concebivelmente, vir a duvidar da legitimidade de Mbandi, este matou o irmão mais novo ateando um reino de terror que assistiu à eliminação de outros competidores, suspeitos como rivais e de pessoas influentes. Foi a essa sangria que Nzinga e seus sequazes tentaram escapar, visto que esse *round* da luta pelo poder foi ganho por Ngola Mbandi[19].

De volta à sua casa, ao descobrir que seu filho fora trucidado, Nzinga jurou que nunca mais faria as pazes com Mbandi, e que se empenharia em todo e qualquer tentativa de eliminá-lo. O assassinato do filho, que ela adorava, pode ter mudado Nzinga: antes afeiçoada às crianças, passou a não mais tolerá-las, chegando a perdoar o morticínio de crianças Jagas e Mbundo nos acampamentos de guerra. Nzinga transferiu a afeição que dedicara anteriormente ao filho, à irmã mais moça, Mocambo, a cuja educação e bem-estar começou a devotar agora boa parte de seu tempo e de seus esforços.

---

17. ANTONIO DE OLIVEIRA DE CADORNEGA, *História Geral das Guerras Angolanas I*, (org.) Matias Delgado e Álvares de Cunha, Lisboa, Divisão de Publicações e Biblioteca, 1942, p. 154.

18. RAVENSTEIN, *op. cit.*, p. 163.

19. CUVELIER, *op. cit.*, p. 47.

3. A INFRA-ESTRUTURA DO TRÁFICO DE ESCRAVOS EM ANGOLA

Os primeiros colonizadores portugueses enfrentaram, na sociedade africana, forças sociais perigosas e conflitantes. Tais forças eram de tamanha magnitude que somente uma resposta organizacional poderia contê-las, controlá-las e, possivelmente, derrotá-las. Para conquistar certo domínio e controle em um ambiente hostil era preciso lutar. Embora a violência fosse uma medida de efeito, antitética para a política da coroa, ela foi, não obstante, adotada por funcionários e governadores reais que vinham a Angola por curtos períodos de tempo com o principal intuito de obter o monopólio comercial do tráfico de escravos. A fim de alcançar seus objetivos, o expediente sobrepunha seus princípios, pois os governantes estavam principalmente interessados em refazer as somas de dinheiro por eles despendidas na aquisição do cargo ou dos proventos a ele ligados.

Por exemplo, em 1600, o governador angolano, João Rodrigues Coutinho, prometeu pagar anualmente 162 000 ducados ao rei, em troca do direito de fornecer 4 250 escravos por ano, dos quais pelo menos 3 250 deveriam chegar vivos à América[1]. Dezessete anos mais tarde, o Governador Luís Mendes de Vasconcelos aportou em Angola determinado a estabelecer uma coexistência pacífica entre o tráfico e a justiça. Seu otimismo foi de curta duração, pois as malversações se tornaram lugar-comum no tráfico[2]. Os objetivos particulares, portanto, em geral tornavam inevitável a precedência sobre a política régia, pois cada vez mais os governadores abusavam de sua posição e autoridade, especialmente na câmara municipal, com a finalidade de favorecer seus próprios interesses pecuniários no tráfico de escravos, usando duas medidas ou assumindo papéis duplos – o de capitalista e o de funcionário público.

O governador presidia a Câmara que, como a *audiência* na América Espanhola, tinha um relacionamento cioso e competitivo com o principal representante da Coroa. Esse relacionamento era produto mais de um propósito real do que de circunstâncias casuais. Na maioria das vezes, porém, a Câmara não agia como freio e contrapeso sobre o Governador, porque esse poderia descarregar sua vingança em alguns conselheiros recalcitrantes quando expirasse seu mandato se tais conselheiros tivessem tido a audácia de opor-se a seus interesses. Os governadores angolanos eram, em sua maioria, homens de negócios, capitalistas, que raramente aplicavam seu próprio capital no tráfico interno de escravos, em vista de sua vantajosa posição oficial na burocracia. Assim, criavam muitos inimigos entre os concorrentes que percebiam estarem os governadores abusando e aproveitando de sua posição para desvantagem dos demais. Muitos anos depois (em 1720), foi promulgada uma lei que proibia todos os oficiais civis e militares de grau superior ao de capitão, a se dedicarem, direta ou indiretamente, ao tráfico interno. Essa lei, como muitas outras, não foi cumprida.

Os portugueses chegaram à África Central com um sentimento de superioridade cultural, um sentimento de destino manifesto. Não tinham um plano feito para a conquista. Não houve *Mein Kampf* para Angola. Em essência, o que existiu foi uma série de reações espasmódicas iniciais para atender as

1. AFFONSO DE ESCRAGNOLLE TAUNAY. *Subsídios para a História do Tráfico Africano no Brasil*, São Paulo, Imprensa Oficial, 1941, p. 34.

2. De LUÍS MENDES VASCONCELOS ao REI, 30 de agosto de 1617. Arquivo Histórico do Ultramar (AHU), Papéis Avulsos, Angola, Caixa 1.

exigências de cada situação militar. Fora destas reações, a política nacional se desenvolvia, formada mais pelos imperativos da realidade angolana do que pelos decretos lisboetas. A resistência africana às incursões foi heróica, a despeito da desproporção tecnológica que distinguia os protagonistas. Não se produziria nenhuma *Blitzkrieg* lusa, mas apenas um conflito demorado, um conflito cujos contornos, longevidade e ferocidade eram determinados pela tecnologia ou pela falta desta, pelo terreno e pelo clima. Também era determinado pela falta de uma infra-estrutura efetiva, social e ideológica, por parte dos nacionalistas, para responder e reduzir a maré montante dos assaltos portugueses. Paulo Dias construiu o esqueleto imperialista, e os subseqüentes oficiais civis, religiosos e militares forniram-no de carne.

A introdução da cultura da cana, primeiramente na Madeira e depois no Brasil e alhures, juntamente com as exportações de tabaco, mandioca e rum, aumentaram a demanda, e a indispensabilidade dos escravos africanos na América. J. B. Labat afirmou que somente a "introdução forçada de escravos podia acionar as plantações de açúcar"[3]. J. Lúcio d'Azevedo afirmava que "sem negros, não haverá açúcar" e o Padre Antônio Vieira deu sua aprovação ao tráfico afirmando que "sem negros não haverá Pernambuco e sem Angola não haverá negro algum"[4]. Os insaciáveis apetites dos plantadores brasileiros tinham fome de negros e mais negros. Angola se tornou, deste modo, "a energia da produção brasileira", pois que a totalidade de sua vida econômica e comercial era exclusivamente mobilizada e baseada na escravidão. Até mesmo os governadores coloniais cantavam loas à realeza, na Europa. Luís Mendes de Vascon-

3. AFFONSO DE ESCRAGNOLLE TAUNAY, "Ensaio da história paulistana", *Anais* – 10, Universidade: Museu Paulista, São Paulo, 1941, pp. 7-12.

4. *Ibid*. Também, SOUSA DIAS, *Os Portugueses, op. cit.*, pp. 166- -167, declara que Vieira fez esta observação, numa carta datada de 12 de agosto de 1648, ao Marquês de Niza. O tráfico de escravos vindos de Ndongo era também dirigido para Porto Rico, Rio da Prata, São Domingo, Havana e Cartagena. Martim Afonso de Sousa, donatário da Capitania de São Vicente, local onde o açúcar foi introduzido no Brasil pela primeira vez, trouxe provavelmente as primeiras *peças* da Guiné antes de 1549. Em 1539, Jorge Lopes Bixorda esteve envolvido no tráfico e no mesmo ano, Duarte Coelho requereu permissão da Coroa para introduzir escravos em Pernambuco. Em 1559, a Rainha Catarina autorizou cada *senhor de engenho* a importar não mais que uma dúzia de escravos, pagando cerca de um terço das taxas. Ver TAUNAY, *op. cit.*, p. 31. Também, ROY ARTHUR GLASGOW, Racial Prejudice and Discrimination Against Blacks in Brazil during Slavery, *Pan-African Journal*, vol. IV, n. 1 (Inverno de 1971), p. 35.

celos, governador de Angola entre 1617 e 1621, numa carta a Filipe III, declarava que Luanda era "uma das principais jóias dos domínios coloniais de Vossa Majestade"[5]. Enquanto o governador aludia de modo otimista a um brilhante futuro financeiro, outros observadores lamentavam o rastejante desequilíbrio econômico causado pela indevida concentração no tráfico de escravos.

Dois fatores contribuíram para o subseqüente desequilíbrio econômico daquele país. O primeiro, foi a total concentração no tráfico de escravos, que requeria pouco gasto e muita violência nessas primeiras fases, e o segundo, o uso de Angola como depósito para sentenciados (*degredados*). Bento Banha Cardoso comentou sobre o fato em 1622, quando observou que

> muito pouca atenção é prestada a essas coisas, aqui, porque estando a maioria das pessoas ocupada com o tráfico de escravos, negligencia todas as outras coisas[6].

O homem, e não a natureza, determinava a orientação econômica e social de Angola. Como Francisco Pyrard, um francês, notou:

> Angola é o país mais pobre do mundo e o custo de vida é muito alto porque a terra nada produz além de uns poucos frutos. Aquilo que custa dez *soldos (sous)* na França, custará quarenta no Brasil e mais de cem aqui. A única atividade econômica é o tráfico de escravos[7].

A escravidão sangrou o sistema social e introduziu um sistema econômico que rompia o padrão de vida africano na maioria das vezes, reduzindo os africanos a meros servos e escravos. Criada e desenvolvida como um complemento econômico do Brasil, a principal função do Ndongo, ou seja o fornecimento de seres humanos à colônia brasileira, violentou a forma interna de sujeição e servidão, que fora caracterizada como escravidão pelos europeus.

5. TAUNAY, *op. cit.*, p. 38. Veja-se também Vasconcelos ao Rei, 30 de agosto de 1617, A.H.U., Papéis Avulsos, Angola, Caixa 1.
6. LUCIANO CORDEIRO, *Viagens, explorações e conquistas dos Portugueses, 1620-1629: Produções, comércio e Governo do Congo e Angola*, Lisboa, 1861, p. 180.
7. REGO, *Restauração, op. cit.*, p. 13. Tão dispendioso era o custo de vida em Angola devido à distorção econômica e ao desequilíbrio e ao desleixo da agricultura que uma vaca custava às vezes mais que um escravo, alcançando um escravo, às vezes, o preço de 10$000 réis e a vaca o preço de 16$000 réis. O mesmo acontecia em relação aos carneiros. Ver LUCIANO CORDEIRO, *Questões histórico-coloniais*, vol. 1, Lisboa, Agência Geral das Colônias, 1935, pp. 343-346.

Talvez a esta altura fosse de ajuda ao leitor, sumariar em algumas palavras as formas de servidão humana na Angola antes da chegada dos portugueses. Joaquim Monteiro, que passou muitos anos no Congo e em Angola, observou[8]:

> Tal como aplicado em Angola, o homem livre ou proprietário provia seus escravos com alimentos e roupas apropriados, cuidava deles na doença como se fossem seus próprios filhos, comprava-lhes esposas ou maridos conforme o caso, fornecia-lhes os meios para celebrar seus festivais, tais como seus casamentos, nascimentos ou funerais quase da mesma maneira que acontecia para ele; os escravos eram de fato considerados como parte de sua família e quando o priprietário os mencionavam, chamavam-nos por "meu filho" ou "milha filha". *Havia pouca diferença entre senhor e escravo*. (O grifo é do autor.)

Embora fosse conhecido em Angola uma certa forma de cativeiro, seria incorreto chamá-la escravidão. Certamente a escravidão do modo que era praticada nas Américas era desconhecida em Angola com sua primitiva estrutura pré-capitalista comunal. No Ndongo e no Congo havia duas formas de servidão, aqueles servos que trabalhavam na casa, e os *mvika*, ou aqueles que trabalhavam nos campos[9]. Ainda que estes fossem menos afortunados do que aqueles, eram objeto de um tratamento infinitamente melhor do que o dispensado aos escravos que trabalhavam nos campos·das Américas, posto que, por tradição, não eram maltratados nem vendidos. Por outro lado, Cavazzi dá três classificações da servidão angolana: os filhos de outros escravos que tivessem um sinal de identificação de um determinado proprietário e desde que não fossem acusados de algum crime geralmente permaneciam livres. Em segundo·lugar, havia os prisioneiros de guerra e por fim aqueles que estavam em serviço contínuo até a morte do amo, ocasião em que seriam libertos. Esses escravos eram tratados com benevolência e tornavam-se parte da família enquanto obedecessem[10]. Outro autor notou na costa da alta Guiné algumas características interessantes[11].

8. JOACHIM JOHN MONTEIRO, *Angola and the River Congo*, v. 1, Londres, Macmillan, 1875, p. 37 e também J. VAN WING, *Études Bakongo, Histoire et Sociologie*, Bruxelas, 1921 e 2. ed., Leopoldville, 1959, para um ponto de vista semelhante. Para uma exposição teórica ver E. J. HOBSBAWN (org.), *Karl Marx Pre-capitalist Economic Formations*, New York, International Publishers, 1971, pp. 68-70.

9. CUVELIER, *op. cit.*, p. 42.

10. CAVAZZI, I, *op. cit.*, pp. 161-162.

11. WALTER RODNEY, African Slavery and other forms of Social Oppression on the Upper Guinea Coast in the Context of the

Os assim chamados "escravos domésticos" não podiam ser vendidos exceto em caso de ofensas graves; eles tinham seus próprios lotes de terra e tinham direito a uma certa proporção dos frutos de seu trabalho; podiam se casar; seus filhos tinham direito de herança, e se nascidos de um dos pais livre muitas vezes adquiriam um novo *status*. Tais indivíduos podiam chegar a posições de grande confiança, incluindo a de chefe.

As formas internas de servidão angolana aparentemente não exploravam o trabalho cativo como propriedade ou capital, nem a sociedade era organizada unicamente à base do trabalho escravo com a finalidade de produzir uma única cultura comercial ou variedades de culturas comerciais para exportação e lucro. Portanto, o que aconteceu em Congo-Ndongo foi provavelmente similar às condições existentes na Guiné, descritas como "um aproveitamento quase feudal da mão-de-obra pelas elites dominantes que recebiam a porção maior da safra"[12]. O relacionamento social do sujeitado para com o indivíduo livre em Angola não era nem exploratório nem guiado por fins mercantis, mas essencialmente orientado para o *status*, pois que o homem livre adquiria um acréscimo em seu *status*, de conformidade com o incremento do número de servos (trabalhadores) em suas propriedades. Assim, nunca havia uma necessidade premente de mão-de-obra. Desde que a maioria das ofensas era punida com uma perda de *status*, quer dizer, o indivíduo passava à condição de servo, o sistema pré-europeu parece que diferia largamente do introduzido pelos portugueses. A relação social era isenta da aviltante e desumanizante experiência, característica da escravidão americana, pois mesmo os descendentes de servos podiam se tornar soba ou rei.

Como o Dr. Jan Vansina observou acerca da região Congo-Ndongo, foram os desertores, os sentenciados e os mercadores que "transmitiram aos africanos o gosto da riqueza pela riqueza"[13]. Foi este ópio de materialismo, unido a medidas coercitivas, que introduziu esta nova "forma de opressão" que causou tanta angústia ao monarca congolês, com "o rapto de cidadãos, nobres e até parentes dos sobas e os roubos nas estradas"[14].

Em 1443, Nuno Tristão seqüestrou nas Ilhas Arguim oitenta africanos, e cuja subseqüente venda, em Lisboa, lhe rendeu um lucro considerável. A 8 de agosto de 1444, 235 africanos foram levados para Lisboa, e assim começaram as ope-

Atlantic Slave Trade, *Journal of African History*, VII, n. 3, 1966, pp. 421-429.

12. *Ibid.*

13. JAN VANSINA, Long Distance Trade-Routes in Central Africa, *Journal of African History*, III, n. 3, 1962, p. 378.

14. *Ibid.*

rações regulares do tráfico de escravos[15]. Em 1527, 1 000 escravos foram exportados do Ndongo para as plantações das Índias Ocidentais. De 1575 a 1591, mais de 50 000 escravos foram importados pelo Brasil, Índias Espanholas e Portugal, ao passo que de 1580 a 1680, um total bastante moderado de exportações angolanas anda por volta de 1 000 000 de peças, sendo que 500 000 provinham do Congo. Estes contigentes destinavam-se ao Rio de Janeiro, à Bahia, Pernambuco e Rio de la Plata[16]. Em 1576, em todas as partes do país, traficantes compraram ou seqüestraram 14 000 almas, enquanto que, na primeira metade do século XVII, o contingente anual aumentou para 15 000, resultando numa receita de 250 contos para a Fazenda[17]. De acordo com Calógeras, o número anual de escravos importados pelo Brasil, no século XVII, foi de 44 000 e as taxas derivadas dessas importações cobriram todas as despesas[18] (civis, militares e eclesiásticas) do Estado de Luanda. Em média, cada escravo remetido ao Brasil pagava uma taxa de 3 000$ réis e os destinados às Índias Espanholas, 7 000$. Embora existissem problemas na arrecadação dos impostos, os portugueses exerciam uma considerável vigilância sobre os meios de evasão tributária, pois, além de escravos, Angola fornecia pequenas quantidades comerciais de marfim, cera e ferro. Os escravos com mais de quatro palmos de altura pagavam uma taxa mais elevada. Além dos impostos, havia um subsídio de 300 réis para cada adulto e de 150 réis para as crianças. Os escravos que regressassem do Brasil com seus amos e que voltassem a partir

15. TAUNAY, *Subsídios, op. cit.*, p. 11.

16. JAMES DUFFY, *Portuguese Africa*, Cambridge, Harvard University Press, 1959, pp. 138-141.

17. De acordo com FELNER, *Angola, op. cit.*, p. 139, 52 053 escravos foram exportados no período de 1571 a 1591, dos quais cerca de 20 131 foram fornecidos por *asentistas* desde 1587. A soma obtida foi de 8 554 560$ *escudos.*

18. MARTINS, *op. cit.*, também CADORNEGA, III, *op. cit.*, pp. 31-33 e PANDIÁ CALÓGERAS, *Formação Histórica do Brasil*, Rio de Janeiro, 1930, p. 33. De acordo com Correia Lopes, 1 500 000 escravos foram exportados para o Brasil até 1680 e desde aquele ano até 1836, 3 639 000. Ver EDMUNDO CORREIA LOPES, *A Escravatura*, Lisboa, Agência Geral das Colônias, 1944, p. 97. Por outro lado, Boavida afirma, em estudo recente, que 8 000 000 de escravos foram exportados de Angola entre 1550 e 1850. Ver AMÉRICO BOAVIDA, *Angola, Cinco Séculos de Exploração Portuguesa*, Rio de Janeiro, Editora Civilização Brasileira S.A., 1967, p. 48. As estimativas de Curtain têm sido aceitas como sendo as de maior confiança. PHILIP CURTAIN, *The Atlantic Slave Trade*, Madison, University of Wisconsin Press, 1969, pp. 106, 107, 112, 258-268.

estavam isentos de taxação[19]. Taunay declara que cada peça de boa qualidade exportada valia de 25 a 30 000$ réis no Brasil, proporcionando assim um lucro de mais de 300 por cento[20]. Lorde Howden, antigo ministro britânico no Brasil, disse a uma comissão da Câmara dos Lordes[21]:

> Um navio negreiro de boas dimensões, com uma boa carga, sem estar muito carregado, e com uma alta estimativa para compra, soldos e alimentação, medicamentos e preço dos escravos, custa cerca de 5 000 libras e a carga de retorno em seres humanos é vendida a cerca de 25 000 libras, isto é, com um lucro de cerca de 500 por cento.

Entrementes, o governo em Lisboa, preocupado com o controle fiscal e militar luso em Angola, comissionou os serviços de Domingos de Abreu e Brito, no final do século XVI, para que levasse a cabo um inquérito na administração de Angola. Seu relatório iniciou uma nova fase na política colonial, pois advogava um decréscimo no papel dos particulares e sua substituição por um maior controle real[22]. Abreu e Brito advertia que na colonização de Angola dever-se-ia recorrer a uma abordagem de "envergadura", utilizando-se, pelo menos mil infantes e cinqüenta ou sessenta cavaleiros. Doze *presídios* (fortes) deviam ser construídos como complemento aos soldados e como enclaves avançados da colonização. Conquanto os portugueses tivessem problemas para recrutar a tropa aconselhada, sua estratégia de colonização seguiu de perto as recomendações de Abreu e Brito.

1. Asientos *de Negros*

A fim de regularizar o tráfico dos escravos e de garantir a participação neste domínio, somente de pessoas autorizadas e favorecidas, *asientos de negros* (contratos licenciados) eram

19. Alguns traficantes portugueses no Brasil, tendo pago preços preferenciais, exportavam clandestinamente suas *peças* para Buenos Aires onde os preços eram mais altos. Alguns destes escravos chegaram a Potosí e Lima. Ver *Alguns Documentos de Archivo Nacional da Torre do Tombo Acerca das Navegações e Conquistas Portuguesas*. Lisboa, Imprensa Nacional, MDCCCXCII, p. 436.

20. TAUNAY, *op. cit.*, p. 36.

21. PERCY A. MARTIN, Slavery and Abolition in Brazil, *Hispanic American Historical Review*, XIII (maio de 1933), n. 2, p. 158, citado de *Sessional Papers*, Grã-Bretanha, 1850, IX, Relatório n. 53, p. 23.

22. DOMINGOS DE ABREU E BRITO, *Um Inquérito à Vida Administrativa e Econômica de Angola e do Brasil em Fins do Século XVI*. Coimbra, Imprensa da Universidade, 1931, pp. 21-35.

vendidos aos favoritos da Coroa que podiam então revender ou subempreitar as licenças a várias pessoas, para que fornecessem escravos às Américas. Um *asiento* estipulava o número de peças a serem exportados num período determinado, assim como sua origem, qualidade e imposto de exportação. Embora isto também indicasse o navio e sua destinação, o *asiento* às vezes estipulava que o barco e a tripulação tinham de ser de uma certa nacionalidade, prevendo penalidade em caso de descumprimento pelo *asientista*. Um exemplo característico, é o do Governador João Coutinho que, em agosto de 1601, vendeu ou subempreitou 400 licenças pela soma de 16 000 ducados[23]. Seus subcontratos permitiam a seus agentes e suas tripulações traficar em qualquer porto da América Espanhola, contanto que eles (agentes e tripulações) fossem portugueses e não permanecessem mais de três anos nos vários portos. O primeiro *asiento* foi expedido pelo Rei de Espanha em 1518, concedendo a um favorito da corte de Madri, Laurent de Gouvenot, o privilégio exclusivo de introduzir 8 000 negros, num período de oito anos, "livres de todas as obrigações fiscais"[24]. Como os *asientos* subseqüentes até 1590, eles eram de início outorgados a particulares individualmente, espanhóis e portugueses, ou *asientistas* e/ou grupos, que tinham então de adquirir seus escravos na costa africana. Tais *asientos* representavam vantagens lucrativas altamente ambicionadas, compradas e disputadas quer por *asientistas*, quer por nações.

Os portugueses achavam-se, porém, numa posição mais invejável do que os espanhóis, pois controlavam o fornecimento de escravos através de suas feitorias (estabelecimentos comerciais ou entrepostos comerciais) na costa africana, sobretudo no Congo e em Angola. Em conseqüência, tornaram-se os principais contratadores de escravos para as colônias americanas e a principal fonte de riqueza para a Coroa lusa. Os primeiros regis-

23. Anais do Museu São Paulo, *op. cit.*, p. 34, e também J. H. PARRY, *The Spanish Seaborne Empire*. New York, Oxford University Press, 1966, pp. 117-135.

24. CLARENCE HARING, *The Spanish Empire in America*. New York, Oxford University Press, 1947, p. 204, citando GEORGE SCELLE, *La Traité Negrière aux Indes de Castille*, 2 vols., Paris, 1906, I, 139, ff. – Também, EDMUNDO CORREA LOPES, *A Escravatura*. Lisboa, Agência Geral das Colônias, 1944, p. 2. Como salientado acima, muitos governadores eram monopolistas comerciais ou se esforçavam por sê-lo apesar da animosidade, da discórdia e da enorme concorrência que isso acarretava. Um exemplo característico é o Governador D. João Manuel de Noronha (c. 1711), que detinha cerca de 30 por cento de toda exportação de escravos de Luanda. RALPH DELGADO, *História de Angola*, vol. IV. Luanda e Benguela, Tipografia do Jornal de Benguela, 1952, pp. 303, 322.

tros mercantis portugueses rezam que Lourenço Álvarez recebeu um *asiento* para exportar 100 negros; Bento Vaz, devia fornecer 600 em 1563, quantidade que se elevou para 650, dois anos mais tarde. Manuel Caldeira, um contratador de São Tomé, foi contemplado com um *asiento*, em 1568, pelo qual lhe incumbia fornecer 2 000 escravos por ano[25]. Em 1587, Pedro de Sevilha e Antonio Mendes de Camego receberam um monopólio do tráfico de escravos em Angola, que os obrigava a exportar 500 escravos por ano, para a América Espanhola, ao passo que, a partir de 1595, Gomes Reynel exportou para o Brasil 38 250 escravos em nove anos[26]. Filipe II, tendo enorme necessidade de dinheiro para continuar suas inúmeras guerras, encareceu as condições do *asiento* aumentando seu valor e o número de escravos a ser exportado. Por exemplo, Pedro Rodrigues de Abreu declarou ter pago à Coroa 25 000$00 contos por seu *asiento*, dos quais dezesseis mil foram no Ndongo e os restantes em Lisboa[27]. Este montante, ao que parece, representava um acréscimo de vinte por cento sobre o custo dos *asientos* precedentes, um aumento provavelmente condicionado pelos enormes lucros auferidos pelos traficantes e pela ausência de um método eficiente de arrecadação de impostos.

Do outro lado do Atlântico, dava-se muita importância à qualidade do escravo importado, pois a falta de um dente ou de um dedo reduzia seu valor. O escravo de primeira era a *peça de Índias*, entre os 18 e os 24 anos de idade, com cerca de seis pés (mais ou menos) de altura e sem nenhum defeito físico[28].

25. FELNER, *op. cit.*, p. 265. Também SYDNEY WELCH, *A África do Sul sob El Rei D. Manuel, 1495-1521*. Lourenço Marques, Imprensa Nacional de Moçambique, 1950, p. 71.

26. TAUNAY, *Subsídios, op. cit.*, pp. 32-35; MAURÍCIO GOULART, *Escravidão Africana no Brasil (das origens à extinção do tráfico)*. São Paulo, Livraria Martins Editora, 1950.

27. TAUNAY, *Anais*, 10, *op. cit.*, p. 14. Ver também, JOSÉ ANTONIO SACO, *Historia de la esclavitude de la raza africana en el Nuevo Mundo y en especial en los países americo-hispanos*, 2. ed., 4 vols. Havana, 1938.

28. Vários autores estabeleceram padrões mais ou menos semelhantes para a "peça" escrava. BOXER, *Salvador de Sá*, p. 231, classifica a *peça de Índias* como a entre os quinze e os vinte e cinco anos de idade. Escravos mais jovens, desde os oito anos, e escravos mais velhos, abaixo dos trinta e cinco anos, eram computados como dois terços de uma peça; aqueles abaixo dos oito anos e acima dos quarenta e cinco anos eram contados como meia peça. Crianças de colo e aqueles acima dos quarenta e cinco anos eram sujeitos a avaliações independentes. Por outro lado, KING, "Evolution of the Free Slave Trade Principle", p. 36, menciona que a *peça de Índias* era constituída por escravos entre os dezoito e os trinta anos, isentos de defeitos.

54

Esses escravos atingiam os preços mais altos no mercado, enquanto que as crianças e as mulheres custavam menos que os homens. Três jovens equivaliam a dois escravos de primeira qualidade. Dado que o desempenho no trabalho dependia da ausência de defeito físico, os compradores examinavam cuidadosamente cada espécime, inspecionando as pernas, os olhos, os dentes e outras partes sensíveis e íntimas do corpo, antes de discutir o preço[29]. Não obstante, à medida que os mercadores de escravos iam adquirindo maior argúcia comercial, passaram a enganar às vezes os compradores, levando-os a adquirir escravos enfermos, fugitivos e ladrões como escravos de primeira. Quanto mais o tráfico aumentava, tanto mais aumentava a desconfiança dos compradores, assim como sua cautela e inspeção, no tocante aos defeitos físicos (falta de dentes, defeitos nos membros, ou presença de chagas e cicatrizes) e de defeitos morais (ladrões e bêbados)[30].

2. O Conceito de Peça, e suas Aplicações

Na *fazenda real* (plantação real) do litoral do Ndongo, o escravo africano era o *produto* mais importante. Os portugueses tinham, aparentemente, difíceis problemas internos e externos a resolver e o africano foi coagido a tornar-se a pana-

29. *Ibid.*, p. 37. No século XVIII, a permutação de escravos por aguardente brasileira e fumo desenvolvera tamanha sofisticação que os estatutos da Bahia estabeleceram as seguintes categorias e preços para *o marfim negro*: a melhor qualidade (*peça de Índias*), 140 000 réis; segunda qualidade, 130 000 réis; terceira, 110 000 réis; jovens negros de primeira escolha, 120 000 réis; de segunda, 100 000 réis; de terceira, 90 000 réis; rapazes adolescentes de primeira, 85 000 réis; de qualidade ordinária, 70 000 réis; rapazes de boa qualidade, 70 000 réis; e de qualidade ordinária, 60 000 réis; rapazes adolescentes de boa qualidade, 60 000 réis; de qualidade ordinária, 50 000 réis; moças jovens de primeira escolha, 90 000 réis; de segunda, 75 000 réis; de terceira, 65 000 réis; mulheres adolescentes de qualidade ordinária e moças satisfatoriamente comerciáveis, 60 000 réis; meninas de aspecto atraente, 50 000 réis; meninas de qualidade ordinária, 40 000 réis. De JOSÉ HONÓRIO RODRIGUES, *Brazil and Africa*, Berkeley, University of California Press, 1966, p. 26, traduzido por Richard A. Mazzara e Sam Hileman. No Brasil, eram usados vários critérios na seleção de escravos para importação, enquanto que, na América do Norte e nas Índias Ocidentais, era evidente o emprego de um único critério, força bruta e físico robusto. Também, LUCIANO CORDEIRO, *Questões Histórico-Coloniais*, v. 1, Lisboa, Agência Geral das Colônias, 1935, pp. 305-317, 318.

30. Ver o excelente estudo de FREDERICK P. BROWSER, *The African Slave in Colonial Peru, 1524-1650*, Stanford, Stanford University Press, 1974, pp. 80-84.

céia para resolver esses problemas. O sangue "negro" de milhões de africanos era escoado através do canal do Atlântico para lubrificar e fertilizar as plantações irmãs no Brasil, em Cuba e em outras regiões das Américas. O marfim negro ou os escravos como produto contavam com várias aplicações e classificações inerentes, todas com uma única função final, a de ser produtivo. A produtividade pode ser definida de várias maneiras. Como utilidade, a peça era vendável além-mar e como item principal, tornou-se a unidade de troca, especificando quantias, valor e qualidade. Como unidade de comércio exterior a representar diferentes valores (veja-se nota 29), regulamentava o mercado e era meticulosamente classificado em termos de crianças de peito, crianças que podiam andar, moleques ou meninos, peças de Índias, pretos velhos e pretos aleijados[31]. Como que a totalidade da economia era baseada na escravidão, os escravos eram negociados e usados como moeda corrente, como um valor e medida aceitos em troca de outros itens, tais que cachaça ou geribita (rum brasileiro), fumo, aguardente, tecidos e mandioca. Um testemunho ulterior da importância dos escravos apresentou-se em 1698, quando a Coroa subsidiou o Hospital de Luanda e a Junta das Missões, contribuindo com um pagamento anual de 500 escravos para o Hospital, e de 700 escravos para os definhantes haveres da Junta das Missões. O uso conveniente de escravos como unidade de troca pode ter sido um fator nas repetidas recusas da Coroa em sancionar a introdução de moedas de cobre em Luanda, até 1694, apesar das importunações dos colonizadores.

Como vassalos, os africanos contribuíam também para o bem-estar dos portugueses, fornecendo-lhes alimentos, assistência militar e serviços domésticos. Eles eram, deste modo, amigos e aliados e um recurso a ser explorado unicamente para a manutenção da hegemonia lusitana na África e para o enriquecimento dos portugueses, quer no Brasil, quer em Portugal.

É impossível dizer com algum grau de segurança quantos sobas africanos tinham consciência, se é que a tinham, das dimen-

---

31. DIAS, *Os Portugueses, op. cit.*, p. 168. O *moleque* era um escravo que tinha idade inferior a 10 ou 12 anos. Dever-se-ia também enfatizar que vários itens ou artigos de utilidade eram usados como moeda corrente, tais como, conchas de cauris ou *njimbu* ou zimbo das ilhas de Luanda e do Brasil, tecidos de folhas de palmeira, sal de rocha, aguardente, pólvora e outras quinquilharias não-africanas. Ver C. R. BOXER, *Salvador de Sá and the Struggle for Brazil and Angola, 1602-1689*. Londres, University of London Press, 1952, pp. 229-230, e BOAVIDA, *op. cit.* Também DUARTE LOPEZ e F. PIGAFETTA, *Relação do Reino do Congo e das Terras Circunvizinhas*. Lisboa, Agência Geral do Ultramar, 1951, p. 30.

sões dessa nova forma de "servidão" e das desumanidades a ela associadas, ou se em geral se preocupavam com o fato. Um certo número de africanos parece haver participado de bom grado do tráfico de escravos, já que isto proporcionava incontáveis possibilidades de riqueza, poderio e aquisição de armas. A posição da Rainha Nzinga perante a escravidão era do ponto de vista político ambivalente, pois às vezes ela participava do tráfico e outras vezes fechava tais mercados. Não se deve esquecer, todavia, que o estabelecimento do tráfico com seus vínculos externos levou ao desenvolvimento de uma posterior superioridade comercial e política (e às vezes militar) dos reinos africanos, sobretudo Matamba, Kasanje e Luanda. Seu desenvolvimento como poderosos Estados comerciais fomentou o crescimento de complexas instituições africanas, que obtiveram o controle e virtual monopólio da aquisição e a distribuição de escravos e de artigos de comércio. Embora muitos chefes aquiescessem com o tráfico, outros tiveram pouca alternativa, visto que, ou concordavam ou eram eliminados. Alguns, como Ngola Kiluanji, viam o cristianismo e o tráfico português como o cavalo de Tróia da colonização que conduziria à tomada de terra, a uma luta pela sobrevivência e, o que é mais importante, como meios de erosão de seu próprio poder e, portanto, resistiram aos esforços de convertê-los[32]. Cadornega, o soldado-historiador, descreveu de maneira convincente os sentimentos de oposição, afirmando que os negros

detestavam nosso governo e desejavam fervorosamente expulsar-nos desta conquista, e foi somente devido ao temor e respeito por nossas armas que permitiram pregar o Evangelho e admitiram nosso tráfico[33].

Os excessos dos portugueses foram fatores significativos na alienação do Manikongo e sua subseqüente aliança com os holandeses, em meados do século XVII. Escrevendo ao reitor do Colégio dos Jesuítas em Luanda, a 23 de fevereiro de 1643, declarou que a coisa[34]

que mais o preocupava era a escravidão tal como era praticada pelos portugueses... Nada prejudica mais a humanidade do que a ganância e a vaidade. Essas qualidades estavam em moda em Luanda e assim impediam relações pacíficas entre os dois povos. Em Luanda, ao invés de usar ouro, prata, tecidos e outras coisas como moeda corrente, os portugueses

32. PADRE RUELO POMBO, *Angola-Menina, 1560-1565*, Lisboa, Imprensa da Revista, 1944, pp. 10-12.
33. CADORNEGA, I, *op. cit.*, p. 192, também v. III, pp. 381-382.
34. REGO, *Restauração, op. cit.*, p. 15. Também A.H.U., Papéis Avulsos, caixa 3, 1637.

estavam usando seres humanos. Isto foi ignominioso para nossos antepassados e estava causando danos incalculáveis aos nossos reinos.

Aqueles sobas africanos que haviam protestado continuamente contra o tráfico de escravos estavam decepcionados com o papel da Igreja e a inconsistência de seu comportamento com suas finalidades professadas. Não só os sobas exprimiam seu ceticismo diante da inconsistência entre os ideais clericais e a realidade, mas também certos eclesiásticos o faziam e alguns leigos. A justificação, uma espécie de racionalização *ex-post facto*, não estava muito longe, pois Padre Luís Brandão argumentava que o Conselho da Consciência havia aprovado o tráfico dos escravos e que os jesuítas no Congo e em Luanda tinham concordado com esse ato de governo. Além do mais, os eclesiásticos afirmavam que as guerras contra os africanos para a aquisição de escravos, terras e almas, eram guerras "justas". Quer dizer, eram guerras da mesma natureza que as Cruzadas cristãs, cristãos a serviço de Deus que iriam ou escravizar ou matar os infiéis. A opinião geral era que os africanos haviam perdido sua liberdade, mas ganho o Cristianismo.

Contudo, apesar da aprovação eclesiástica à escravidão, permaneceram dúvidas quanto à sua moralidade e, em junho de 1593, os padres residentes em Luanda, numa nova tentativa de acalmar as consciências, declararam o seguinte: em primeiro lugar, não era vergonhoso para ninguém, inclusive para os eclesiásticos, liquidar dívidas pendentes com escravos, porque, assim como na Europa e no Brasil a unidade de troca era, respectivamente, a moeda e o açúcar, em Angola essa unidade era representada pelos escravos. Em segundo lugar, os escravos vendidos eram "contribuições" dos sobas na forma de esmolas, e legados por testamentos; outros, eram servos em excedência cujos serviços não eram utilizados de maneira lucrativa pelos sobas, em suas casas ou em seus campos, e conseqüentemente, tinham pouca valia para os africanos[35]. Um jesuíta da época, João Alvarez, divergindo das posições acima citadas, escreveu que,

Eu, pessoalmente, sinto que as perturbações que afligem Portugal são devidas aos escravos que obtivemos injustamente de nossas conquistas e das terras em que comerciamos[36].

35. RALPH DELGADO, *História de Angola*, I. Luanda e Benguela, Tipografia do Jornal de Benguela, 1948, p. 356.

36. BOXER, *Race Relations, op. cit.*, pp. 8-9, de uma carta de João Alvarez S. J., 24, VII, 1604, *apud* FRANCISCO RODRIGUES S. J., *História da Companhia de Jesus na Assistência de Portugal*, v. III (2). Porto, 1944, p. 458.

Mesmo com o risco aparente de nos repetirmos, gostaríamos de salientar de novo que Angola era em tudo uma colônia de escravos; a escravidão estava em toda parte, corrompia toda gente e, portanto, não era fato incomum que os homens aí alijassem princípios estimados, trocando-os pelo lucro.

Os padres tiveram êxito em sua tentativa de introduzir uma lei que impedia pessoas pertencentes a "raças infectas", tais como judeus, mouros e negros, de serem membros das tripulações dos *tumbeiros*, ou esquifes flutuantes, como eram chamados os navios negreiros. O efetivo de cada barco de escravos ou tumbeiro incluía um padre que atendia às necessidades espirituais dos cativos durante a travessia do Atlântico. A preocupação espiritual com as almas dos nativos era uma das características que distinguia a colonização portuguesa e da anglo--saxônica, pois até os escravos falecidos ou antes, suas almas, eram objeto de cuidados espirituais, tanto que El-Rei Pedro II ordenou, em 1690, a realização de 2 000 missas em intenção daqueles que tinham expirado durante a viagem. Conquanto o rigor cerimonial dos portugueses possa ser culposo por sua hipocrisia, a forma religiosa era parte da justificativa da escravidão, pois o africano devia sofrer uma (temporária) degradação terrena a fim de ser promovido a uma (futura) igualdade celestial. A Igreja, naturalmente, era o intermediário indispensável entre a terra e o céu, entre a salvação e a danação. Nas docas de Luanda e Benguela, milhares e possivelmente milhões de escravos eram metamorfoseados em seres humanos. Eram batizados por um padre que caminhava entre as vítimas infelizes, lançando primeiramente um pouco de sal sobre a língua de cada um e depois espargindo água benta com um hissope. Dando a cada africano uma tira de papel com um nome, o padre dizia a cada um, "Seu nome é João, o seu é Francisco, o seu é Pedro", enquanto ia colocando um pouco de sal sobre a língua do cativo. Por fim, com um aceno de mão, o sacerdote entoava "Agora vá, com boa vontade". Cem anos mais tarde, uma Carta Real e um ato do Conselho Ultramarino legalizava o sistema, declarando que nenhum escravo podia ser exportado sem ter recebido primeiro o batismo[37]. Um enorme assento de pedra permanecia na praia, em Luanda, como testemunho silencioso deste ritual que era criticado por alguns mercadores como hipócrita e inútil, ao passo que outros se lhe opunham *in toto*[38].

37. DIAS, *Os Portugueses, op. cit.*, p. 169; e BOXER, *Salvador de Sá, loc. cit.*

38. Alguns autores alegaram que esse batismo dava uma personalidade moral aos escravos, o que era responsável por uma política mais

Na qualidade de guarda avançada da colonização portuguesa, a Igreja refletia a aliança da cruz e da Coroa e funcionava como importante, embora algo independente, arma da Coroa. Tinha uma dupla função, um papel tanto espiritual quanto secular. Como exército de vanguarda, os clérigos constituíam uma força subversiva a penetrar em regiões desconhecidas para estabelecer contatos com os chefes africanos, concebendo como "missão" principal a de sanear (leia-se, civilizar e cristianizar) a África e os africanos, a de "converter os selvagens em homens e esses homens em cristãos perseverantes na fé"[39]. Tais clérigos haviam abandonado o uso da persuasão moral e advogado a substituí-la pela violência como método rápido de conquistar prosélitos. A despeito do acima exposto, descobriram que, conquanto pudesse ser relativamente "fácil converter" um Mbundo ao cristianismo, era mais difícil mantê-lo na fé, pois muitos eram conversos por conveniência que faziam *volte-face* no momento oportuno. Padre Gaspar de Azevedo, em meados do século XVII, observou que: "estive ensinando a doutrina cristã perto do Rio Bengo, sem nenhuma outra dificuldade e só desperdicei meu tempo"[40]. Seu colega, Jorge Pereira, declarou que seria preciso cerca de quatro séculos para eliminar a poligamia.

Transformar o africano em europeu redundou em malogro total, pois a sociedade Mbundo era mais complexa, nacionalista e melhor capacitada para resistir às incursões lusas, militares ou espirituais, do que, digamos, os Arawacks e os Caraíbas das Índias Ocidentais ou mesmo do que a sociedade congolesa. Desde o seu envolvimento no tráfico de escravos assim como sua ocasional participação nas guerras, fatores esses incompatíveis com suas finalidades professadas, o clero já começara a indispor contra si alguns africanos que perceberam, através da tênue superficialidade da "missão" cristã, a incompatibili-

---

clemente ou humana para com os escravos por parte dos portugueses e dos espanhóis. Ver FRANK TANNENBAUM, *Slave and Citizens*. New York, Knopf & Co., 1956. Para um ponto de vista diferente, CARL DEGLAR, *Neither Black nor White*. New York, Macmillan, 1970 e DAVID BRION DAVIS, *The Problem of Slavery in Western Culture*. Ithaca, Cornell University Press, 1966, e FRANKLIN W. KNIGHT, *Slave Society in Cuba during the Nineteenth Century*. Madison, University of Wisconsin Press, 1970.

39. A.H.U., Papéis Avulsos, caixa 1, 1637.

40. RODRIGUES, *Companhia de Jesus*, II, *op. cit.*, p. 578. Para uma avaliação detalhada das várias missões em Angola, são úteis as seguintes referências: Arquivos de Angola, Segunda Série, iii e iv, e FRANCISCO LEITE DE FARIA, O.F.M., "Capuchinhos" na África Ocidental, em Portugal e África, vols. x-xii, Lisboa, 1952-1955.

dade dos meios com os fins. Ainda que nem todos os clérigos estivessem metidos no tráfico de escravos, a maioria estava e, na realidade, isto significou um constante aumento de sua riqueza, influência e poderio. A própria natureza do objetivo maior dos jesuítas, o de desenvolver uma teocracia para substituir o governo secular angolano, pusera-os em conflito com os funcionários portugueses, particularmente os implicados no tráfico de escravos. Um tanto desatentos à contradição interna entre o labor de cristianização e a exploração sistemática de mão-de-obra, os jesuítas foram os iniciadores de perturbações e guerras no interior, onde se haviam integrado entre os africanos, nas aldeias.

Por volta de 1600, a influência e o poderio dos jesuítas proliferara em tal extensão, que, além de seu papel de clérigos, educadores e mercadores, ocupavam posições quase seculares como embaixadores e conselheiros junto aos·Mbundos. Sua versatilidade é testemunho de sua importância na vida comercial, espiritual e política da época. Os Padres Gouveia, Sequeira, Serafim, Barreira e o clérigo mulato Bento Rebelo foram, todos, utilizados como embaixadores numa ou outra ocasião. Desenvolvendo rapidamente a argúcia e meios de atuação, o clero pôde subornar chefes de modo destrutivo para seus próprios interesses, efetuando entre os sobas no interior verdadeiros golpes de Estado diplomáticos, sobretudo mediante o uso de mulatos. Expostos ao mundo da intriga política, muitos jesuítas conspiravam contra os governadores cujos interesses comerciais conflitavam com os seus. O Governador Francisco de Almeida (1592) foi um caso assim. Aportando em Angola com objetivos comerciais pessoais, encontrou o interior em rebelião virtual contra os portugueses porque os jesuítas haviam mobilizado e monopolizado em larga medida a mão-de-obra local. Tão grande foi a oposição urbana e rural ao governador, quando este tentou exercer sua influência para derrubar o monopólio, que, sentindo-se frustrado, abandonou o cargo e viajou para o Brasil.

A natureza peculiar e a atração financeira da exploração da colônia, orientada para a exportação sistemática de recursos humanos mais a reputação do país como o "túmulo do homem branco" encorajou um tipo particular de imigrante, a do homem que tinha muito a ganhar e pouquíssimo a perder. Tratava-se dos *degredados* ou criminosos que nos primeiros tempos (da colonização) formavam a maioria dos residentes de Luanda convertendo Angola na principal colônia penal do império colonial lusitano. Muitos destes elementos inescrupulosos eram atraídos inevitavelmente para o tráfico de escravos, adquirindo um interesse assentado em sua subsistência e eventualmente integrados na maior parte das camadas da sociedade e ocupando muitas posições civis e militares no país. Assim como seus compatriotas clericais e comerciais, os sentenciados e antigos sentenciados eram capitalistas, cujas principais preocupações estavam nos lucros derivados e a serem derivados do tráfico de escravos e cujos proventos pagavam os salários dos governadores, da instituição eclesiástica, e de outros funcionários civis e militares. A maioria desses mercadores e negociantes não trazia consigo esposas devido à má reputação da colônia e a conseqüência foi a propensão, cada vez maior para o concubinato entre portugueses e mulheres africanas, o que envolvia, em geral, uniões passageiras e irregulares.

A "desenfreada licença sexual" dos portugueses, conhecidos por seu espírito integrativo em matéria de *boudoir*, gerou uma numerosa classe de mulatos em Angola. Muitos dos leigos em Luanda se casavam e/ou tinham casos "com damas negras por falta de damas brancas"[41]. Augusto Dias observou que, "todos os portugueses, com exceção dos padres, se uniam com as africanas"[42]. O precedente para uniões inter-raciais fora assentado na Índia em 1510, onde Affonso .d'Albuquerque tinha arranjado casamentos políticos entre portugueses e mulheres indianas. Alguns desses mulatos angolanos eram empregados como *lançados* (mercadores), *guerra preta*, criados, mensageiros, quase-diplomatas e padres[43]. Suas funções eram usual-

41. CADORNEGA, III, *op. cit.*, pp. 30-32. "Há muita produção que causa a Infantaria e outra gente particular, em falta das damas brancas, nas negras damas, de que há muitos mulatos e pardos."

42. "Todos os Portugueses, (excepto dos religiosos) casaram com as naturais do país." Consulte-se AUGUSTO DIAS, *Cuadernos Coloniais*, n. 35, *Pombeiros de Angola*, Lisboa, Editora Cosmos, s.d., p. 6. De acordo com Carlos Garcia, as primeiras mulheres européias que vieram para Luanda, chegaram com Paulo Dias, por ocasião de sua segunda viagem. Ele também declara que a Ilha de São Tomé era usada como centro experimental de miscigenação e adaptação dos portugueses à vida dos trópicos. Numa carta real, João II ordenara que, a cada *degredado*, fossem dados um escravo e uma escrava para auxiliá-lo na lavoura e "para terem filhos para ele, para povoar a dita ilha". CARLOS ALBERTO GARCIA, A Ilha de São Tomé como centro experimental do comportamento do Luso nos trópicos, *Studia*, 19 (dezembro de 1966), pp. 214-216. Para uma orientação política semelhante em termos de povoar os espaços vazios no Brasil Ocidental que se limitavam com as colônias espanholas, consulte-se MAGNUS MORNER, *Race Mixture in the History of Latin America*. Boston, Little Brown and Company, 1967.

43. Alguns desses mulatos eram provavelmente educados na "escola para meninos africanos pobres" que era dirigida pelos jesuítas e mantida pelas doações de um rico homem de negócios português, Gaspar Alares, doações que perfaziam um total de 400 000 cruzados. Construída

mente predatórias, contrárias à sua nação e conseqüentemente disfuncionais para a resistência africana e para as aspirações nacionalistas: parte europeus e parte africanos, eram comumente bilíngües, afeitos a seu meio ambiente e serviam de excelentes intermediários entre os portugueses e os africanos. Tais características, unidas à sua cor preta, a seu conhecimento das regiões do interior e sua política, e sua ocasional habilidade em ganhar a confiança dos governantes Mbundos, fizeram deles uma força maior do que seu número autorizava. Eram empregados não só como espiões nas regiões do interior, como traficantes de escravos e carregadores, mas também como capatazes em grandes fazendas nos arredores de Massangano, fazendas nas quais se criava gado e se cultivavam legumes[44]. Bento Rebelo, um mulato, serviu de contato entre o Governador e o irmão de Nzinga, o Rei Mbandi. Aparentemente, Rebelo não foi tão bem-sucedido em sua missão quanto poderia ter sido devido ao temperamento caprichoso e instável de Ngola Mbandi, mas gozou de influência suficiente para passar as últimas horas do rei moribundo, a seu lado.

3. Undar

Os portugueses tinham dois problemas *principais* de importância capital, na África Central. Eram o de manter a integridade territorial e comercial das regiões conquistadas em face das crescentes ameaças internas e externas e os agudos problemas financeiros da colônia. O tráfico de escravos, o recrutamento de soldados, locais e estrangeiros, e o sistema tributário eram os meios concebidos para resolver tais questões. Inicialmente, *pombeiros* brancos ou traficantes visitavam as *feiras* (mercados onde eram vendidos os escravos) e negociavam com os chefes Mbundos. Tal método estava repleto de incertezas para ambas as partes, porque, em primeiro lugar, dependia dos chefes que podiam ou não podiam querer negociar com os estrangeiros. Em geral, de uma forma ou de outra, de bom ou mau grado, os chefes negociavam com os portugueses e por vezes encorajavam o tráfico, fornecendo escravos em troca de armas de fogo, bebidas alcoólicas e tecidos, entre outros itens que

---

em pedra, a escola era um "colégio magnífico", localizado no coração de Luanda, "um monumento aos labores dos Jesuítas". Veja-se WELCH, *op. cit.*, p. 126.

44. LUIS FIGUEIRA, *African Bantu (Raças e Tribus de Angola)*. Lisboa, Oficinas Fernandes, 1938, p. 292.

chegavam da costa, onde o tráfico era em grande parte monopolizado pelas casas de exportação, portuguesas e brasileiras. Muitos ricos moradores, transitórios e permanentes, residiam em Luanda, que não só desfrutava de um ativo comércio com as Américas mas também de um tráfico costeiro com Benguela no Sul, São Tomé e São Jorge da Mina na Guiné. Os vinte ou mais navios, tidos como usualmente ancorados em Luanda, mantinham a cidade em contato com seus mercados, os quais consumiam os 8 000-10 000 escravos, que estima-se passavam anualmente pelo porto[45]. Em segundo lugar, dentro dos limites desta comunidade mercantil, havia considerável dissensão por causa de práticas comerciais menos lícitas que se estendiam até o governador e engolfavam seus representantes no interior, provocando numerosas rupturas e miniguerras entre agentes competidores. Embora se combatessem mutuamente, as várias facções estavam unidas, no que tange ao intento de monopolizar o tráfico, de modo a excluir todos os adventícios ou traficantes menores. Tão bem-sucedidos foram os traficantes de maior porte que os independentes foram virtualmente excluídos do interior. Tal proibição logo afetou todos os europeus, mas era honrada mais na violação do que na prática. Outro método residia na abordagem que serviu de tema de abertura do presente capítulo, ou seja, a necessidade dos governadores adquirirem riqueza imediata, fato responsável pela violência usada no confisco de escravos. Naturalmente, métodos não-violentos porém coercitivos eram também aplicados na aquisição de escravos e vassalos, mas essas técnicas foram usadas, segundo parece, principalmente por traficantes menores que não possuíam o músculo político e a flexibilidade das grandes casas comerciais.

O soba, ou rei, que era pressionado a tornar-se vassalo do Rei de Portugal, devia satisfazer certas condições em troca das quais recebia, dos portugueses, apoio e proteção contra os inimigos. Em geral, a maioria dos chefes subvertidos haviam sido coagidos a avassalar-se, como Taunay relata sucintamente: "os sobas eram intimados pela repressão armada a efetuarem seus pagamentos à Coroa"[46]. As opções destes chefes ficavam entre a resistência, a execução, a deportação para o Brasil, ou participação em um *undar* ou cerimônia de vassalagem, algo como um *mariage de convenance*. Alguns, como o soba Airi

45. BOXER, *Municipal Councils, op. cit.*, p. 129, citado de VIRGINIA RAU (org.), *O Livro de Rezão* de Antônio Coelho Guerreiro, Lisboa, 1956.
46. TAUNAY, *Subsídios, op. cit.*, p. 119. "Os sobas intimados pela dureza da repressão armada pagavam ao monarca."

Kiluanji, se tornaram vassalos, uma espécie de "Quisling", porque acreditavam que a vassalagem seria o trampolim para a fama e o prestígio; outros, como o fidalgo Muxima Quitambonge (Coração de Touro), aceitaram a condição de vassalos por necessitarem de auxílio militar para combater seus inimigos africanos[47]. Qualquer soba que exprimisse sua intenção de vassalar-se, tinha de ir a Luanda a fim de participar de um *undar*[48]. Nesta cerimônia, os principais dignitários civis, eclesiásticos e militares estavam presentes, enquanto o chefe recebia o batismo de cristão, e era sagrado como vassalo. Sabe-se que alguns sobas declinaram desse último "privilégio", reservando-o a seus colegas mais (ou menos) corajosos. O vassalo e seus sucessores recebiam feudos, a promessa da proteção lusa contra seus inimigos e se comprometiam a fornecer anualmente à Coroa cem peças de Índias. Além destas, incumbia-lhes a responsabilidade de manter abertas as feiras comerciais em sua região, fornecer auxílio militar aos portugueses em suas inúmeras guerras, controlar os subchefes e garantir que eles pagassem sua parte do tributo. Para facilitar a sua arrecadação, Francisco Vasconcelos de Cunha fundou, em 1638, uma Junta da Receita. Durante os primeiros anos da fundação deste órgão, os sobas pagaram anualmente cerca de 12 000 cruzados de tributo[49]. Com a criação de vassalos ou "Quislings", a liderança africana foi satelitizada e neutralizada. Iradas vozes africanas eram divididas e, às vezes, açaimadas. Em muitos casos os portugueses iam às últimas e alçavam um chefe mais jovem ao *status* de soba, ou rei fantoche. Dois exemplos típicos foram a elevação de Samba a Ntumba, por Luís Vasconcelos, a Rei do Ndongo, e a coroação de Airi Kiluanji por Bento Cardoso.

Em muitos casos, certos chefes e sua gente às vezes se defrontavam, com alguns dos piores aspectos do contragolpe que o tráfico de escravos deixava na sua esteira. Virtualmente cada sobado, ou colônia, incluindo aqueles compromissados com o Rei de Portugal, desfrutava de temporadas livres da passagem de mercadores, traficantes e degredados que formavam a maior parte das tropas coloniais portuguesas. Essa gente tirava grandes lucros e sustento apoderando-se de grandes quantidades de óleo de dendê e de aguardente de palmeira, frangos, animais,

---

47. DIAS, *Relações, op. cit.*, p. 106. Uma das principais fontes de escravos vendidos nos mercados de escravos era representada pelas muitas batalhas "étnicas" travadas pelos sobas. Veja-se WELCH, *op. cit.*

48. *Biblioteca Adjuda*, Cod. 5, 1-VIII, 30-anexos, doc. 45, citado *in* FELNER, *op. cit.*

49. DIAS, *Relações, op. cit.*, p. 98.

legumes e alimentos das casas dos chefes e de seus súditos. Às vezes, os sobas eram obrigados a empregar seus servos no cultivo e na colheita de legumes para os soldados[50]. Dependendo do poderio e do prestígio do chefe, e de sua posição diante dos portugueses, conseguia proteger seu povo desses saqueadores, a um preço-escravos que eram remetidos à sua praça de mercado por sua gente, para a eventual compra pelos mercadores.

Pouco depois de 1620, os portugueses pretendiam estar dominando 120 000 milhas quadradas de terra, com 204 vassalos que pagavam um tributo anual de 698 peças[51]. Tal desempenho foi considerado extraordinário face a obstáculos tão grandes, mas de outro lado, representava menos do que 100 escravos de primeira, exigidos anualmente por chefe. Além do mais, quando se toma em conta o fato de ser o presídio o padrão de colonização (ver mais adiante), uma das duas reivindicações, ou ambas, podem estar algo exageradas. Uma referência óbvia ao acima exposto, Fernão de Sousa, Governador de Luanda, numa nota ao Rei, datada de 25 de dezembro de 1625, observou que "isto (terras e vassalos) é o maior merçado que tenho e que terei na Etiópia (sic)"[52]. O número de acres sob a ocupação portuguesa pode ter sido um tanto aumentado posto que os portugueses exerciam apenas controle nominal a partir dos poucos fortes lusos que se espalhavam pelo interior. Ou talvez refletissem uma divisão amorfa do país, uma vez que a Rainha Nzinga reagrupara suas forças e instalara sua capital em Matamba. Entre as fronteiras de Matamba e as regiões mais ocidentais sob efetivo controle português havia uma vasta terra-de-ninguém. Em todo caso, as bases fortificadas surgiram, às vezes, a partir de pequenas e temporárias feitorias portuguesas, mais tarde transformadas em postos militares avançados. Dado que o efetivo controle português e sua defesa residiam nessas bases fortificadas, as forças militares partiam desses enclaves para seus ataques de represália, expedições de colonização e surtidas para adquirir escravos. De outro lado, como na maior parte, o domínio luso fora dessas bases fortificadas não era muito efetivo, estas áreas mudavam freqüentemente de dono devido às condições de luta pela supremacia governada pelo terreno e pela guerra de guerrilha; assim, o controle efetivo do povo e da terra era algo enganoso. Conseqüentemente, alguns sobas só eram, teoricamente falando, vassalos. Isto é

50. DELGADO, I, *op. cit.*, pp. 336-337.
51. FELNER, *op. cit.*, pp. 231-233.
52. TAUNAY, *Subsídios, op. cit.*, p. 40.

a vassalagem implicava um pouco de reconhecimento relutante de fidelidade, como seja o de permitir a pombeiros ou agentes, o direito de travessia das aldeias ou o fornecimento de mercenários. Cabe presumir que este talvez tenha sido um fator para a baixa cifra de 698 escravos providos pelos 204 chefes.

Em 1607, virtualmente todos os sobas Mbundos tinham se recusado a pagar qualquer tipo de tributo, pois estavam todos desencantados com a excessiva ganância dos portugueses. Alguns se rebelaram e fizeram propostas ao Ngola possivelmente porque ele exigira apenas uma taxa anual aparentemente fixada dentro dos limites de seus meios e recursos, enquanto o tesouro exaurido da Fazenda de Luanda forçava os funcionários portugueses a extorquir sempre mais tributos para inflar os cofres reais. Outra consideração podia ser que, tradicionalmente, os chefes barganhavam somente aqueles servos que constituíam sua força de trabalho excedente, razão pela qual as crescentes demandas dos portugueses obrigava-os a recrutar e às vezes a roubar escravos de outras fontes. O que precede foi, portanto, responsável por muitas guerras tribais no interior e também pelo aumento do número de cativos transformados em escravos.

A introdução da escravidão e o conseqüente sistema de lucro em Angola romperam o sistema social tradicional, aumentando a demanda de escravos. Os chefes eram forçados a cobrir suas quotas recorrendo a vários métodos, segundo Lopez de Faria, intendente em Luanda em 1637, que descreveu os vários tributos que eram pagos em escravos. Os africanos, tendo agora exaurido os excedentes que possuíam, e estando impossibilitados de satisfazer os apetites dos funcionários da Coroa e de seus agentes, traziam crianças de colo e velhos senis como pagamento de suas contribuições tributárias[53]. Dois garotos negros entre os cinco e os dez anos de idade, e de aparência saudável, valiam tanto quanto dois escravos de primeira qualidade. Num ano, na década de 1620, os Mbundos "forneceram" aos portugueses como pagamentos tributários, 277 animais castrados, 1 144 sacos de cereais, 33 sacos de feijão, 580 frangos, 273 cabaças de óleo de dendê, 12 vacas, 3 180 peças de tecido, 3 potes de mel e duas peças de marfim[54]. Não é possível determinar o quanto foi subvencionado pelos Mbundos e o quanto foi saqueado deles, embora uma coisa pareça certa, a riqueza pastoral do país estava diminuindo rapidamente devido

53. SILVA REGO, *Restauração, op. cit.*, p. 70.

54. FELNER, *op. cit.* Durante os primeiros cinco ou seis anos após 1609, os pagamentos tributários anuais feitos pelos chefes africanos montaram 12 000 cruzados. SOUSA DIAS, *Os Portugueses, op. cit.*, p. 98.

à exportação de recursos humanos, ao descuido da agricultura e à total concentração no tráfico de escravos[55].

O entrechoque mortífero entre as forças políticas africanas facilitou a tática de "divide" e "governa" dos portugueses. Alguns dos chefes encontravam-se num estado de conflito perpétuo e às vezes convidavam os estrangeiros a interceder e apaziguar suas lutas. Estes resolviam a altercação a favor daqueles chefes que simpatizavam com seus objetivos ou, em outras ocasiões, sua decisão era contrária a um chefe mais fraco de modo a evitar conflitos com seu inimigo mais poderoso. Em Quicama, por exemplo, lugar ocupado quase exclusivamente pelos Imbangalas e comandado pelo famoso Kafuxe, os portugueses preferiram chegar a um acordo com ele de preferência a entrarem em hostilidades, contanto que devolvesse os escravos evadidos e não molestasse os chefes vassalos.

Esse arranjo político e econômico que se desenvolveu entre os grupos portugueses, militares e clericais, e os africanos avassalados, era essencialmente feudal. Lembrava, de certo modo, a sociedade européia do século XII, na qual os membros de uma classe prestavam serviços militares a outra, em troca de certos benefícios. Sob este arranjo arcaico a sociedade africana foi feudalizada, controlada e levada progressivamente ao subdesenvolvimento. Do ponto de vista ibérico isso tinha vantagens óbvias em termos de controle do comando e de extorsão de suporte financeiro para um poder metropolitano impecunioso que não possuía recursos militares para conquistar a região por si mesmo.

4. Guerra Preta ou "Soldados Escravos"

Em seu estudo sobre a administração dos enclaves lusos no Ndongo, Abreu e Brito observou que a maioria dos europeus vindos a Luanda era de mercadores e não de soldados[56]. Muitos anos antes, Paulo Dias, compreendera a impossibilidade de receber e depender de auxílio militar vindo da Europa, e a impraticabilidade de empregar os magros e inadequados recursos humanos e de outra espécie existentes em Luanda para

55. WELCH observa que, às vezes, quando ocorriam aguda escassez de alimento, alguns governadores recrutavam mão-de-obra para cultivar as margens do Rio Bengo perto de Luanda. Aparentemente, durante o fim do ano de 1620 "jardins florescentes" eram uma característica da cidade. WELCH, op. cit., p. 126.

56. ABREU E BRITO, op. cit., p. 25.

68

defender a nova colônia. As dificuldades de recrutamento provinham da reduzida paga, da imagem da colônia como um estabelecimento penal e de tráfico de escravos, e da falta de atrativos de suas condições climáticas. Esses recrutas eram usualmente adolescentes entre treze e dezenove anos, de saúde fraca e com pouca resistência, que, ou desertavam, ou morriam logo após a chegada à África. Dos 2 000 soldados europeus que foram para Angola no período entre 1575 e 1595, 1 200 morreram ou desertaram[57] do serviço militar. Muitos vinham da Madeira, São Tomé e Açores, e, na qualidade de recrutas crus e desinteressados, não mostravam nenhum apetite de combater. Mal trajados, eram reduzidos à fome em média uma semana em quatro.

Percebendo a importância de um forte esquema defensivo como sendo a melhor ofensiva, Dias procedeu o desenvolvimento de uma força militar no "país mais populoso da terra". As principais graduações eram um capitão-mor-de-guerra, dois sargentos-mores e um auditor de campo. Embora a espinha dorsal desta força fosse tirada dos Mbundos e dos Jagas ou Imbangalas e embora ocorresse aguda escassez de soldados, se permitia que os não-brancos servissem na mesma companhia com os brancos. As milícias eram organizadas na base de brancos, mulatos e negros. Um importante componente das milícias foram os Jagas, que eram altos, fortes e bravios, atacando seus inimigos "com grande crueldade". Felner notou que "esta união com os Jagas teve considerável importância no problema da conquista"[58].

Tal como iniciado, desenvolvido e implementado por Dias, cada soba, nesta prática, era obrigado a fornecer auxiliares africanos (guerra preta) para o uso do governador durante as ações militares. O pressuposto era de que tais mercenários provinham dos contingentes das forças particulares de cada soba, em homens livres. Contudo, a maioria era recrutada entre servos desses chefe ou era confiscada aos africanos, pelos portugueses. Quando não necessários alguns eram autorizados a voltarem a suas aldeias e os que formavam os contingentes permanentes eram autorizados a permanecer nos fortes e nos distritos, sob o comando de capitães de sua cor. Alguns eram excelentes arcabuzeiros e em muitos casos mostravam-se, era voz corrente, mais profissionais que certos soldados portugueses.

---

57. Ver Cap. 2, nota 46; e PERO RODRIGUES, "História da Residência dos Padres da Companhia de Jesus em Angola", *in:* BRASIO, *op. cit.*, IV, pp. 549-580.

58. FELNER, *op. cit.*, p. 203.

Sua potência de fogo foi considerada importante fator nas vitórias lusas, pois muitos desses soldados africanos formaram a espinha dorsal da segurança portuguesa nos primeiros anos, mas outros nada mais eram senão "soldados escravos" que desertavam na confusão da batalha ou em alguma outra oportunidade[59].

Dado que o sistema de vassalagem facilitava a rápida mobilização de vinte ou trinta mil "soldados escravos"[60] um número desproporcionado destes, face aos soldados portugueses, combatia nas batalhas e um índice extraordinariamente alto desertava ou falhava. Um exemplo foi a batalha de Massangano, de 1585, entre 10 000 guerras pretas na vanguarda e conduzidos por 140 soldados portugueses contra o Rei do Ndongo. Muitos dos auxiliares negros desertaram. Com tal desequilíbrio, os portugueses estavam sempre dispostos a arriscar vidas africanas, resultando daí uma taxa de baixas alarmantemente alta. Esse desequilíbrio e seu caráter aparentemente dispensável podem ter sido fatores que contribuíram para a elevada tendência à desertar nesta tropa.

O elemento europeu local na milícia era formado principalmente por cidadãos particulares de Luanda e Benguela recrutados às pressas nas situações de emergência e que não demonstravam nenhum entusiasmo particular de se arriscarem nas terras do interior. Como capitães-mores e oficiais, eram em geral e compreensivelmente incompetentes, ganhando suas posições por influência política, mais do que por competência e adestramento. Originalmente, alguns eram degredados e camponeses.

Os soldados africanos eram, às vezes, empregados como bagageiros, criados, ordenanças e policiais. Como braço militar da conquista portuguesa, eram utilizados para caçar, massacrar e subjugar outros africanos. É possível que sem o apoio africano o exército português não tivesse sido tão bem-sucedido como foi. O recrutamento se estendia também a outras colônias portuguesas de além-mar porque a necessidade de soldados era tão desesperada que a conscrição era feita igualmente em São Tomé, Madeira, nos Açores e no Brasil[61]. Devido à alta

---

59. GASTÃO SOUSA DIAS, *Os Auxiliares na Ocupação do Sul de Angola*, Lisboa, Agência Geral das Colônias, 1943, p. 12.

60. *Ibid.*

61. BALTAZAR REBELO DE ARAGÃO, *Terras e Minas Africanas*, Lisboa, s.d., p. 16. Enquanto os principais vínculos foram econômicos e o desenvolvimento de Angola, bem como o do Brasil, achavam-se irreparavelmente ligados um ao outro neste período, a vida em Luanda

mortalidade e ao alto índice de deserção, sugeriu-se que os soldados fossem enviados primeiro para o Brasil a fim de se aclimatarem, e depois transferidos para Angola. Subseqüentemente, argumentou-se[62] que deveria empregar soldados mulatos e índios do Brasil, pois eram mais aptos a suportar o clima da África Central. Quinhentos mamelucos foram trazidos do Brasil para serviço especial nas regiões do interior. Dois capitães portugueses, Antônio Teixeira de Mendonça e Domingos Lopes de Sequeira, que vinham para Luanda em 1644, com carregamento de armas e pólvora, se ofereceram para ir primeiro à Bahia, a fim de embarcar 200 soldados, junto com Henrique Dias, o herói afro-brasileiro da guerra contra os holandeses com "100 de seus homens". Por alguma razão inexplicável, Henrique Dias não visitou a África[63].

5. Pombeiros

Pombeiro, ou Mpumba, era o nome indicado no Congo por Stanley Pool. Etimologicamente, trata-se de uma atividade Kikongo identificada com os Hum ou Wumbu, "que viviam na margem sul do lago"[64]. O pombeiro foi um dos genes da colonização portuguesa, que abriu caminho para o interior dos cromossomos da sociedade Mbundo, dando-lhe então personalidade exploratória única. Os pombeiros, ou mercadores de carne humana, eram uma coleção heterogênea de negros, brancos e mulatos representantes das companhias de tráfico e mercadores particulares, sobas e funcionários da Coroa. Eram por

era afetada pela vida levada no Brasil. A cozinha era brasileira, isto é, muito temperada e condimentada, e era usado o dialeto brasileiro. Esse dialeto era falado dentro de casas e as damas representavam a mesma maneira indolente e ostentosa. Ver EGERTON, op. cit., p. 67.

62. ABREU E BRITO, op. cit., p. 17. Provavelmente, o primeiro a propor o uso de tropas brasileiras – mestiços – na África, foi Abreu e Brito em 1591.

63. JOSÉ ANTONIO GONÇALVES DE MELLO, Henrique Dias – Governador dos Pretos Crioulos e Mulatos do Estado do Brasil, Recife, Universidade do Recife, 1954, p. 26.

64. VANSINA, "Long Distance", loc. cit. Cunha Matos pretende que a palavra Pumbe é de origem Kumbundo, significando casa. Essa explicação sugere que os pombeiros eram construtores de casas de comércio e de feitorias. RAYMUNDO JOSÉ DA CUNHA MATOS, Compêndio Histórico das Possessões de Portugal na África, Rio de Janeiro, Ministério da Justiça e Negócios Interiores, 1903, pp. 247-248. Pedro Cezar de Menezes ao Rei. A.H.U., Angola, Papéis Avulsos, caixa 2, 1641. Também AUGUSTO DIAS, Cuadernos Coloniais, n. 35, op. cit., p. 7.

vezes piratas que se tinham transformado em corsários, aventureiros, exploradores e sentenciados. Desprovidos de escrúpulos religiosos ou morais, seus motivos eram estritamente econômicos. Os degredados eram particularmente adequados, pois pareciam mais dispostos a se aventurar em regiões onde seus compatriotas pretendiam que "não havia nem polícia nem caridade, nem temor de Deus e nem qualquer tipo de lealdade humana"[65]. Boxer nos fornece uma descrição sucinta[66].

Em condições normais e pacíficas, agentes de escravos, chamados *pombeiros* ou *pumbeiros* (de uma palavra nativa, que significa "falcoeiro") percorriam as regiões do interior, comprando escravos dos chefetes locais e os levando para Luanda... Os pombeiros eram mulatos, ou muitas vezes negros genuínos, que eram expedidos por seus amos portugueses em Luanda com algo, até um total de cento e cinqüenta escravos negros como carregadores, para o transporte de tecido de palma, cauris, aguardente e outras mercadorias pelas quais os escravos eram comprados no interior. Esses pombeiros ficavam ausentes de um a dois anos antes de enviar ou trazer de volta para a costa grupos acorrentados de quinhentos a seiscentos escravos. Apesar de serem usualmente bastante leais a seus patrões europeus, não raro falhavam para com seus empregadores e fugiam com os escravos e as mercadorias. Alguns dos pombeiros de maior confiança não voltavam a Luanda por anos a fio, mas permaneciam no interior e recebiam periodicamente mercadoria da costa em troca de escravos.

Normalmente, os pombeiros viajavam para o interior com artigos destinados aos mercados onde eram trocados por escravos. Suas mercadorias a preços inflacionados eram obtidas em grande parte a crédito dos mercadores e traficantes portugueses estabelecidos em Luanda, que entravam em competição com os governadores coloniais e lutavam um com o outro por meio de seus agentes no interior por causa do tráfico. Edward Barter, filho mulato de um inglês, era um desses homens de negócios que empregavam pombeiros e foi descrito como sendo "muito capaz"[67]. Apesar do controle que exerciam sobre as fontes de crédito de além-mar, através das quais recebiam suas mercadorias, os mercadores de Luanda procuravam, também, excluir a participação dos traficantes menores como os *lançados*[68] e os *funantes* de qualquer papel no comércio.

65. EGERTON, *op. cit.*, p. 56.
66. BOXER, *Salvador de Sá, op. cit.*, pp. 229-231.
67. TAUNAY, *Subsídios, op. cit.*, p. 107.
68. WALTER RODNEY descreve a origem da palavra *lançado* como derivada do verbo português *lançar*. "Muitos... eram mulatos, já ligados aos africanos pelo sangue, e havia aqueles que haviam se integrado de tal maneira à vida africana que chegavam a usar tatuagens tribais. Eram estes os autênticos *lançados*, literalmente 'aqueles que se tinham lançado

Uma vez que estes eram em grande parte independentes dos mercadores de Luanda, e que desenvolviam contatos mais íntimos e mais familiares com os chefes, aprendendo sua língua e seus costumes e casando com suas filhas, *lançados* e *funantes*[69] estabeleceram seus próprios sistemas de tráfico no interior em grande parte por meio do estratagema político de conquistar a confiança dos chefes. A descrição de Boxer do papel que desempenharam na Guiné, é aplicável à Angola[70].

Muitos deles (lançados) se estabeleceram nas aldeias negras, onde eles e seus descendentes mulatos funcionavam como dirigentes ou intermediários no comércio de intercâmbio entre africanos e europeus. Alguns lograram casar-se com membros das famílias governantes, enquanto outros fizeram acordos vantajosos com os chefes locais, seja por conta própria, ou no interesse dos mercadores europeus para os quais estivessem porventura trabalhando. Sua influência foi por longo tempo uma fonte de inveja e de assombro.

Visto que a integridade das rotas e mercados de tráfico no Ndongo ficaram expostos ao crescente assalto português com suas concomitantes rupturas e escassez de população, os mercados[71] foram removidos para regiões mais interiores, vindo por fim a encontrar-se sob efetivo controle dos grandes Estados africanos de Matamba e Kasanje. Assim, a suserania econômica que Portugal e, de um certo modo, o Brasil buscavam tão desesperadamente na profundeza do interior se lhes esquivava. Recebendo mercadoria a crédito dos agentes das casas comerciais de Luanda, os intermediários africanos visitavam os portos de tráfico onde, embora lhes fossem assegurado um suprimento de escravos, estavam todavia sujeitos às táticas de divide e de

por entre os africanos'." Ver seu trabalho Portuguese Attempts at Monopoly on the Upper Guinea Coast, 1580-1650, *Journal of African History*, 6, 1965, p. 307.

69. CASTRO SOROMENHO, *Sertanejos de Angola*, n. 98, Lisboa, Agência Geral das Colônias, 1943, p. 29. Embora pequenos comerciantes, os funantes agiam como espiões dos portugueses, trazendo-lhes informações estratégicas acerca dos movimentos de tropas africanas, tréguas e pactos projetados ou vigentes de caráter militar entre os chefes, e preparativos de guerra. Eles também agiam como guias para as tropas portuguesas em regiões desconhecidas e perigosas.

70. BOXER, *Salvador de Sá, op. cit.*, p. 229.

71. Muitos chefes centralizavam e deste modo controlavam o mercado de escravos através das feiras. Forçando os traficantes a comprar em locais sobre os quais eles tinham considerável controle, os chefes aumentavam seu poder político e econômico. Os principais mercados, no século XVII eram: Samba na Regência de Encoge, Lucamba em Ambaca, Trombeta em Golungo, Dondo em Cambabe, Beja nas Redras, Bailundo, Pe, Quilengues e Prata. Veja-se CUNHA MATOS, *op. cit.*, p. 329.

reina e às políticas extorsivas dos líderes africanos. Forçados a negociar com rei(s) (ou rainha), que fixava(m) eles próprios seus preços e condições, e que exigia(m) a entrega da mercadoria antes da entrega dos escravos, o que poderia levar vários meses devido às divergências a respeito dos termos do intercâmbio, os agentes procuraram sem êxito encetar negociações algures.

Coincidente com o surgimento desses Estados africanos, houve um declínio da atividade militar portuguesa, na medida em que a logística de manutenção de uma força combatente no interior tinha, provavelmente, um custo astronômico. Além do mais, os Estados indígenas haviam atingido uma fase de maioridade militar e conseqüentemente, estabelecido uma linha de defesa ao longo do Rio Cuango que os isolava dos ataques portugueses[72]. Como foi notado acima, a posição de Nzinga quanto à escravidão era "politicamente ambivalente" e foi o sucessor dela, Ngola Kanini, que estabeleceu comercialmente o tráfico de escravos em Matamba. Nzinga, ao que parece, teve um envolvimento direto mínimo no tráfico no Ndongo, por causa de suas atividades militares que, unidas a suas táticas diplomáticas, na maioria das vezes destruía a integridade das rotas comerciais e fechava os mercados.

Entretanto, como conjetura, parece plausível argumentar que, como a estrutura social indígena suportava a servidão, conquanto de maneira muito diferente do padrão português, a venda de seres humanos poderia ter sido aceitável para ela. Em sua própria mente, o fantástico crescimento, afluência e poder dos portugueses em Luanda estavam associados ao tráfico e à nova religião dos forasteiros. A religião e o tráfico lusos geraram o nacionalismo e o *status* de grande Estado que começou a minar a posição dela no Ndongo. Se fosse dado a Nzinga realizar sua meta de criar um Ndongo unido, estendendo-se desde o interior até o Atlântico e sob sua chefia, livre de qualquer influência exterior, ela precisaria estabelecer uma capacidade militar e comercial que pareasse ou excedesse a dos portugueses. Assim, a diplomacia do tráfico interior (rotas e mercados), tal como praticada por Nzinga, era uma estratégia de cenoura e paulada que negava a seus adversários europeus entrada nos portais espaçosos e populosos dos mercados orientais. Em conseqüência, os portugueses logo compreenderam que o trá-

---

72. DAVID BIRMINGHAM, "The African Response do Early Portuguese Activities in Angola", in RONALD CHILCOTE, (org.), *Protest and Resistance in Angola and Brazil*, Berkeley, University of California, 1972, p. 20, e também seu livro *Portuguese Conquest of Angola*, Londres, Oxford University Press, 1965.

fico não podia ser mantido com êxito sem o apoio dos principais líderes africanos. Era uma verdade brutal que todos as partes parecem ter percebido, como indica vários dos batedores diplomáticos expedidos por ambos os lados. No entanto, a obstinação recíproca e a discordância de concepções mostraram-se sobrepujantes, resultando em impasses inquebráveis e em prolongamento da violência. Tais eventos, todavia, serão relatados no devido lugar. A principal frustração de Nzinga deveu-se a sua incapacidade em estabelecer um relacionamento duradouro com seu inimigo, o que implicava longas guerras. Daí, por que os presentes de escravos a funcionários portugueses se destinavam a arrancar alguma concessão ou renovar um diálogo diplomático.

Uma volta completa numa viagem para o interior podia demandar até dois anos, e no regresso à costa, o comboio mercante trazia, às vezes, até 600 escravos, bem como cobre, marfim, sal e ferragens. Como os escravos viajavam agrilhoados, seminus e expostos às intempéries durante todo o percurso, cerca de dez por cento dos cativos somente sobrevivia. Os mercadores aumentavam portanto para mais do dobro o número de escravos para o quais tinham licença, de modo a compensar as enormes perdas. Aportando à América, às vezes não era permitido o desembarque do excesso de escravos, devendo, pois, ser vendido clandestinamente em outro porto, ou desembarcado em alguma região desolada ao longo da costa.

Recebendo "pouco alimento durante a viagem", os cativos chegavam à costa feridos, estropiados e emaciados. Se houvesse navios disponíveis, eram imediatamente embarcados, apesar dos protestos dos sacerdotes que advogavam, primeiramente, pela recuperação dos doentes e feridos antes do embarque[73].

Em Luanda, homens, mulheres e crianças eram encarcerados em barracões ou cabanas de escravos enquanto aguardavam a chegada dos navios negreiros que podiam demorar até cinco meses. Engordados nos barracões, e com óleo de dendê à disposição para untar seus corpos de acordo com um antigo costume Mbundo, eram ocasionalmente empregados no cultivo da mandioca que fora trazido do Brasil, aumentando assim seu valor nas Américas, onde iriam executar um trabalho semelhante. Não raro, não partiam jamais para o continente

---

73. Antes de serem embarcados, os escravos eram marcados a fogo com o brasão de armas da companhia ou da nacionalidade do traficante. Aplicando banha de macaco numa determinada parte do tórax, do ombro ou do rosto, o agente ferreteava sua vítima. Ver TAUNAY, *op. cit.*, pp. 116-118.

americano, porque, enquanto esperavam a chegada dos navios negreiros, alguns dos cativos eram dizimados pela varíola. Como a venda dos remanescentes era impossível, a solução mais simples consistia no extermínio de centenas de homens, mulheres e crianças.

Dada a finalidade econômica principal dos portugueses, e as várias medidas empregadas na aquisição de escravos, um método – o terror e a violência – formou uma parte importante da tática de colonização lusa, funcionando como preliminar indispensável e companheiro da função do tráfico de escravos em Angola. Sua aplicação, além de intimidar e controlar chefes e tribos, causava uma desorientação psicológica do grupo, pois, às vezes, destruía a raiz da autoridade e da segurança na tribo e no Estado, transformando, neutralizando e/ou eliminando forças oponentes. Dois exemplos são dignos de nota. João Mendes de Vasconcelos, filho do governador, levou a cabo uma política de terra arrasada no Ndongo Oriental, capturando e subseqüentemente decapitando 109 sobas que eram suspeitos de "tramar" contra os portugueses. Ele observou que o exemplo

permaneceria inesquecível por gerações futuras e deixou assustados e apavorados todos os pagãos desses reinos, pois é somente pela força e pelo receio que podemos manter nossa posição sobre esses indomáveis pagãos[74].

O outro exemplo, foi o de Jaga Kasanje de Ensake de Cassange. Ele foi publicamente executado pelo Governador João Correa de Sousa, a fim de servir de exemplo para os sobas recalcitrantes. Assim, "toda espécie de demonstração e de poder é necessária, em se tratando com os pagãos, pois é isso que eles respeitam"[75].

74. CADORNEGA, III, *op. cit.*, p. 157.
75. *Ibid.*, p. 165.

4. A PRINCESA NZINGA NEGOCIA EM LUANDA

A 27 de agosto de 1617, reforços portugueses chegaram em Luanda, a capital da Angola portuguesa ocupada. Estes reforços eram de grande monta, e consistiam em 700 soldados, 100 cavalos, 10 000 quilos de pólvora além de igual quantidade de projéteis de chumbo, espoletas e materiais de reforço para as fortalezas[1]. Os estrangeiros haviam compreendido que, a fim de se apossarem das minas de prata sobre as quais corriam tantos rumores, precisariam conquistar os Mbundos. Raciocinavam que atacar e capturar a capital do rei em Mbaka, dar-lhes-ia uma vantagem psicológica que os habilitaria a controlar ou derrotar

1. RALPH DELGADO, *História de Angola*, 1. Luanda e Benguela, Tipografia do Jornal de Benguela, 1948, p. 49.

os poderosos chefes que reconheciam a suserania do (governante) Ngola. Também a favor do ataque à capital, também militava o fato de que a área circundante era rica e densamente povoada; seus habitantes tinham fama de serem laboriosos, o que os portugueses tomaram como prova de que eles se ajustariam à escravidão. O governador desmantelou a fortaleza portuguesa em Ango Akikoito e a reconstruiu nas proximidades de Mbaka. Ele certamente sabia que esta ação suscitaria uma violenta resposta de parte do Ngola, pois ela afetava tanto a fortuna diplomática quanto estratégica dos Mbundos, por dividir literalmente o país e forçar a liderança africana a se retirar para as regiões orientais.

Entrementes, Nzinga e suas irmãs, numa campanha de reconciliação com o irmão, fixaram residência no acampamento de guerra deste enquanto as recentes ações dos portugueses chegavam cada vez mais da capital do Ngola; Mbandi não resistiu, pois a temeridade lusa parecia tê-lo reduzido a um estado de incoerência militar que flutuava entre a inércia e o desespero. Mas a indecisão do irmão face à pressão portuguesa pode tê-la estimulado, levando-a a crer que a passividade do irmão, era de molde a favorecer a causa dela. É de se presumir que o Ngola julgasse ser sua indecisão uma forma de prudência, possivelmente um caminho médio, capaz de restabelecer sua credibilidade junto aos portugueses. Os acontecimentos posteriores não justificaram tal posição, pois a política do Ngola foi o agente de uma erosão ainda maior de seu poder, assim como da destruição de grande parte do reino Mbundo. O fato é que Ngola Mbandi preferiu negociar a lutar com o inimigo, mas as negociações foram menos negociações que sucessivos protestos ineficazes de sua parte, e prosseguimento dos trabalhos de construção e fortificação de parte dos portugueses. Além de representar uma arrojada e decisiva aproximação à colonização, as ações portuguesas pode ter embaraçado Ngola limitando suas opções a fuga, capitulação ou resistência.

Em 1619, o Ngola foi, ao que parece, forçado a atuar. Ele acabou mandando um de seus chefes favoritos e de confiança, Jaga Gaita (Caita ou Caiete), atacar o inimigo em sua base situada em Ango Akikoito. Gaita cercou rapidamente os europeus pondo-os na defensiva, mas os portugueses frustraram as manobras de seus inimigos africanos e, fazendo uso eficaz de alguns vira-casacas Jagas, destroçaram as forças Mbundo e marcharam em direção à capital do rei.

Nzinga, suas irmãs e seu irmão estavam em Mbaka quando as forças lusas atacaram, saquearam e destruíram a residência real, em 1619. Parece que os portugueses encontraram pou-

Retrato de D. Ana Ginga, Rainha de Matamba (Nzinga). (De um pergaminho de um Convento de Coimbra.)

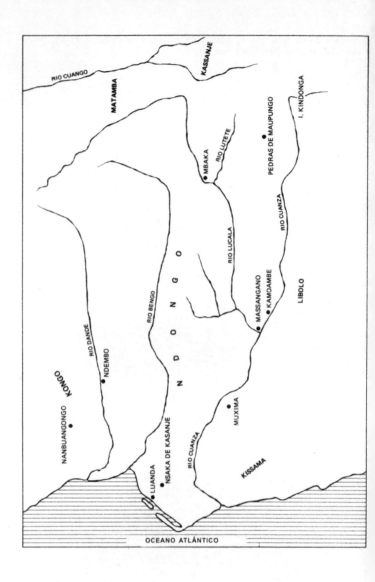

quíssima ou nenhuma resistência por parte dos Mbundos, fato um tanto inexplicável se se considera a derrota de Ango. Gaita e seu exército haviam sido derrotados e as defesas da capital talvez estivessem despreparadas devido à relutância do Ngola em combater. Na confusão da batalha, Nzinga e seu irmão conseguiram fugir, mas a cunhada e as duas irmãs de Nzinga, Quifungi e Mocambo, e outros membros da casa real foram capturados[2]. Um grande butim, que incluía escravos, marfim e tecidos, foi apreendido e expedido para Luanda e Américas.

A posição e a importância de Nzinga melhoraram em relação às de seu rival depois da ignominiosa derrota. Ela própria escapou da capital retirando-se para o Ndongo Oriental, onde começou a fazer contatos políticos com chefes da região. Ambiciosa, cheia de desprezo pelo irmão, intitulava-se Rainha do Ndongo e de Matamba e coagiu os chefes orientais a reconhecê-la a legítima monarca. Entrementes, a destruição da capital e a captura de membros da casa real levou o irmão de Nzinga à conclusão de que um tratado de paz poderia vir a ser a solução de seu problema com os brancos.

Ngola Mbandi decidiu mandar um embaixador a Luanda a fim de negociar com os portugueses e pedir a devolução de sua esposa e de suas irmãs. Em troca, Ngola Mbandi prometeu aos portugueses que devolveria todos os portugueses capturados, escravos e negros livres aprisionados pelas forças Mbundo e também reconhecer a soberania lusa nas áreas que haviam ocupado antes da conquista da capital. Os portugueses aceitaram as garantias de Ngola Mbandi e libertaram sua mulher e as duas irmãs, mas Mbandi renegou seu acordo, não libertando os europeus[3]. Poder-se-ia ter pensado que o Ngola fazia demasiadas concessões em troca de muito pouco lucro, ou então que poderia continuar a usar os portugueses em seu poder para arrancar maiores concessões de Luanda, como o seu pai, o falecido Ngola, procedera. Entretanto, essa mostra de duplicidade deu aos portugueses um esplêndido pretexto para prosseguir a guerra, sendo que, em 1620, a peleja foi reincetada e o Ngola foi de novo derrotado; por fim, retirou-se para a Ilha Kindonga no Rio Cuanza.

A partida de Nzinga para as regiões orientais e a retirada do irmão criaram um vácuo na liderança Mbundo, que os portugueses procuraram explorar em prol de suas próprias finalidades políticas e pecuniárias. Se os portugueses pudessem ter

2. RAVENSTEIN, *op. cit.*, p. 164.
3. ELIAS ALEXANDRE DA SILVA CORRÊA, *História de Angola*, Lisboa, s.d. 1937, p. 230.

criado um líder político que fosse receptivo aos objetivos lusos, poupar-se-iam de um longo e sangrento conflito em seu intento de colonizar o Ndongo. Um dos chefes capturados, Samba Antumba, concordou em se tornar vassalo do Rei de Portugal e foi batizado, recebendo o nome de Antônio Correa. Foi subseqüentemente coroado "Rei" do Ndongo, mas faltou-lhe credibilidade, exceto aos olhos dos portugueses, devido à ausência de todo e qualquer vínculo real em sua origem.

Os eventos estavam conspirando para trazer Nzinga ao centro do palco neste drama em desdobramento. A emergência de um rei fantoche constituiu uma nova variável que colidiu com a legitimidade de Nzinga assim como a de seu irmão. Nzinga e o Ngola devem ter compreendido que a esta altura, se lhes impunha esquecer seus conflitos em prol de um objetivo maior. O malogro de uma segunda tentativa de efetuar um tratado de paz entre os Mbundos e os portugueses impeliu Mbandi a fazer propostas atraentes à irmã mais velha, por intermédio de embaixadores que se dirigiram ao acampamento dela, no oeste, com a oferta de ser embaixatriz do irmão em Luanda. Sabemos que ele pediu perdão pela morte do filho dela e que lhe fez promessas generosas caso aceitasse a incumbência. É provável que tivesse se voltado para a irmã por necessitar de um diplomata persuasivo e hábil para tratar com os portugueses. Nzinga, na qualidade de membro da família real do Ndongo, possuía estatura suficiente, *savoir faire* diplomático e autoridade para negociar e possivelmente levar a uma conclusão feliz o esquivo tratado de paz. Ela sabia que esta missão era de tremenda importância, representando um ponto crucial na história Mbundo. A escolha por parte do irmão e a subseqüente aceitação indicavam as deficiências de Mbandi e o reconhecimento da importância de Nzinga, no esquema de negócios na Corte. E se bem-sucedida nas tratativas para uma paz duradoura com os portugueses, e se garantida a integridade territorial do Ndongo, o fato fortaleceria a posição dela em sua contenda com o irmão pela liderança do Ndongo. Sem dúvida, algumas destas considerações passaram pela mente da jovem princesa enquanto dissimulava sua antipatia pelo irmão e voltava para a capital do Ngola a fim de empreender a missão diplomática em Luanda.

Nzinga tinha quarenta anos quando deixou a capital de seu irmão em princípio de 1622 como seu representante "para interpretar seus planos ao representante do Rei em Luanda[4]. Ela continuava sendo do ponto de vista físico um "maravilhoso"

4. CUVELIER, *op. cit.*, p. 51.

espécime de mulher, porém, mais do que isso, era páreo para o mais vigoroso homem do Ndongo durante os jogos de guerra nos quais os Jagas praticavam. Sua instrução formal, treino e experiências, suscitaram nela paciência, visão e destemor, qualidades que iria precisar seja em Luanda, seja mais além. Recebendo "presentes fantásticos e promessas de honra para o futuro"[5], ela percorreu as quatrocentas milhas em direção até à costa numa liteira, atendida por muitos servidores num estilo condizente com um chefe.

Nzinga chegou a Luanda em fins de 1622, e apesar da viagem cansativa participou de uma imponente cerimônia de boas-vindas sem dar sinal algum de irritação ou fadiga. Todas as pessoas importantes da cidade vieram cumprimentá-la, os magistrados, os mercadores, e os altos funcionários civis, religiosos e militares. Houve tiros de canhões para saudá-la enquanto os soldados portugueses perfilavam-se ao longo do trajeto que a levava à casa de Rodrigo de Araújo, onde havia de residir durante sua estada em Luanda.

A embaixatriz ficou impressionada com as cerimônias de recepção, particularmente com a disciplina e segurança das tropas lusas, suas demonstrações militares, e a beleza e o luxo das vestes envergadas pelo público que lhe dava boas-vindas. A morada de seu anfitrião apresentava-se esplendidamente mobiliada, com muitas peças que ela nunca vira antes, tais como cadeiras, espelhos e pinturas. Nzinga, ao examinar o ambiente, chegou à conclusão de que os portugueses eram realmente um povo opulento e poderoso, mas que o povo Mbundo podia realizar tanto ou mais se conseguisse somente forjar um vasto império combinando efetivamente o Ndongo Oriental (Matamba) com certas áreas normalmente sob o controle do rei do Congo e as zonas ocupadas pelos europeus. Esta amplitude da percepção territorial de Nzinga era inspirada por suas extensas viagens do interior até à costa atlântica. Sobre esta larga e poderosa entidade ela reinaria como rainha, pensava. Nzinga não compreendeu que a imponente cerimônia de recepção fora cuidadosamente encenada para impressionar a enviada e seu séquito com o brilho, o poder e a glória dos portugueses, de modo a predispô-la à vassalagem dos portugueses.

Após vários dias de descanso, Nzinga foi conduzida à presença do Governador de Luanda, João Correa de Sousa, para o primeiro encontro. Nzinga, ostentando suas roupas e jóias mais finas, produzia um exótico contraste com a moda portu-

5. *Ibid.*

guesa. Quando ela e sua comitiva entraram na ampla mas escassamente mobiliada sala de conferências do palácio do governo, percebeu que lá havia somente uma cadeira, um tapete e duas almofadas. De pé, junto às paredes, se encontravam o governador e seus oficiais, que trocaram com ela saudações formais. Nzinga retribuiu as saudações, declarando ter vindo a Luanda a fim de estabelecer relações melhores entre seu irmão, o poderoso Ngola Mbandi, e os europeus. Notando que a cadeira se achava diante do governador, e supondo que a almofada se lhe destinava recusou-se a sentar no coxim porque isto a colocaria em nível inferior ao do governador, insultando desta forma sua posição real. Ao invés, sentou-se no corpo ajoelhado de uma de suas damas de serviço[6]. Seu gesto causou certa surpresa e indignação na audiência. Na verdade, essa atitude pareceu ter-lhe dado uma leve vantagem tática e psicológica sobre seus oponentes diplomáticos. Esse episódio revela a habilidade de Nzinga em moldar os eventos e não ser por eles moldada e, conseqüentemente, em saber tomar a iniciativa em todas as oportunidades.

No curso das discussões, Nzinga falou em português. Aprendera, talvez, a língua, com alguns dos mercadores e missionários portugueses que haviam freqüentado a corte de seu pai. Os funcionários portugueses ficaram pasmados

quando ouviram uma mulher criada entre selvagens e animais bravios falar e raciocinar com tamanha eloqüência e propriedade de linguagem que parecia coisa sobrenatural[7].

A linha principal do raciocínio de Nzinga foi que seu irmão era um príncipe soberano ao qual não se poderia, nem se deveria, exigir o pagamento de tributos. Em pé de igualdade, desejava viver em paz com os portugueses. Por conseguinte, não era razoável esperar que ele concordasse com as demandas para tornar-se vassalo português e que continuasse a aceitar o avanço luso. O último pedido de Nzinga foi que os portugueses libertassem os Mbundos capturados em campanhas anteriores, se retirassem de Mbaka para a parte baixa do Rio Lucala, e que cada uma das partes assumisse a obrigação de proporcionar auxílio mútuo em caso de ataque de inimigos comuns, especialmente do Jaga Kasanji.

Nzinga falou fluente e convenientemente, com dignidade régia. Isto posto, nesta primeira reunião com os portugueses,

6. DELGADO, *op. cit.*, p. 81.

7. CUVELIER, *op. cit.*, p. 53.

Batismo da Rainha Nzinga (J. B. Labat, *Relation Historique*, IV)

Visita da Rainha Nzinga ao Governador de Angola (1922 (J. B. Labat, *Relation Historique*, IV).

seus argumentos foram sólidos e vigorosos e seus oponentes permaneceram em silêncio, assombrados, talvez, com a iniciativa tomada pela princesa. Enfatizando o desejo de paz e amizade dos Mbundos, alçando, às vezes, a voz para produzir maior efeito, ela deixou bem claro que se quisessem paz, ela ficaria feliz e satisfeita, mas se a alternativa fosse a guerra, ela estava absolutamente preparada a retomá-la, quando regressasse a sua capital. Neste ponto, o governador suspendeu a conferência, adiando as conversações para o dia seguinte.

Nzinga dominara claramente todo o andamento das discussões do primeiro dia. Combinando judiciosamente ameaças, lógica e eloqüência, reduzira seus adversários à defensiva diplomática. Delgado, o historiador português, a descreveu como

uma célebre embaixatriz, uma pessoa excepcional com uma mente brilhante, uma revelação verdadeiramente talentosa de superioridade intelectual africana[8].

Cadornega, o soldado-historiador-político português, viu em Nzinga "um demônio em forma humana que ultrapassava Semíramis, Cleópatra, a famosa Judith e Artêmis"[9].

Fazer tais concessões a Nzinga seria impraticável pelo que tocava os interesses nacionais de Portugal. Angola fornecia, através de Luanda e Benguela, números aparentemente inexauríveis de escravos para o Brasil e para a América espanhola, tráfico que devia se converter no principal suporte econômico de Angola e do Brasil por 250 anos. A seguinte declaração do Conselho Municipal de Luanda, em 1683, atesta a importância do Ndongo[10]:

A prosperidade do Brasil dependia do suprimento de escravos de Angola, e a prosperidade de Portugal dependia dos recursos derivados de seu tráfico com o Brasil. Em outras palavras, Angola era a chave do império Atlântico português.

Nzinga, por certo, esquecia dos interesses econômicos ocidentais em desenvolvimento, que aos poucos integravam as economias e populações da África, da América e da Europa. Sua visão de um país centro-ocidental africano unido, tendo-a como Rainha ia contra as forças e os interesses econômicos

8. DELGADO, 1, *op. cit.*, p. 80.
9. CADORNEGA, 1, *op. cit.*, p. 89.
10. CHARLES BOXER, *Portuguese Society in the Tropics: The Municipal Councils of Goa, Bahia and Luanda — 1510-1800*, Madison, University of Wisconsin Press, 1965, p. 131.

que se desenvolviam na época. Esse choque fundamental de interesses seria o maior obstáculo para uma relação durável e pacífica entre os dois povos. Ele polarizaria os grupos principalmente ao longo de linhas comerciais e raciais que iriam levar a uma orgia de morticínios em que os grupos conflitantes viam um ao outro como sendo menos que seres humanos.

A missão de Nzinga constituiu uma tentativa, uma virtual derradeira tentativa, para introduzir algum tipo de sensatez ao furor bélico em rápida ascensão que começava a afetar de maneira adversa todos os grupos. Durante muitos dos dias subseqüentes, Nzinga reuniu-se regularmente com o governador, que ficou impressionado com a demonstrada obstinação, sinuosidade e agudez política daquela mulher, características que se tornariam marca registrada de seus subseqüentes esforços diplomáticos. Concordando com suas pretensões, o governador prometeu que evacuaria de Mbaka suas tropas, que faria uma aliança com os Mbundos contra seus inimigos comuns, e que iria libertar os chefes e os escravos capturados.

Nzinga fora bem-sucedida em sua missão em Luanda, ou pelo menos assim parecia. O governador português assinara um tratado com a enviada Mbundo, capitulando às exigências dela, isto é, no papel. Talvez, a esta altura seja pertinente inquirir quais os fatores responsáveis pelo êxito diplomático de Nzinga. Sem dúvida, a lógica e a justiça estavam do lado dela, e os portugueses não tinham réplicas convincentes. Mas há outra razão, mais fundamental, que residia na personalidade de Nzinga. Aos quarenta anos, estava no auge de suas forças, encantadora e elegante mas incontida em suas atitudes e em suas ações. Não hesitou, por exemplo, em ameaçar o governador, declarando-lhe que estava absolutamente disposta a voltar para sua capital e dar continuação à guerra. Possuía uma personalidade astuta e dominadora, com espírito independente que impunha respeito e submissão. Tais características, e mais sua voz que era, de acordo com o historiador Delgado, como que semelhante "ao rugido de feras bravias e tanto podia ser uma terrível ameaça quanto uma garantia de segurança"[11].

A enviada sentira-se fascinada com muitos aspectos da vida em Luanda, e pedira e recebera a permissão para aí permanecer temporariamente, após a conclusão de sua tarefa oficial. Não sabemos quanto tempo ficou na cidade, mas parece que foi o suficiente para interessar-se pela religião cristã. Alguns dos melhores instrutores foram postos a sua disposição para

11. DELGADO, iii, *op. cit.*, pp. 184-185.

instruí-la, e ao fim de sua estadia, Nzinga pediu para ser batizada na religião católica romana. Três são os argumentos que apresentou para ser convertida. Em primeiro lugar, Nzinga convencera-se de que havia uma relação entre o tráfico, o poder e a religião. Era costume de seu povo apelar e/ou fazer sacrifícios a Temba Ndumba, seu Deus, antes de encetar qualquer empreendimento importante. Temba Ndumba era uma divindade poderosa que sorrira aos Mbundos e aos Jagas e que fora responsável pelo sucesso deles na ampliação de seu reino. Nzinga raciocinava que a fartura e o poder à volta de seus inimigos em Luanda se devia parcialmente à religião deles, que, segundo as alegações de seus instrutores, era a única verdadeira fé. Se assim fosse, e se ela aceitasse o cristianismo, os Mbundos tornar-se-iam, inevitavelmente, poderosos, e aptos a derrotar seus inimigos. O segundo ponto é que a conversão pode ter sido um gesto destinado a aliciar a cooperação do governador para a relização do acordo. Por fim, a avaliação que pôde fazer do poder dos portugueses, em Luanda e em outras partes, deu origem à idéia fermentante de um Império Mbundo, onde ela seria a Imperatriz. O tráfico, com suás novas dimensões de exportação, e o cristianismo efetivariam a sua excitante visão de um Estado todo-poderoso.

Em 1622, Nzinga foi batizada na igreja, em Luanda, em presença do Governador, do clero, de oficiais militares, fornecedores, magistrados e povo da cidade. Seus padrinhos foram o Governador e Dona Jerônima Mendes, esposa do capitão da guarda. Nzinga tomou o nome de Ana de Sousa, sendo o sobrenome do governador, seu primeiro padrinho[12].

Nzinga partiu de Luanda em 1623, carregada de presentes para o irmão e de objetos para si mesma, e certa de que conquistara um acordo e o respeito dos europeus. Seu contato com os portugueses provocou mudanças em seu estilo de vestir-se e em suas atitudes, mudanças e estilos que se tornaram demasiado manifestos no seu regresso à corte de seu irmão, onde uma grande recepção a aguardava.

Depois de ouvir um relatório detalhado do que ocorrera em Luanda, Ngola Mbandi mostrou estar satisfeito com os resultados da missão de Nzinga e aceitou os termos que tinham acordados em Luanda. Nzinga falou de maneira entusiástica sobre a nova religião, mais poderosa do que a de Temba Ndumba, o Deus dos Mbundos. O Ngola, não desejando ficar para trás, em relação a irmã, externou certo interesse pela fé católica, diante do que Nzinga escreveu ao Governador, confirmando a

12. CORREA DE SOUSA AO REI, setembro de 1622, A.H.U. Angola, Caixa 1.

aceitação do tratado de paz e solicitando os serviços de missionários. O Governador respondeu rapidamente, e enviou ao rei um sacerdote negro, Dionísio de Faria Barreto, e outro mulato, Bento Rebelo, com instruções específicas sobre a conversão do monarca e de seu povo[13].

Quando Ngola Mbandi descobriu que era negro o sacerdote enviado para batizá-lo, considerou o fato como uma afronta e enfureceu-se. Sentiu-se cioso porque a irmã fora batizada por indivíduos mais prestigiosos, enquanto um homem comum era considerado suficiente bom para ele, o Rei do Ndongo. Seu ato de dispensar de seu reino os missionários preocupou Nzinga, pois isto ameaçava anular seu *coup d'état* diplomático com os portugueses. Escrevendo apressadamente ao governador, Nzinga apresentou desculpas pela conduta do irmão, mencionando as dificuldades políticas que encontrara em sua tentativa de introduzir a nova religião. Ela também procurou reassegurar o governador de que todos eles estavam de pleno acordo com o tratado que fora assinado no escritório dele. Ela deu a carta ao mulato, Bento Rebelo, e como testemunho de sua boa fé, mandou suas irmãs, Quifungi e Mocambo, a Luanda, com os missionários. Quifungi e Mocambo foram subseqüentemente batizadas e receberam respectivamente os nomes de Dona Graça Ferreira e Dona Bárbara de Araújo da Silva.

Entrementes, sem que Nzinga soubesse, os acontecimentos no Ndongo começavam a sabotar sua diligente busca da paz. As realidades da situação eram tais que era virtualmente impossível cessar a peleja. Os vários grupos interessados atuavam, todos eles, contrariamente às orientações políticas de ambos os monarcas, o europeu e o africano. Posto que muitos só conseguiam ter sucesso aterrorizando os chefes para que cooperassem com o tráfico de escravos, o poder de fogo foi aumentado, em resposta à resistência Mbundo, provocando a fuga de muitos para o leste.

Vários meses transcorreram, e o tratado de paz não foi posto em prática pelos portugueses. Esse adiamento causou preocupação na corte real africana, e Nzinga e seu irmão começaram a pressionar para que o tratado fosse cumprido. O irmão de Nzinga argumentava que essa demora se devia às maquinações diabólicas dos invasores. Parece, entretanto, que a burocracia em Lisboa e em Madri (os reis de Espanha governaram Portugal de 1580 a 1640), que não percebera, provavelmente, necessidade urgente de uma rápida ratificação do tratado, estava pro-

13. CADORNEGA, I, *op. cit.*, p. 160.

crastinando sua decisão a respeito. Sem informar ou consultar Nzinga, Mbandi lançou impetuosamente um ataque mal-sucedido contra os portugueses, e viu-se forçado a procurar refúgio na Ilha Kindonga, localizada no Rio Cuanza, com Bento Rebelo. Aí, desalentado com as sucessivas derrotas militares, e com o não cumprimento dos termos do tratado pelos portugueses, Mbandi faleceu, vítima, talvez, de auto-envenenamento[14], ou de uma trama armada por Nzinga. O registro não é claro, a evidência é contraditória. Nzinga tinha muitas razões para livrar-se do irmão e, de acordo com a tradição oral, ela teria participado dessa morte[15]. Valendo-se acima de tudo do título de Rainha do Ndongo, ela não cessara de organizar sub-repticiamente e de incitar seus partidários contra Mbandi. Pretende-se que um deles, agindo segundo as instruções dela, envenenou a comida de Ngola[16].

14. A. BRASIO, *Monumenta Missionária Africana, África Oriental,* VII, Lisboa, Agência Geral do Ultramar, 1956, pp. 248-249.

15. CUVELIER, *op. cit.*, p. 59.

16. *Ibid.*

5. NZINGA TORNA-SE RAINHA

Em 1623, com 41 anos, Nzinga tornou-se Rainha do Ndongo, de fato se não por lei. Seu falecido irmão deixara um herdeiro criança, sob os cuidados de um poderoso chefe chamado Jaga Kaza a Ngola[1], com instruções para que o menino fosse criado no ódio à tia. Nzinga nunca perdoara ao irmão o assassinato de seu filho e em represália planejou a morte do sobrinho, o que iria também legitimar e consolidar sua posição de poder no reino.

A estratégia de Nzinga foi a de simular uma paixão por Jaga Kaza, de modo a poder ficar junto do sobrinho. Kaza,

---

1. Não confundir com outro Jaga Caza, que auxiliara os portugueses em sua conquista do Ndongo. Veja-se CADORNEGA, I, *op. cit.*, p. 91.

cortejado, sentiu-se a princípio desconfiado, mas logo concordou com a proposta de casamento. Sacrifícios humanos, danças, e outras festividades acompanharam a cerimônia, que foi celebrada de acordo com os ritos dos Jagas. De há muito, certos círculos portugueses em Luanda, sentiam-se consternados com tais práticas e agora viram a exibição feita nas núpcias de Nzinga como o indício de que ela decidira conquistar apoio entre seu próprio povo de preferência a aceitar o cristianismo com todas suas implicações de controle europeu. Outros portugueses encararam esta abjuração como um ato político e continuaram a considerá-la cristã[2].

Pouco depois, Nzinga sugeriu a Jaga Kaza uma visita à região oriental de Matamba, com o fito de aí se estabelecerem e dirigirem, a partir daquela região, os negócios reais. Ela considerou que seu sobrinho deveria acompanhá-los. Quando chegaram a seu destino, parece que ela ordenou a seus servidores para se apoderarem do rapaz, matá-lo, e jogar seu corpo no Rio Cuanza[3]. Cavazzi, o clérigo capuchinho, declarou, todavia, que Nzinga assassinou pessoalmente o herdeiro[4]. Jaga Kaza ficou apavorado e fugiu.

A eliminação do sobrinho, desimpediu o caminho para a ascensão legal de Nzinga ao trono do Ndongo, em 1623. Sua coroação, a aplicação das leis Jagas, e a aparente rejeição do cristianismo legalizaram a posição dela. Nzinga era suficientemente astuta para compreender que não poderia exigir lealdade e apoio se alienasse o povo de sua herança cultural. Portanto, seus primeitos atos foram os de reformar aquelas leis que haviam perdido a integridade étnica devido à influência européia, tais como a proibição às mulheres Mbundo de terem filhos no quilombo e a adoração de Temba Ndumba, seu Deus. Ela preferia ser chamada de Rei ao invés de Rainha, e por vezes se vestia com roupas masculinas. Finalmente, Nzinga visitou a Ilha Kindonga, onde o irmão estava sepultado, para recolher alguns de seus ossos, que ela carregava consigo, num relicário, como defesa contra os inimigos e como guia de futura estratégia.

Em 1624, dois anos depois de assinado, o tratado de paz ainda não estava ratificado. A demora suscitava dúvidas, ansiedade e frustração na corte real Mbundo. Nzinga informou o Bispo Simão de Mascarenhas acerca da mudança de chefia e requereu uma rápida implementação do acordo. Seu embaixador, Moembo,

2. WELCH, *op. cit.*, p. 128. Também, Bispo Simão de Mascarenhas ao Rei, 1624, A.H.U., Angola, caixa 1.

3. CUVELIER, *op. cit.*, pp. 62-64.

4. CAVAZZI, II, *op. cit.*, p. 71.

voltou de Luanda de mãos vazias. Madri e Lisboa não cumpriram com sua parte, deixando de ratificar o acordo.

Nzinga ficou transtornada com o curso dos eventos, pois desejava ter relações pacíficas com os portugueses. Numa nota subseqüente ela informou ao governador que se os portugueses cumprissem o tratado ela franquearia seu território aos jesuítas, construiria igrejas e reabriria os entrepostos de tráfico que mandara fechar em 1624. A monarca africana talvez não pretendesse realizar tão pródigas concessões, recorrendo a elas simplesmente como um incentivo para conseguir uma rápida ratificação.

Ou inversamente, a despeito de ter repudiado o cristianismo, isto seria uma mera atitude política, estando genuinamente interessada na nova religião. O fechamento dos entrepostos comerciais ferira comercialmente os europeus, diminuindo seus proventos uma vez que os africanos leais a Nzinga recusavam-se a entrar no tráfico de escravos, que era a principal fonte de lucros na colônia. Em outra nota diplomática dirigida aos portugueses, Nzinga parecia estar disposta a transigir em sua posição, pois declarava que o problema central era a fortaleza em Mbaka. Se os portugueses tivessem dispostos a retirar-se de lá, prometia abandonar a Ilha Kindonga e voltar para sua antiga capital, além de reabrir os entrepostos e convidar os missionários. A correspondência entre a Rainha do Ndongo e os brancos em Luanda reflete uma certa insistência em seus pedidos. Nzinga estava interessada num tráfico pacífico. Ela ficara fascinada pela riqueza material da colônia lusa e mudara seu gaurda-roupa, de maneira a refletir estilos europeus, acreditando que o comércio ajudar-lhe-ia a tornar-se, eventualmente, rainha de um país unido, através da aquisição de bens materiais.

O impasse diplomático foi responsável por uma série de fatores que deram forma ao curso imediato dos eventos, pelo que dizia respeito à Rainha Nzinga. O *imbroglio* trouxera um declínio financeiro na colônia e levara os europeus a pressionar mais aqueles chefes que eram seus vassalos, a fim de que os suprissem de escravos em troca do pagamento de suas cotas. Os chefes, segundo o historiador brasileiro, Affonso de Escragnolle Taunay, foram induzidos pelo terror a cooperar com o tráfico de escravos[5]. O fechamento dos entrepostos e a piora das condições econômicas também afetaram os chefes, que estavam tão desprovidos de recursos a ponto de não poderem satisfazer as exigências de suas cotas de 100 escravos de primeira por ano e, em conse-

5. AFFONSO DE ESCRAGNOLLE TAUNAY, *Subsídios para a História do Tráfico Africano no Brasil*, São Paulo, Imprensa Oficial, 1941, p. 119.

qüência, recorriam a vários subterfúgios tais como fornecer escravos mais velhos ou mais moços, ou efetuar pagamentos com tecido de palmeira e aguardente. Estas excessivas exigências portuguesas alienaram muitos Mbundos, que emigraram para Matamba, onde se juntaram às forças de Nzinga[6].

Nzinga resolveu tirar partido do desassossego nas áreas sob controle português; movimentando-se para o oeste com seus exércitos, ela atacou, libertando muitos escravos e mulatos que estavam sob o controle europeu, e oferecendo-lhes terras para que pudessem se estabelecer permanentemente. À medida que ela intensificava os esforços para encorajar e proteger fugitivos, acampamentos inteiros de escravos começaram a escapar do controle português. Nzinga dirigiu seu apelo àqueles que residiam em regiões ocupadas pelos portugueses, invocando o espírito de nacionalismo. "É melhor para os africanos serem donos de seu solo do que serem cativos dos portugueses"[7].

Em Luanda, o aumento dos partidários da Rainha Nzinga causou graves preocupações. Funcionários, em Luanda e em Lisboa, começaram a pressionar o governador não somente para fazer cessar as fugas, mas também para normalizar as relações com a Rainha. Nzinga, todavia, queria uma resposta às questões prévias como, por exemplo, o tratado de paz há longo tempo agonizante, antes de tomar em consideração outras questões. Em sua capital temporária na Ilha Kindonga, recebeu Bento Rebelo, o veterano embaixador mulato do governador, que lhe solicitou a devolução dos escravos evadidos e dos negros livres e pediu-lhe que voltasse à sua antiga capital. Nzinga se recusou a atender esse pedido e logo depois recebeu dois embaixadores eclesiásticos, Jerônimo Vogado e Francisco Pacônio, vindos em missão semelhante. Esses clérigos revelaram a Nzinga que se ela não concordasse com a solicitação do governador, a tênue coexistência terminaria. Nzinga tinha que tomar uma posição definitiva. Como ela se recusasse a entrar num acordo sobre a questão da fortaleza, ambas as partes compreenderam que não podiam ocorrer conversações ulteriores. O governador escreveu ao Rei de Portugal em 28 de setembro de 1624, declarando que "se o forte não for evacuado, não haverá nenhum mercado de escravos, e nem pregação do cristianismo"[8]. Entre-

---

6. ALBUQUERQUE FELNER, *Angola: Apontamentos sobre a Ocupação e Início do Estabelecimento dos Portugueses no Congo, Angola e Benguela*, Coimbra, Imprensa da Universidade, 1933, p. 221.

7. DELGADO, 11, *op. cit.*, p. 108.

8. JOACHIM JOHN MONTEIRO, *Angola and the River Congo I*, Londres, Macmillan and Company, 1875, p. 109. Também, Mascarenhas ao Rei, 28 de Setembro de 1624, A.H.U., Angola, Caixa 1.

mentes, Nzinga voltou à corte real em Matamba onde começou a mobilizar tropas para as inevitáveis hostilidades. Parte de suas tropas era composta de fugitivos do oeste e de Jagas.

A fuga e o fluxo destes refugiados ocidentais representava um desencantamento com exação repressiva e a extorsão de escravos de parte dos portugueses. Tais condições, unidas à taxa de escravos e às guerras constantes, haviam virtualmente despovoado o Ndongo e levaram os pombeiros a incursionar nas profundezas das regiões orientais — Matamba e Kasanje — ônde as complexas relações comerciais, a distância, a geografia, um forte espírito nacionalista, e o poder militar asseguravam a hegemonia dos monarcas africanos e provocavam o desenvolvimento de dois poderosos estados africanos, de *status* coordenado e por vezes desordenado, com o poder português em Luanda.

1. A Rainha Nzinga na Corte

O palácio real era uma das áreas mais seguras em Matamba. Ninguém podia entrar ou sair sem o conhecimento e a permissão dos homens de segurança da soberana. Para obter acesso ao amplo pátio real, onde estacionava um reforçado contingente de guardas, caminhava-se através de um complicado labirinto de portões e de atalhos. O sistema de segurança e os caminhos eram tão complexos e cansativos, que só uma pessoa familiarizada com a planta do palácio podia alimentar a esperança de obter acesso à corte sem escolta. No imenso sagüão real uma fogueira era mantida acesa com toras e óleo de palmeira. Nzinga trabalhava aí diariamente, até à meia-noite, discutindo assuntos correntes do Estado, e recebendo relatórios acerca de cada atividade significativa do reino. Neste salão recepcionava seus ministros, chefes, hóspedes estrangeiros e personalidades importantes do reino. Durante estas recepções, ouvia-se muita música tocada e cantada com acompanhamento de *gigongos*, instrumentos feitos de ferro, e fundidos em forma de ferradura.

Vaidosa quanto as roupas e aparência, trazia na cabeça a coroa real, com jóias de prata, pérolas e cobre a lhe adornarem os braços e as pernas. Lindos tecidos e roupas eram sua paixão especial e não perdia nenhuma oportunidade de adquirir novas roupas em estilo europeu dos mercadores portugueses. Às vezes ela trocava de traje várias vezes por dia, variando das modas africanas para as portuguesas e vice-versa, até no estilo do penteado. Seus tecelãos estavam constantemente ocupados na costura de vestimentas para sua figura esbelta. De tempos em tempos ela presenteava generosamente suas camareiras com as roupas usadas. Quando Nzinga recebia hóspedes estrangeiros, tanto ela quanto sua corte se adornavam com dispendiosos trajes e jóias européias e havia farto uso de baixelas de prata, cadeiras e tapetes. Saudava os hóspedes estrangeiros com o selo real de prata na mão e a coroa na cabeça, ocasionalmente até três vezes por semana.

Trezentas aias serviam à Rainha. Eram divididas em grupos de dez, de modo a prover um serviço ininterrupto. Essas moças e mulheres de mais idade eram proibidas de manter relações sexuais. Nzinga fazia longas caminhadas matinais, durante as quais para sua conveniência, algumas das cem mulheres que costumavam acompanhá-la conduziam às vezes uma rede para a eventualidade de a rainha querer descansar. Outras servidoras carregavam caixas de roupas e material, a fim de indicar a importância e a riqueza de Nzinga e para o caso da augusta personagem querer trocar de traje. As criadas eram em geral bem tratadas, recebendo de vez em quando presentinhos de sua ama.

O jantar era um acontecimento cerimonial que refletia seu gosto pelo ritual. Nzinga sentava-se usualmente num coxim em cima de um tecido europeu disposto sobre um tapete, sendo rodeada por aias solícitas, e por seus ministros favoritos. Um conjunto de lacaios servia até oitenta pratos. Nzinga não comia muito, sendo seus alimentos favoritos a carne de cabra e a de galinha, mas bebia um bocado de vinhos caros e fumava tabaco[9]. O jantar era precedido de cuidadosa lavagem das mãos numa vasilha, a seguir enxugadas numa toalha. Enquanto comia, Nzinga interrogava seus ministros sobre os negócios de Estado; eles compartilhavam ocasionalmente do repasto da Rainha, se assim convidados a fazê-lo. Às vezes, eram usados garfos durante as refeições. No transcurso do jantar e quando ela se recolhia, músicos a entretinham com suas castanholas. Todos os Jagas gostavam de música e dança e eram capazes de executá-las de maneira quase contínua, especialmente os bufões e os palhaços. No fim do repasto, dois de seus ministros mais velhos brindavam-na, desejando-lhe longevidade. Como era costume — na verdade, a necessidade ritual — faziam gestos para indicar a esperança de que tais sentimentos fossem permear o corpo dela. As porções remanescentes do repasto eram, então, divididas entre seus ministros. Depois do jantar Nzinga envolvia-se eventualmente em algum jogo de azar com seus súditos e, em geral, se eles per-

---

9. Essa descrição é tirada de CUVELIER, *op. cit.*, pp. 83-89, e de CAVAZZI, II, *op. cit.*, pp. 100-150.

diam eram ressarcidos. Tal era a individualidade de Nzinga, generosa, misericordiosa e cortês.

Para evitar qualquer erosão do poder, respeito e autoridade entre seus chefes, Nzinga nunca os castigava em público, somente em particular, assim como o pai dela costumava fazer. Aqueles chefes que combatessem do lado do inimigo eram atacados impiedosamente. Em sua luta, ela dividia as pessoas ou como amigas ou como inimigas. Assim, os chefes aliados aos portugueses eram perseguidos, fustigados e mortos. Os que atrasassem no pagamento dos tributos eram punidos. Alguns solicitavam-lhe proteção porque confiavam nas forças armadas da Rainha, e nela como criatura sem falsidade ou hipocrisia[10]. À morte de um dos chefes, o sucessor ia imediatamente à corte a fim de obter aprovação e receber a bênção real. Se o falecido era um de seus ministros, Nzinga, de acordo com a tradição, herdava suas propriedades. Entretanto, ela não seguia a tradição a risca a esse respeito, mas usualmente partilhava os bens do morto com os parentes que sobrevivessem.

Era exigido que cada ministro contribuísse, pelos seus servos, com um certo montante de trabalho no campo, durante três dias em cada semana, especialmente no tempo da colheita. Ele era obrigado a inspecionar o serviço desses servidores, dedicando estreita atenção à qualidade e à quantidade. Às vezes, Nzinga fazia visitas de surpresa aos campos, a fim de avaliar o progresso dos trabalhos. A cada dia, seus ministros e suas irmãs tinham que reafirmar sua lealdade para com ela.

A estrutura burocrática era acessível, tanto aos homens quanto às mulheres. O critério dominante era o da consecussão mesmo nos mais altos conselhos no palácio real, onde a promoção não se baseava na linhagem mas no merecimento e na lealdade demonstrada. Recomendações ou intercessões de uma segunda pessoa não eram necessárias. A destituição era a penalidade aplicada por infrações ou deslealdade. O sistema de justiça fundamentava-se nos serviços de advogados que ouviam as queixas de seus clientes e as apresentavam à corte regional. Cada um desses advogados era extremamente cioso de sua reputação profissional e empregava o melhor de seus talentos para desembaraçar a audiência de cada queixa, de modo que não degenerasse em rixas. Deste modo, Nzinga via-se livre de considerável carga, embora seu ajuizamento continuasse objeto de larga procura em diferentes questões.

Através de todas essas instituições, Nzinga exercia um estreito controle sobre a burocracia de Matamba. Graças à lide-

10. CADORNEGA, II, *op. cit.*, p. 498.

rança carismática e o respeito pela tradição e pela lei, pôde conquistar a lealdade e o apoio que necessitava no movimento de resistência contra os portugueses.

Refeições ordinárias da Rinha Nzinga (J. B. Labat, *Relation Historique*, IV)

6. CONQUISTA LUSA DO NDONGO

Em 1625, Nzinga deixou sua capital no Matamba Oriental e armou um acampamento de guerra na Ilha Ndangi, situada no Rio Cuanza. Esse acampamento situava-se estrategicamente mais perto do território de Mbaka, ocupado pelos portugueses, e que era a antiga capital do reino do Ndongo. Da Ilha Ndangi, Nzinga decidiu continuar a troca de notas diplomáticas com o governador lusitano apesar da evidência de que tais tratativas tornavam-se cada vez mais infrutíferas[1]. Nzinga soubera através de seus agentes de informação que os portugueses em Luanda estavam mobilizando-se para a guerra e que estavam formando exército com pequena tropa branca e várias companhias de "soldados escravos" negros. Em sua carta ao governador, Nzinga

---

1. CADORNEGA, I, *op. cit.*, p. 143.

o interrogou sobre seus preparativos de guerra e lembrou-lhe que tinha, em seu poder, seis reféns portugueses que seriam mortos em caso de ataque.

O governador, que se encontrava na fortaleza de Massangano, situada no Rio Cuanza, no Ndongo Central, respondeu que estava somente interessado em recuperar os negros capturados pelas tropas Mbundo; continuando, declarava que Nzinga podia reter os soldados portugueses pois estes estavam sendo bem tratados. O Governador Bento Cardoso talvez estivesse se referindo a uma troca prévia de cartas entre a Rainha e o governador anterior, entregues por seu homem de confiança, Moembo, que lhe resolvia todas as questões mais difíceis. Numa dessas cartas, que se acreditava ter sido escrita pelos soldados aprisionados, estes mencionavam o amável tratamento que estavam recebendo por parte da Rainha. Suas vidas haviam sido poupadas pelo General Dungo-Amoiza, e durante três dias, tinham recebido três vezes galinha e cabrito[2]. Por fim, pediam para serem permutados por Airi Kiluanji, a quem os portugueses tinham prometido o trono do Ndongo.

Na Ilha Ndangi, as informações da espionagem tinham indicado a Nzinga que seus inimigos haviam cumprido a promessa, feita a Airi Kiluanji, um Mbundo, coroando-o Rei do Ndongo em 1625. Nzinga compreendeu que esta tática se destinava a destruir a base de sua legitimidade, pela utilização de um vassalo que se mostraria mais maleável aos planos dos portugueses. Se o ardiloso Airi, que fora educado na escola dos padres jesuítas, Pacomo e Machado, pudesse firmar credibilidade e legitimidade entre os Mbundos, os dias de Nzinga como rainha estariam contados. Com esta consideração predominante em sua mente, Nzinga decidiu atacar Airi em primeiro lugar, e logo após, seus patrocinadores. Airi Kiluanji se encontrava em Pedras de Maupungo, perto de Mbaka, uma das posições mais defensáveis no Ndongo. Seu acampamento de guerra ou quilombo, com suas paredes íngremes, era uma fortaleza quase inexpugnável, com duas entradas principais, uma voltada para o Rio Libolo e outra em direção a Mbaka. Quase bloqueando o caminho da principal entrada erguia-se um enorme rochedo, do tamanho de uma torre, disposto como uma sentinela solitária à frente de uma floresta de grandes árvores, que rodeava a região. Airi Kiluanji recebera ordens de espionar as forças de Nzinga, mas, com receio da rainha, recusou-se a sair de seu acampamento de guerra, a menos que o governador lhe fornecesse assistência militar. Os portugueses, na expectativa de um ataque holandês na costa

2. DELGADO, III, *op. cit.*, p. 112.

atlântica, mal podiam dar-se ao luxo de conceder ajuda militar, mas forneceram a Airi um pequeno contingente de infantes e cavalaria.

No Rio Lucala, a Rainha Nzinga foi alertada por um de seus agentes da chegada de Airi a Mbaka. Ela mobilizou imediatamente seus chefes para a guerra, e usando de um subterfúgio no intuito de eliminar a acusação de ter dado início às hostilidades, ordenou a vários de seus embaixadores junto ao entreposto de tráfico em Bumba-Aquizambo que espalhassem o rumor de que Airi Kiluanji cruzara o território dela e exigira de seus chefes quarenta e oito escravos[3]; tal era o motivo da declaração de guerra.

Nzinga atacou as forças armadas de Airi, mas antes que ela pudesse destruir o exército dele, trinta e quatro soldados portugueses, sob o comando dos capitães Estevão de Deixas Tigre e Pedro Leitão, vieram acudi-lo. Aparentemente surpreendida pelo súbito aparecimento de reforços, a Rainha e suas tropas recuaram estrategicamente, seguidas pelas tropas do inimigo, as quais infligiram algumas perdas à retaguarda de Nzinga. A perseguição durou pouco, pois numerosos contingentes das forças da Rainha, emboscados atrás de rochas e árvores, atacaram prontamente, envolveram taticamente e derrotaram a coluna portuguesa comandada por Leitão, matando-o e mais três soldados e capturando outros seis. Nzinga reconduziu suas forças eufóricas para o acampamento de guerra, situado na ilha.

Retomando a iniciativa diplomática, Nzinga despachou enviados a Luanda no começo de 1626, numa tentativa de justificar suas recentes ações. Na nota ao governador, desculpava-se pela morte dos soldados portugueses, mas dizia ter sido isto, talvez, inevitável, pois a intenção dela era golpear o impostor, Airi Kiluanji, e não as forças armadas lusas, mas dada a condição de vassalagem de Airi, um ataque contra ele ou contra qualquer outro vassalo deveria ser, supostamente, tratado como um ataque contra os portugueses.

Os portugueses não aceitaram as desculpas de Nzinga, nem suas explicações sob o recente conflito perto de Mbaka. O novo governador escreveu-lhe manifestando seu desejo de amizade, declarando que estava pronto a deixar-lhe suas atuais possessões, e dar-lhe amparo militar contra os inimigos, se ela se dispusesse a avassalar-se ao Rei de Portugal. Este último item enfureceu Nzinga, pois fora precisamente a condição que rejeitara em Luanda, como afrontosa a um príncipe soberano. Onde

3. *Ibid.*, p. 110.

estava o tratado de paz que havia assinado quatro anos antes em Luanda? Por que não fora ratificado? Ambas as partes começaram a se preparar para a guerra.

Luanda sentiu-se alarmada com o súbito encaminhamento dos fatos, especialmente porque os portugueses começavam a receber informações de que Nzinga tramava uma insurreição geral do povo Mbundo. A soberana estava, de fato, tentando caldear, na medida do possível, um movimento que se poderia dizer nacional, a partir de uma coletânea de grupos díspares e por vezes opostos, presentes na paisagem política Mbundo. Se a meta era a moldagem de um movimento de luta nacional capaz de paralisar e derrotar o inimigo, faltava, no entanto, base organizacional ideológica unificadora. Para complicar o problema, havia a sempre presente possibilidade do ataque marítimo dos holandeses. Uma fonte de informações, na pessoa de um antigo mercenário, Manuel Foz Landroal, que lutara ao lado das forças Mbundo durante quase quatro anos, revelara o perigo verdadeiramente real de uma insurreição[4], informação confirmada pelo emissário especial enviado pelo governador ao interior, Dias Ticão. Esta informação foi comunicada pelo governador a seu Rei numa carta datada de 7 de março de 1626, na qual acrescentava ainda que depois da morte de seu irmão, Nzinga se tornara extremamente beligerante, e não cessava de procurar persuadir os chefes e os escravos fugitivos a atacarem os portugueses. Durante os próximos trinta e tantos anos Nzinga travaria uma luta impiedosa e incansável para converter-se em Rainha do Ndongo, soberana de uma nova "Etiópia Ocidental"[5].

As deteriorantes condições políticas galvanizaram o governador para a ação. De acordo com a orientação política lusa, cuidadosamente definida por Lisboa, os colonos deviam atacar os Mbundos somente em defesa própria. O Conselho Municipal de Luanda, convocado às pressas, buscava uma razão plausível para declarar guerra a Nzinga. Os componentes do Conselho concluíram que tendo Nzinga libertado muitos de seus escravos e negros livres sob o domínio português, encorajando-os a rebelarem-se contra eles (os portugueses), a guerra estava dentro dos limites da "defesa", e portanto era justa. Além do mais, o governo da colônia tinha o compromisso de defender Airi Kiluanji, seu vassalo. O Colégio da Companhia, uma corporação

4. DELGADO, II, op. cit., p. 111. Também CAVAZZI, III, op. cit., p. 220.

5. ELIAS ALEXANDRE DA SILVA CORRÊA, História de Angola, Lisboa, 1937, p. 239.

102

religiosa encabeçada pelo Padre Duarte Vaz, proporcionou a justificativa moral ao declarar que a guerra era justa, e portanto necessária[6]. Estas foram algumas das considerações que determinaram o recrutamento em larga escala de brancos e negros, em Luanda, no ano de 1626.

Os portugueses declararam guerra à Rainha Nzinga. Muitos residentes e várias companhias de "soldados escravos" negros foram recrutados à força para o serviço militar. Os grupos não--militares, tais como traficantes, desertores, sentenciados e outros, que se encontravam no interior, foram aconselhados a voltar a Luanda a fim de colaborarem em sua defesa. Eles receberam o reforço de um contingente de soldados portugueses, que chegara em 1625 a fim de enfrentar o desafio iminente de uma frota holandesa que se preparava para zarpar do Brasil com o objetivo de atacar Luanda[7].

Neste ínterim, os agentes secretos de Nzinga a informaram que os portugueses estavam preparando uma poderosa força militar em Luanda, o ponto focal de embarque, onde víveres, transporte, munições, cavalos, soldados e outras parafernálias eram reunidos a fim de serem transportados para Massangano. Os inimigos de Nzinga planejavam utilizar-se da inexpugnável fortaleza de Pedras de Maupungo, de onde iriam lançar seu ataque contra suas forças. De início, Nzinga parecia estar tranqüila, mas quando as forças portuguesas começaram, a pleno vapor, a mobilizar diferentes chefes e outros elementos, e a destruir os acampamentos Mbundos situados nas ilhas do Rio Cuanza, ela passou a se preocupar e começou a aumentar suas forças e a fortificá-las em cavernas.

Os portugueses atacaram a Ilha Mapolo em maio de 1626, arrasando casas e capturando muitos prisioneiros. A rainha, com 44 anos de idade, se encontrava na Ilha Ndangi, o próximo ponto da investida lusitana. Vestida com roupas masculinas, apoiada por vários milhares de soldados, decidiu usar o conhecimento que tinha dos hábitos do inimigos, atacando-os à noite na Ilha Mapolo. Invandindo o acampamento português com seus "homens mais fortes e mais valentes"[8], Nzinga e suas forças puseram fogo no acampamento, e também em vários barcos e suprimento de víveres. O ataque noturno, de surpresa,

6. JOFFRE AMARAL NOGUEIRA, *Angola na Época Pombalina, o Governo de Sousa Coutinho*, Lisboa, Publicações Europa-América, 1960, p. 20. Também veja-se Reverendo FRANCISCO RODRIGUES, *História da Companhia de Jesus*, II, Lisboa, s.d., p. 578.

7. FELNER, *op. cit.*, pp. 220-221.

8. CUVELIER, *op. cit.*, p. 67.

desorientou completamente as forças portuguesas e Nzinga, com terrível ímpeto vingativo, caiu sobre os "soldados escravos" e as tropas portuguesas, matando trezentos e ferindo muitos outros. Tomados de pânico, muitos soldados portugueses se afogaram, ao passo que centenas de africanos se salvaram. Os males do clima tropical, a falta de ·víveres e o surto de varíola dizimaram ulteriormente as fileiras do inimigo, em retirada, em cerca de quatro mil homens[9].

As desorganizadas tropas inimigas em retirada foram perseguidas pelas indisciplinadas forças Mbundo, que esqueceram a estratégia de sua Rainha, isto é, a de evitar a perseguição. No seu desespero, a força portuguesa, em retirada, fez uso eficaz de suas espingardas, canhões, cavalo e até colchões (para proteger-se das flechas) e obteve vantagem. Uma vez mais, os brancos, com poder superior de fogo e cavalaria, contra-atacaram o inimigo. As forças de Nzinga, tomadas de surpresa, revidaram valentemente, mas foram por fim forçadas a se retirar apesar dos esforços de Nzinga à testa de seu exército. Alguns de seus guerreiros mais valentes apresentavam às balas seus peitos desnudos. Por fim, ambas as partes retrocederam[10].

Nzinga, refletindo sobre a força relativa de ambos os exércitos, deu-se conta da posição mais forte do inimigo, embora parecesse intrigada com a capacidade que tinha a artilharia de desorganizar suas fileiras; ela não estava ainda informada da extensão de suas perdas, nem seu oponente, o Capitão Cardoso, o qual sabia simplesmente não estar preparado para continuar lutando, pelo menos sem o apoio do fantoche Airi Kiluanji. Enquanto ponderava sobre a estratégia futura, Nzinga resolveu consultar o espírito de seu falecido irmão para determinar que caminho havia de ser tomado, agora que as forças lusas atacavam a Ilha Mapolo. Deveria ela defender a ilha até o último homem, ou retirar-se e reagrupar suas forças? Pela consulta, concluiu que lhe cumpria evacuar a ilha e procurar outro ponto vantajoso de onde pudesse prosseguir a guerra contra os europeus. A retirada militar, portanto, era uma medida tática com-

---

9. DELGADO, II, *op. cit.*, p. 115.

·   10. De acordo com a tradição oral, a Rainha Nzinga foi expulsa do Ndongo pelos portugueses em conseqüência da batalha de 1626. Por outro lado, Delgado afirma que a soberana se retirou do Ndongo por considerações estratégicas. Os relatos são por conseguinte contraditórios, embora as considerações de Cuvelier e de Delgado pareçam mais plausíveis devido ao seu pormenorizado relato dos eventos. Ver G. L. HAVEAUX, *La Tradition Historique des Bapende Orientaux*, Bruxelas, 1954, *in* BIRMINGHAM, *op. cit.*, p. 98, *ibid.*, e CUVELIER, *op. cit.*

patível com o terreno e com sua estratégia de guerrilha. Como prelúdio a este tipo de comando, solicitou uma trégua de três dias, e, na noite de 11 de julho de 1626, retirou sub-repticiamente suas tropas da Ilha Mapolo para procurar a assistência de seu antigo marido, Jaga Kaza. Na ilha abandonada, fumegavam as ruínas do acampamento de guerra e os sacrifícios ofertados aos deuses. No dia seguinte, as tropas portuguesas com Airi Kiluanji desembarcaram na ilha na esperança de capturar Nzinga, e fazê-la vassala de Portugal, mas a Rainha já havia escapado. Considerando que seus recursos eram inadequados, resolveram abandonar a caça subseqüente a Nzinga. Mas, poucos dias depois, Airi Kiluanji, assim como muitos de seus companheiros portugueses, estava morto, vítima da varíola.

De seu novo local de residência, Nzinga escreveu ao capitão português, pedindo uma explicação pelos atos agressivos de suas tropas. Este último respondeu que queria a devolução dos seis soldados brancos e dos negros mantidos como prisioneiros. Após vários dias de negociações diplomáticas, Nzinga concordou em devolver os brancos, mas não em soltar os negros. Seu antagonista permaneceu intransigente; não podia transigir com um africano impertinente, mulher ainda por cima, sobre tal assunto. De preferência a fazer quaisquer outras concessões ao inimigo, Nzinga começou a procurar um meio para destruir o poderio português no Ndongo[11].

A morte de Airi Kiluanji, o "rei" fantoche, levou alguns Mbundos a desertar das regiões ocupadas pelos portugueses, e procurar a proteção de Nzinga. Essa situação foi parcialmente concluída, com a eleição de um novo rei fantoche, "Ngola" Airi, meio-irmão do falecido Airi Kiluanji, o "rei" fantoche anterior. A justificação eclesiástica para essa manobra política foi que Nzinga, tendo abandonado a fé cristã, merecia a morte, e assim seus súditos estavam livres de quaisquer obrigações para com ela. O novo "rei" prometeu entregar aos portugueses cem escravos por ano além de reabrir os entrepostos de escravos.

A eleição de "Ngola" Airi não resolveu o problema imediato dos portugueses em matéria política e de segurança, pois não somente cresceu a migração de africanos para os territórios orientais de Nzinga, como também chegou ao conhecimento do inimigo que ela os estava organizando para um ataque contra "Ngola" Airi, o qual, não tendo sangue real algum, era desconsiderado pelos Mbundos. Outro fator nesta sua falta de credibilidade era uma longa estiagem que afetara severamente as colhei-

11. CADORNEGA, I, *op. cit.*, p. 150.

tas dos Mbundos; o desastre convenceu os africanos que deviam reconhecer a legítima "mandachuva" que era Nzinga[12].

"Ngola" Airi resolveu fixar-se no baluarte de Pedras de Maupungo com sua corte, e recebeu o título de Rei de Pungo-a-Ndungo[13]. Esse lugar foi reconhecido pelos portugueses como capital de "Ngola" Airi, com o pressuposto de que, dada as características defensivas naturais do lugar, Airi estaria capacitado a resistir e possivelmente a derrotar a inevitável reação militar de Nzinga. Na primavera do ano de 1628, Airi foi batizado com o nome de Filipe, e como símbolo de sua vassalagem, ele e seus soldados, foram treinados, armados e lhe deram uma bandeira vermelha com uma coroa negra e um emblema azul.

Enquanto reorganizava suas combalidas forças militares, que tinham sofrido perdas maiores do que ela imaginara nos últimos combates com as tropas lusitanas, Nzinga fez outra tentativa diplomática, e a 13 de novembro de 1628, a soberana, agora com quarenta e seis anos, despachou um embaixador e alguns assistentes a Luanda para discutirem propostas de paz. Em Luanda, seu enviado diplomático falou com o Capitão-mor, Álvaro Rodrigues de Sousa, a respeito das intenções pacíficas de sua Rainha, e, como prova de boa vontade, ofereceu ao governador seis escravos e deu mais quatro a Rodrigues de Sousa[14]. Entretanto, sem que o embaixador de Nzinga soubesse, as autoridades de Luanda haviam recebido informações prévias sobre esta missão e, considerando a reputação de Nzinga como criatura tortuosa ficaram desconfiados. Além do mais, os rumores de um ataque iminente por parte dos holandeses contra os portos de Mpinda no Congo e de Benguela ao sul de Angola eram voz corrente e intensificaram o alarme nos círculos oficiais. Mais ainda, o embaixador de Nzinga chegara a Luanda sem salvo-conduto, situação bastante irregular, que aumentou mais a desconfiança do governador, o qual ordenou que o embaixador fosse tratado como espião; a 5 de dezembro de 1628, o enviado e seus assistentes foram presos e encarcerados; torturado, o embaixador revelou que de fato viera a Luanda para colher informações com vistas a promover os objetivos de Nzinga. Ele

---

12. FELNER, *op. cit.*, p. 22.

13. CADORNEGA, I, *op. cit.*, p. 164. A elevação de Airi à monarquia foi um ato impopular junto a muitos chefes e ao Bispo de Luanda. A eleição dele foi confirmada quando recebeu o apoio dos jesuítas. Veja-se BRASIO, VIII, *op. cit.*, pp. 136-139, e F. DE SALLES FERREIRA, "Memória sobre o Presídio de Pungo-Andongo", *in Annaes Marítimos e Coloniais*, série IV. Lisboa, 1846, pp. 116-120.

14. DELGADO, II, *op. cit.*, p. 118.

também revelou que Nzinga retornara a seu reino com Jaga Kaza e os chefes Mucange e Jungo-Amotissa, todos eles acordes em apoiá-la na luta. O governador ordenou imediatamente a execução do embaixador na presença dos outros chefes e convocou uma reunião do Conselho Municipal para consultas sobre a significação deste recente evento. O Conselho decidiu que, em vista da ameaça holandesa, o exército deveria ser chamado de volta a Luanda, enquanto o fantoche, "Ngola" Airi, devia invadir as províncias de Nzinga para aniquilar todos aqueles chefes que fossem aliados dela[15].

Pouco mais de dois anos haviam transcorrido desde que Nzinga e seus exércitos haviam perdido a peleja com os portugueses na Ilha Mapolo no Rio Cuanza. Durante esse período, Nzinga resolvera que era mais vantajoso transferir seu acampamento da Ilha Ndangi para o interior, onde continuou a mobilizar os Mbundos e concluiu novas alianças com os chefes. Tratava-se de um exercício de paciência e contenção, tanto mais meritória quanto um de seus traços era a impetuosidade. Nzinga aguardava um momento propício para atacar, de modo que, em seu próximo recontro, estivesse em condições de realizar sua ambição imperial. Provavelmente via-se no papel de mulher mais importante de Luanda, uma cidade que a deslumbrara por sua riqueza e poder.

Depois de saber da execução de seu embaixador em Luanda, Nzinga intensificou os esforços para reforçar a defesa, enviando um de seus emissários de maior competência e confiança, Gando-Apacassa, e onze de seus conselheiros, a fim de efetuar uma confederação entre os chefes e o povo que acreditava na causa da Rainha. Ela também os instruiu a exortarem sua gente a uma rebelião geral[16]. Nzinga não encarava o problema como seccional; para ela, a sobrevivência do país como um todo estava em jogo, e sentia-se disposta a enterrar as diferenças existentes com o Jaga Kaza e o poderosíssimo Jaga Kasanji, que trouxe cerca de 80 000 guerreiros para a confederação. Nzinga voltou então sua atenção para o fantoche, "Ngola" Airi, que recebera ordens para atacá-la, a fim de mantê-la afastada do flanco português, caso ocorresse a suposta investida holandesa sobre Luanda. Mas Airi temia avançar e muito menos atacar a Rainha sem reforços portugueses, que, no entanto tiveram de faltar à ajuda prometida por causa das condições perigosas existentes na costa. Nzinga tentou desferir ataques periféricos

15. FELNER, *loc. cit.*
16. CAVAZZI, III, *op. cit.*, p. 76.

contra o novo "Rei" para atraí-lo à batalha, com o objetivo de armar-lhe uma cilada e desbaratar suas tropas. Mas ele se recusou a combater[17].

Um novo Capitão-mor, Paio de Araújo de Azevedo, soldado experiente, substituiu Cardoso, que falecera, debilitado pelos ferimentos, em Luanda. As instruções do novo Capitão eram simples e objetivas. Devia capturar a Rainha Nzinga e destruir seu poder a todo custo. "Ngola" Airi também recebera ordens de perseguir e destruir seu inimigo comum. Deixando a costa, em setembro de 1629, o Capitão viajou pelo Rio Cuanza até Massangano, de onde se deslocou para seu acampamento de guerra de Angoamohongo para passar em revista e receber o comando das tropas de Antônio Bruto[18]. Esta força era formada por muita cavalaria, "soldados escravos" negros e canhões. Alguns dos "soldados escravos", como muitos outros, tais como chefes, escravos e africanos livres, foram forçados a entrar em luta com as colunas inimigas. Não é de se admirar que Birmingham pudesse afirmar que com "muitos africanos, os portugueses estivessem em geral dispostos a correrem o risco de uma batalha"[19].

Nzinga procurou subtrair aos adversários essa importante fonte de potencial humano que constituía a espinha dorsal da segurança lusitana[20]. Ela continuava a atrair escravos e negros para seu território, doando-lhes terras como incentivo, e procurava realizar alianças com chefes amigos. Aqueles chefes que procuravam minar a autoridade, apoiando reis fantoches, fornecendo soldados às forças portuguesas e embaraçando os movimentos dela, eram implacavelmente perseguidos e assassinados. Daí por que considerara o fantoche "Ngola" Airi especialmente perigoso, uma força centrífuga que saparia inevitavelmente sua ação. Fustigado por Nzinga, Airi, por volta desta época, decidiu abdicar. Tal passo, se materializado, colocaria graves problemas políticos e psicológicos às falanges portuguesas em Luanda e aos "enclaves" do interior. Parecia que Nzinga estava a ponto de ganhar outro *round*, mas as promessas de maior ajuda militar acabaram convencendo Airi a continuar em seu posto. Todavia, os portugueses foram incapazes de fornecer a assistência prome-

17. *Ibid.*

18. DELGADO, III, *op. cit.*, p. 21. Também CARLOS SELVAGEM, *Português Militar: Compêndio de História Militar e Naval de Portugal 1140-1640*, Lisboa, 1931.

19. BIRMINGHAM, *op. cit.*, p. 53.

20. GASTÃO SOUSA DIAS, *Os Auxiliares na Ocupação do Sul de Angola*, Lisboa, Agência Geral das Colônias, 1943, p. 12.

tida e os exércitos de Nzinga prosseguiam seus ataques em várias frentes. Tão bem-sucedidos foram os esforços de Nzinga para controlar o fornecimento de tropas africanas aos portugueses, que nem sequer havia carregadores disponíveis para o trans-·porte da bagagem.

Nzinga recebera informações de um de seus agentes de que um contingente português de 120 infantes, muitos elementos de cavalaria e de "soldados escravos" estavam à sua procura. Ela não desejava enfrentar tal força militar naquele momento (1629), pretendendo ela mesma escolher o momento e o lugar oportuno para tanto, e negar ao inimigo a vantagem de ditar a hora e o local do choque. Desde sua visita a Luanda e, mais recentemente, a partir do último choque de maior envergadura em Mapolo, Nzinga começara a sentir um respeito crescente pela disciplina e potência de fogo dos portugueses; a organização destes oferecia um contraste inquietante à confusão com que as tropas dela tentavam recompor-se durante e após uma batalha. Nzinga resolveu visitar a Ilha Ndangi para, novamente, consultar o espírito de seu falecido irmão. O conselho foi de evitar o risco de uma batalha naquela conjuntura[21].

Deixando a Ilha Ndangi, a soberana entrou em Matembo e recrutou o chefe do lugar, Matima, indo a seguir visitar o chefe Golaguma e o Jaga Kasanji e pleiteou seu apoio militar. Este, que era inimigo tradicional de Nzinga, e Quiambolo prometeram sua ajuda e apoio em quaisquer choques futuros com os portugueses. As promessas de apoio de parte do Jaga Kasanji constituíram aparentemente uma grande vitória diplomática para a Rainha, pois aí estava um chefe influente e poderoso, senhor de um território considerável na região oriental de Kasanje, adjacente a Matamba, e um exército que era avaliado em mais de 80 000 homens. O astuto Jaga estivera por muito tempo em conflito com Nzinga por reivindicar, pretensão que ela rejeitava, a posse de parcelas de Matamba. Nzinga pôde, evidentemente, ter prometido atender tal reivindicação de Kasanji em troca de sua futura ajuda militar. Ao visitar outros chefes para estabelecer alianças, Nzinga se defrontou com repetidas recusas; poucos estavam dispostos a se lhe associar em riscos que poderiam levá-los a perder a soberania.

Em fins de 1629, os portugueses estavam perseguindo desesperadamente a esquiva Rainha Nzinga, determinados a destruir suas forças. O chefe Golagumba Quiambolo e o Jaga Kasanji haviam acometido os portugueses e, numa terrível batalha, tinham infligido retumbante derrota a uma força coman-

21. RAVENSTEIN, *op. cit.*, p. 165.

dada por Paio de Araújo, matando cerca de 800 "soldados escravos". Apesar das perdas que causaram às tropas européias, o fogo lusitano atingiu duramente os africanos e sua organizaçãc foi destruída pela força do 'fogo português. O arco e a flecha não podiam competir com o canhão, a pistola e a cavalaria. Na confusão da derrota, as irmãs de Nzinga, Mocambo e Kifungi, sua tia Auiloji, e onze chefes e seus ministros foram capturados por Antônio Dias Mazungo, um capitão negro. O chefe Golagumba Quiambolo e seus ministros se tornaram vassalos dos portugueses[22], enquanto o Jaga Kasanji abandonou seu exército de 80 000 homens e se retirou em direção ao Congo[25]. Abandonada por seus aliados, Nzinga retrocedeu, enquanto elementos de suas forças combatiam numa ação de retaguarda.

Esta foi uma perda desastrosa para Nzinga, porque Golagumba Quiambolo, apesar de não ter tanta influência quanto Jaga Kasanji, dominava, pela localização de seu território, uma das vias de acesso às partes orientais de Matamba. A sua capitulação foi a chave que abriu certas áreas desta região à penetração comercial lusa. Nesta derrota, houve alguns fatores alheios ao controle de Nzinga no desenrolar dos acontecimentos. Um dos problemas era comercial e político, com certas tonalidades religiosas. Ela não pudera remediar as divisões existentes entre os africanos, divisões que castravam as tentativas de unificação e que originaram rivalidades comerciais entre os grandes Estados africanos, especialmente entre Matamba e Kasanje. Assim, além dos portugueses, as forças de Imbangala estavam incursionando no Ndongo, devastando aldeias e raptando escravos. Dois líderes Imbangala, Zenza e Bangobango, foram vencidos e capturados pelos portugueses depois de terem destruído propriedades e restringido o comércio em Ndongo[24]. Outros foram seduzidos pelas incessantes importunações da guarda avançada do imperialismo europeu, a Igreja[25].

Muitos africanos se valiam da "conversão" para escaparem aos efeitos mortais do terror e do fogo lusitano. O Padre

22. FELNER, *op. cit.*, p. 227.

23. *Ibid.*

24. Bispo Simão Mascarenhas, 3 de fevereiro de 1624, A.H.U., Angola, caixa 1. BRASIO, VII, *op. cit.*, p. 199. Algumas maneiras de entender a confusão que existe entre os Imbangala e os Jaga, ver, de JAN VANSINA, The Founding of the Kingdom of Kasanje, *Journal of African History*, IV, n. 3, 1963, pp. 355-374 e More on the Invasions of Kongo and Angola by the Jaga and the Imbangala, *Journal of African History*, VII, n. 3, 1966, pp. 421-429, e MILLER, "Imbangala", *op. cit.*

25. FRANCISCO RODRIGUES, S. J., *História da Companhia de Jesus na Assistência dos Portugueses*, v. II, Porto, 1938, p. 514.

110

Francisco Rodrigues afirmou que em meados do século XVII, cerca de 20 000 Mbundos foram convertidos à religião cristã. Essa estimativa é provavelmente correta num sentido, mas exagerada em outro, pois muitos africanos se convertiam antes por conveniência do que por convicção. Assim, chefes como o Jaga Kasanji e Golagumba Quiambolo se defrontaram com penosas pressões internas e externas. Intimidado por um inimigo estrangeiro e um rival africano, o Jaga, para não capitular a de um ou a outro, preferiu recuar para o Congo, ao passo que Golagumba Quiambolo rendeu-se.

O terceiro dizia respeito ao emprego dos mulatos nos trabalhos diplomáticos e de segurança. Essa gente, cada vez mais numerosa, estava sendo utilizada para corromper os chefes de Nzinga. Em capítulo anterior o papel deste fator é descrito em detalhe, todavia uma nota adicional talvez seja útil para esclarecer mais as divisões entre negros e mulatos. As recentes ações de Dias Mazungo constituem um exemplo característico. Antônio Dias Mazungo[26], capitão mulato do exército português, foi responsável pela recente derrota dos Mbundos e pela captura das irmãs e da tia de Nzinga. Embora Nzinga tentasse encorajar muitos desses homens a desertar e em outras ocasiões raptasse numerosos mulatos que viviam em regiões controladas pelos portugueses, não conseguia recrutar um número significativo, presumivelmente porque eles "odeiam os negros mortalmente, mesmo as próprias mães que os deram à luz, e fazem tudo o que podem para se igualar aos brancos; o que não lhes é concedido, não lhes sendo permitido sequer sentar em sua presença"[27]. João Fernandes Vieira, o vencedor mulato dos holandeses, no Nordeste do Brasil, e mais tarde governador de Angola, exemplificou esse ponto de vista quando escreveu a seu rei acerca do "antigo e aprovado uso" de reagir energicamente a qualquer negro que levante a mão contra um branco, "porque a preservação do reino depende da obediência e temor"[28]. Um dos

26. CADORNEGA, II, *op. cit.*, p. 279, arrola vários capitães-mores de projeção, não-brancos (presumivelmente mulatos de preferência a pretos), que se distinguiram no campo de batalha. São eles, além de Mazungo, Sebastião da Costa Baixi Candete, Diogo Dias Mendes, Francisco da Matta Falcão, Antônio da Silva de Aragão, Simão de Mattos, Antônio Ferreira Cambanda, Manuel Alvares Casangi e Diogo Henriques o Carixi. Inexplicavelmente, Cadornega não cita, nesta lista, o nome de Luís Lopes de Sequeira.

27. CHARLES BOXER, *The Golden Age of Brazil, 1695-1750*, Berkeley, University of California Press, 1969, das observações do Frei Girólamo Merolla, O.F.M. - Cap., em seu *Viaggio, in: Collection of Voyages* de Churchill, 1, p. 739.

28. JOÃO FERNANDES VIEIRA AO REI, 1659, A.H.U., Angola, Papéis Avulsos, caixa 5.

pontos salientes nas trocas de correspondência entre a Rainha Nzinga e os governadores portugueses é a persistência com que insistiam para que ela devolvesse os mulatos raptados e a determinação igual, por parte de Nzinga, em rejeitar tais pedidos. O quarto e último problema era de ordem tecnológica. Os portugueses dispunham de armas superiores e contavam com numerosos soldados africanos, o que privava Nzinga do tempo e do ensejo de empenhar-se na edificação e reedificação de alianças com chefes recalcitrantes. Tais fatores enfraqueceram seriamente o poder de resistência da rainha.

Apesar dos reveses e dos problemas com os quais se defrontava, Nzinga resolveu reorganizar suas forças. A cólera pela captura de suas irmãs inflamou sua entrega apaixonada à idéia por um Ndongo unido, a força motriz que consumia todo seu ser. Deste modo, em 1629, poucos meses depois das perdas que sofreu na província do chefe Matima, encontramo-la viajando ao longo do Rio Cuanza, aliciando o apoio dos chefes, intimidando aqueles que fossem neutros ou hesitantes, e atacando e matando os que tivessem se aliado com os inimigos. Suas táticas terroristas, como as de seus inimigos, arrecadaram-lhe o apoio. Os soldados obedeciam a toda e qualquer ordem da soberana porque sabiam que se não o fizessem, seriam punidos. Esses Mbundos a veneravam como a deusa da terra, responsável pela chuva que fazia germinar o trigo e trazia a riqueza. Os súditos da rainha se prostravam diante dela em sinal de respeito. Mas, ao mesmo tempo, adoravam-na porque ela vivia de acordo com suas tradições. Sabiam que Nzinga podia salvá-los e muitos se colocaram sob sua proteção.

Os esforços da rainha foram recompensados pois logrou convencer muitos chefes a fecharem seus entrepostos, vedando assim o acesso aos traficantes de escravos a suas fontes. As repercussões destas medidas fizeram-se sentir tanto em Luanda quanto nas Américas, onde começou a diminuir o fornecimento de escravos. Internamente, o fechamento dos entrepostos aumentou as distâncias que os mercadores tinham de percorrer para conseguir sua mercância, sendo eles obrigados a penetrar mais fundo no *hinterland* do país hostil dos Mbundos, o que ampliou a autonomia dos traficantes e provocou a evasão de alguns, com as peças de seus patrocinadores em Luanda. Dois subprodutos imediatos dessa situação foram a crescente insegurança dos traficantes, maior dependência em relação aos pombeiros africanos e menor em relação aos europeus, além do aumento dos custos dos escravos, à medida que o tempo, as distâncias e a perda de vidas se ampliavam. Mais ainda, o desenvolvimento das rotas de tráfico de longa distância e as dificuldades para alcançá-las, resultando em maior controle africano de tais mercados, convenceu os portugueses de que precisavam encontrar um *modus vivendi* com os principais líderes e Estados africanos.

1. A Evasão de Nzinga e a Chegada de suas Irmãs a Luanda

Visto que a vida econômica da colônia era totalmente baseada no comércio de escravos, o bloqueio afetou numerosos indivíduos (gente do clero, homens de negócio, traficantes e militares) que, previamente, derivavam proventos do tráfico. Muitas dessas pessoas haviam se queixado ao governador sobre seus problemas financeiros. Os interesses de negócios e comerciais requeriam a todo custo uma reconciliação com Nzinga, aconselhando uma "legitimização" da coroa Mbundo, de preferência com a utilização de uma das irmãs de Nzinga, em poder dos portugueses, para substituir a monarquia fantoche do "Ngola" Airi. Certos elementos do clero e do exército procuravam destruir a Rainha, pois não perdoavam a Nzinga o fato de ela ter renunciado ao cristianismo e retornado a seus costumes "selvagens". O governador estava de acordo com os sentimentos desse grupo e assim decidiu que Nzinga devia ser perseguida, novamente, e capturada onde quer que estivesse. Esta decisão foi tomada a despeito dos protestos do Padre Gonçalo de Sousa, que enviou uma petição a Lisboa em nome do Conselho Municipal, para protestar contra as muitas guerras que ocasionaram o fechamento dos lucrativos mercados de escravos[29]. Em outras palavras, Sousa censurava o deplorável estado de coisas existente, atribuindo-o às linhas de conduta política dos portugueses. Muitos anos antes, um jesuíta levantara acusação similar, identificando as principais causas da recessão que afetava o panorama comercial[30].

Entrementes, Nzinga erigira, clandestinamente, um novo acampamento de guerra em um sítio chamado Quina Grande dos Ganguelas, perto de Ngangola, à margem de uma profunda e difícil garganta[31]. O local fora previamente escolhido para uma eventualidade como essa e situava-se no território de um

29. FELNER, *loc. cit.*, e Padre Gonçalo de Sousa, 6 de julho de 1633, A.H.U., Angola, Papéis Avulsos, caixa 1. BRASIO, VIII, *op. cit.*, p. 242, para detalhes dessa carta.

30. BOXER, *Race Relations in the Portuguese Colonial Empire – 1415-1825, op. cit.*, pp. 8-9, de uma carta de João Álvares, S. J., VII, 1604, *apud* FRANCISCO RODRIGUES, S. J., *História da Companhia de Jesus na Assistência de Portugal*, v. II (2), Porto, 1944, p. 458.

31. RAVENSTEIN, *op. cit.*, p. 168 e FELNER, *op. cit.*, p. 228.

113

dos chefes de Nzinga, Andala-Quesuba. Para alcançar esta posição virtualmente inacessível, naturalmente defensável, Nzinga cruzara quatro rios e sete profundos precipícios. Ela e suas forças colocaram cordas sobre os declives escarpados para facilitar uma fuga de emergência[32]. A entrada desse acampamento era escondida por capim muito alto e seco, e quando Nzinga e suas milícias se aproximavam da garganta através dessa passagem, desapareciam rapidamente de vista; era como se a terra os tivesse engolido. O ingresso no acampamento fazia-se por uma ponte provisória que permitia a passagem de uma pessoa por vez.

Nzinga foi surpreendida neste sítio por seus resolutos perseguidores, informados talvez por alguns dos Jagas capturados. Atemorizados pela altura vertiginosa e pelo terreno perigoso de Quina Grande dos Ganguelas, ficaram expostos ao contragolpe de Nzinga, que, rápida e prontamente, pôs fogo no campim seco. As chamas se propagaram com celeridade e ameaçaram envolver as forças portuguesas atacantes que viram sua posição vantajosa subitamente invertida, quando procuravam contornar o fogo violento sem consegui-lo. Com a retaguarda coberta por uma parede de chamas, Nzinga e suas forças de resistência efetuaram uma fuga que parecia impossível, ao descer pelas íngremes ladeiras da garganta, recobertas de espessos matagais. Vários soldados portugueses que estavam em seu encalço escorregaram e caíram enquanto cerca de trezentos dos homens de Nzinga eram capturados na confusão[33].

Uma vez mais Nzinga escapara de seus inimigos. Com a tática de conversação e luta, ataque e fuga, ela frustrara os oponentes e esgotara-lhes os recursos. Embora pudesse respeitar a superioridade de armamento do inimigo, não podia compreender e nem responder de maneira efetiva a isto. Ela via-se obrigada a recorrer a táticas particularmente apropriadas à sua familiar e bem conhecida região, rica de florestas, situada no Ndongo Oriental. Fustigados pelas febres, continuamente em marcha através de um território hostil, com escassez de alimentos e de suprimentos, onerados pelo número sempre crescente de feridos, os perseguidores de Nzinga encontravam-se em situação difícil, mas ainda em ofensiva.

A soberana se retirou para perto da província de Songo, num lugar chamado Mugongo. Aparentemente, permaneceu aí por algum tempo, suficientemente segura, a ponto de prescindir de suas usuais precauções, não acreditando ser perseguida através do território de guerreiros tão destemidos, como eram

32. SOUSA DIAS, *Os Portugueses em Angola, op. cit.*, p. 95.
33. FELNER, *op. cit.*, p. 228.

os habitantes de Songo. A conseqüência desta negligência foi o desastre, uma emboscada portuguesa conseguiu capturar quatrocentos homens das forças de Nzinga; ela mal conseguiu escapar à mesma sorte, refugiando-se nas florestas. Os portugueses desistiram de prosseguir na caça, e voltaram a Luanda.

As irmãs de Nzinga e sua tia haviam chegado a Luanda, acompanhadas por um grande contingente militar luso. Escoltadas até a casa do governador, foram tratadas com todas as honras devidas à sua condição real. As princesas Mocambo e Quifungi e sua tia foram as beneficiárias do intento dos portugueses de substituir o "Ngola" Airi por um membro da família real Mbundo. Elas foram cerimoniosamente conduzidas à presença do governador; ele estava sentado numa cadeira dourada, e ao longo das paredes da antecâmara encontravam-se as principais personalidades civis e militares de Luanda. O comportamento das duas irmãs e de sua tia foi de uma dignidade real. Quando se aproximaram da cadeira, o governador se levantou ligeiramente e com os braços abertos, como demonstração de cortesia, sugeriu que elas sentassem nas almofadas coloridas, colocadas diante de seu assento. Procurou assegurar-lhes de que se achavam entre amigos e poderiam esperar um ótimo tratamento[34].

Depois da recepção, a família real foi levada para a casa de Dona Ana da Silva, a esposa do Capitão-mor Paio de Araújo, onde foram rebatizadas com nomes prestigiosos da cidade. Mocambo foi crismada Dona Bárbara da Silva, e Quifungi Dona Engrácia Ferreira, em consideração ao governador.

O delicado tratamento que o governador dispensara à família real africana foi determinado mais por conveniência política do que por qualquer reconhecimento de que ela merecesse semelhante tratamento. Pois, apesar do comportamento oficial dos portugueses para com os africanos ser, na prática, ambivalente, dependendo das circunstâncias, as atitudes tomadas eram inflexíveis. Os africanos eram vistos como infantis, imaturos, irresponsáveis e sub-humanos. O Professor Boxer dá como exemplo "da opinião da média dos portugueses brancos em Angola", o seguinte fragmento de uma inscrição comemorativa:

brutos sem compreensão inteligente, e quase, se assim pode se dizer, seres irracionais[35].

34. *Ibid.*, p. 229.

35. BOXER, *Race Relations, op. cit.*, p. 29. Um sentimento semelhante é expresso por outro português de Angola, Antônio Serpa Pinto: "Os pretos de África são como os cavalos de fina raça, quanto mais fogosos e bravos mais prontamente se tornam dóceis e obedientes". LUIZ FIGUEI-

RA, *África Bantu: Raças e Tribus de Angola*, Lisboa, Oficinas Fernandes, 1938, p. 354.

7. O FLUXO DOS ACONTECIMENTOS

Após sua fuga para perto de Mugongo, Nzinga resolveu permanecer na região, seja para forjar alianças mais fortes com os povos que eram seus vizinhos territoriais, seja para recrutar mais homens para suas forças dilaceradas, através de reuniões em todos os níveis e de comunicação verbal. De igual importância era conquistar aliados entre o povo de Songo, e durante vários meses ela remanesceu no meio deles estabelecendo, primeiro, relações com os chefes, persuadindo os seguidores destes a participarem da luta, e depois planejando uma frente unida para opor resistência aos exércitos portugueses.

Esta determinação, esta busca de libertação e liberdade que obsedava Nzinga, é interessante e importante. Após cada recontro, vitória ou derrota, ela retornava à frente diplomática, argumentando, persuadindo, lisonjeando e ameaçando amigos,

117

inimigos tanto os tímidos e quanto os incertos. Embora absolutamente confiante no inevitável êxito de sua causa, Nzinga nunca se defrontara antes com um inimigo tão poderoso como o Rei de Portugal, com seus exércitos, e suas armas; estes haviam infligido grandes perdas às suas forças no Ndongo, enfraquecendo seus exércitos a um tal ponto, que ela não mais podia continuar na ofensiva, apesar de seu espírito de luta não estar nem um pouco abatido.

Nzinga passou alguns anos, entre 1630 e 1640, recrutando homens para seu exército e mantendo contatos diplomáticos com os portugueses. Ambas as partes estavam interessadas nas negociações e Nzinga despachou um enviado ao governador pedindo a libertação da irmã, Mocambo. A soberana acreditava que a sugestão de soltar apenas uma de suas irmãs, dar-lhe-ia a aparência moderada e digna de confiança; os brancos, ela raciocinava, concederiam maior crédito a suas declarações se deixasse uma de suas irmãs nas mãos deles como refém, sinal de sua determinação em procurar um *modus vivendi* com eles. Nzinga também queria manter sua outra irmã, Quifungi, em Luanda, onde ela permanecera vários anos, colhendo valiosas informações com extraordinário discernimento[1]. Todavia, seu objetivo específico neste ponto era obter, por meio de sua irmã, dados sobre a recente chegada de tropas portuguesas (entre as quais se encontrava Antônio de Oliveira de Cadornega, que escreveu a crônica de uma parte significativa desses eventos). O leitor recordará que as duas irmãs eram tratadas não como prisioneiras, mas como amigas, em sua qualidade de membros da família real do Ndongo. Conseqüentemente, gozavam de liberdade de movimentos dentro dos limites da cidade e Quifungi usava desta facilidade para ir a qualquer parte onde pudesse conseguir informação sobre os movimentos de tropas e de materiais bélicos, comunicando-os posteriormente a sua irmã mais velha. Mas quer parecer que os portugueses começavam a alimentar dúvidas quanto ao verdadeiro papel de Quifungi em Luanda. O governador, entretanto, numa tentativa de ser conciliador, acedeu à solicitação e Mocambo foi solta e devolvida a Nzinga.

Enquanto as negociações estavam em curso, Nzinga deitou tudo a perder atacando e derrotando um contingente português encabeçado por Manuel Pereira Coutinho; era um risco calculado, com o objetivo de enfraquecer seus inimigos na véspera do ataque dos holandeses. Nzinga recebera notícia, de sua rede de espionagem, ao que parece, que um bem-sucedido

1. CADORNEGA, I, *op. cit.*, p. 209.

tráfico com o Congo e a Costa da Guiné encorajara os batavos a desafiar os portugueses. Mas os esforços de Nzinga viram-se subitamente abortados ao receber a notícia de que seu velho inimigo, o Jaga Kasanji, reentrara no Ndongo Oriental e atacara sua gente. Retornando àquela região, Nzinga saiu à caça do chefe Jaga, mas este já havia se retirado, desaparecendo.

Figurou-se a Nzinga que ela precisava ou destruir Kasanji ou tentar uma aproximação amigável com ele. Nzinga decidiu-se pela aproximação amigável, percebendo que Kasanji era um guerreiro competente, governante de um Estado poderoso cujas forças podiam ser utilizadas na destruição do inimigo comum. Além do mais, se os holandeses investissem contra os portugueses, o fato só poderia redundar em vantagem para as forças Mbundo porquanto os portugueses estavam empenhados em promover facções entre os Mbundos de modo a facilitar-lhes a tarefa de subjugar o reino. Os portugueses, portanto, viam a aproximação em curso como uma ulterior ameaça a seus interesses comerciais e militares. O novo governador estava decidido a impedir uma aliança entre Nzinga e Kasanji, mas cofres exauridos e fortificações enfraquecidas tornaram essa tarefa duplamente difícil.

A Rainha Nzinga, em fins de 1639, recebeu uma nota diplomática do novo governador, que se queixava do fato dela ter concedido asilo a muitos escravos fugitivos e exigia sua restituição. Esta acusação e *desideratum* talvez fossem um pretexto provocatório, destinado a estabelecer a *raison d'être* para a retomada das hostilidades. Nzinga respondeu à nota "devolvendo" um grupo de homens velhos e exaustos com seus "enviados" miseravelmente trajados. Era um gesto de desdém; escravos velhos não eram de nenhuma utilidade e o aspecto dos enviados constituía um insulto aos portugueses os quais suspeitaram de que os "enviados" fossem espiões vindos para colher informações sobre seu exército. Em conseqüência, capturaram e aprisionaram-nos.

Entrementes, a Rainha recebeu na corte dois embaixadores portugueses, que pretendiam negociar um tratado de paz; tratava-se de dois eminentes sacerdotes que haviam visitado antes o Jaga Kasanji sem obter sucesso algum. O Jaga mostrara-se reservado e indefinido. Nzinga acolheu os diplomatas cortesmente em Uamba, e ouviu atentamente o que tinham a pedir, que não passava, de fato, de mera reafirmação de sua posição diplomática anterior. Eles não mencionaram o tratado que Nzinga assinara, em boa fé, em Luanda no ano de 1622, e que até então (1640) não fora complementado. Provavelmente nenhum outro ato específico dos portugueses frustrara e irri-

119

tara tanto a Rainha quanto esta aparente traição de seus inimigos. Adotando uma rígida linha de conduta, a soberana rejeitou qualquer solução de compromisso, reafirmando sua pretensão e autoridade sobre todas as terras ocupadas pelos europeus no Ndongo. Declarou ser a soberana legítima e insistiu para que os portugueses a reconhecessem como tal. Os enviados, sentindo desenhar-se o fracasso e tentando salvar a missão, sugeriram a Nzinga que um compromisso seria aceitável às autoridades de Luanda, que poderiam reconhecê-la como Rainha do Ndongo se ela abrisse mão de suas pretensões sobre as áreas ocupadas. Nzinga tornou a rejeitar qualquer tipo de compromisso. Sendo esta condição inaceitável, um dos homens voltou a Luanda para informar seus superiores a respeito.

O outro clérigo permaneceu na corte de Nzinga em Uamba a fim de explorar e tirar partido de quaisquer possibilidades missionárias. O ponto fundamental deste objetivo era a tentativa de rebatizar Nzinga, na esperança de que a reconversão produzisse disposição de sua parte em se tornar vassala do Rei de Portugal, poupando, assim, este monarca de uma série sem fim de conflitos que estavam esgotando seus recursos. Durante várias semanas, o clérigo enviado exortou Nzinga a voltar à "verdadeira fé", mas ela se recusou.

A aproximação com o "ramo de oliveira" não lograra levar as partes a um acordo e, por conseguinte, o segundo embaixador também deixou a corte de Nzinga. É possível, embora não haja nenhuma prova, que Nzinga tivesse planejado o fracasso desse encontro. Sua posição diplomática endurecera; antes, ela pedira apenas que os portugueses se retirassem de sua antiga capital Mbaka e a reconhecessem como soberana, mas agora insistia que estas eram exigências inegociáveis. Ela compreendera, por certo, que os brancos não acederiam e que a previsível resposta destes levaria a uma renovação da peleja. Quais eram então os motivos para esta nova posição de "tudo ou nada"? Os altos ganhos dos holandeses no horizonte ocidental constituía parte da resposta. A outra parte era que os inimigos, os portugueses, defrontavam-se com um dilema, pois "a oposição africana era mais forte, mais hostil e melhor organizada do que os artífices da colonização haviam suposto"[2]. Nzinga e suas forças estavam apresentando uma feroz oposição, que vinha negar a rápida vitória que alguns portugueses haviam previsto. Ela via a possibilidade de se aliar aos holandeses para derrotar o inimigo comum.

2. BIRMINGHAM, op. cit., p. 60.

1. Nzinga faz uma Aliança com os Holandeses

O mês de agosto de 1641 encontrou Nzinga diante de uma investida portuguesa. Foi então que recebeu notícias de que os holandeses tinham desembarcado em Luanda e que os inimigos dela, incapazes de deter o ímpeto do ataque adversário, estavam se retirando para Massangano, no Rio Cuanza. Se as forças africanas e batavas pudessem coordenar os ataques apanhariam os portugueses num torninho. Os principais chefes Mbundos em volta de Luanda e os líderes africanos no Congo e no Ndongo tendiam a unirem-se aos holandeses. Na verdade, vários meses antes, o antigo aliado de Nzinga, o monarca congolês, escrevera ao Príncipe Maurício de Nassau no Recife, oferecendo limitadas e específicas facilidades comerciais e militares em troca de assistência militar para desalojar os portugueses de seu reino[3]. Poucos dias depois do desembarque em Luanda, um chefe Ndembo (Dembo) do Sul do Congo, Nambu a Kalmobe, entrou em contato com os batavos a fim de consolidar as forças de ambos na luta contra os portugueses. Estes, côncios do que estava acontecendo, despacharam tropas sob o comando do Capitão Antônio Bruto para atacar os chefes que tentaram estabelecer aliança com os inimigos.

Nzinga sabia da intensa atividade diplomática dos holandeses junto aos chefes Mbundos e o monarca congolês[4]. Eles tinham enviado uma embaixada ao Congo e estavam procurando contatos com Nzinga, que provavelmente conhecia o poderio das forças holandesas: 3 000 soldados, 900 marinheiros e 300 índios Tapuias do Brasil. Ela despachou o comandante de seu exército, Nzinga Amona, para entrar em contato com este exército no intuito de formar uma aliança. Em seu caminho para a costa, Nzinga Amona foi obstado em sua avançada por um chefe Ndembo, mas os holandeses o socorreram com um contingente de cem homens, derrotando a força Ndembo, gesto oportuno que provocou a conclusão imediata de um tratado de assistência mútua, pelo qual os holandeses prometiam apoio

---

3. Para detalhes, veja-se BRASIO, IX, *op. cit.*, pp. 12-18, e GASPAR BARLEU, *História dos Feitos Recentemente Praticados Durante Oito Anos no Brasil*, Rio de Janeiro, 1940, pp. 55, 211, 255. Barleu declara que o Príncipe Maurício aconselhou o Rei do Congo, provavelmente Garcia Afonso, que o tinha visitado em Pernambuco, a ir para a Holanda. O rei foi descrito como sendo "robusto e de aparência atlética, muito flexível"; JOHAN NIEUHOF, *Memorável Viagem Marítima e Terrestre ao Brasil*, São Paulo, 1942, pp. 90-96.

4. PAIVA MANSO, *História do Congo*, Documentos, CLXXII, Lisboa, Typographia da Academia, 1897, p. 276.

militar à Rainha Nzinga e ela, por sua vez, garantia facilitar os esforços comerciais dos holandeses (com fornecimento de tecidos, rum, contas e, provavelmente, escravos).

Entrementes, Nzinga enviou seu exército para oeste ao longo do Rio Dande e próximo ao território Ndembo, onde suas forças resolveram atacar Uandu (Wandu), um território a sudoeste de Cassu e suleste do Congo. Essa área, rica em carbonato de cobre[5], era o sítio de uma missão portuguesa que conseguira batizar muitos chefes. Nzinga estava decidida a destruir aquela missão; além do mais, o território Ndembo, como parte desta província, estava comerciando com os portugueses e era portanto uma região de crescentes interesses comerciais com o Congo. É de se presumir que o domínio do Wandu pelos portugueses era uma mera questão de tempo; até mesmo o uso da língua portuguesa se espalhara largamente ali. Nzinga pretendia vingar-se dos Wandu por uma espécie de traição nacional[6], mandando seu povo para a escravidão como parte de seu acordo com os holandeses. Não está claro até que ponto ela participou do tráfico de escravos, apesar da servidão ser um modo de vida no Ndongo, mas fornecera, com certeza, alguns lotes de escravos aos portugueses e um bom número também aos holandeses nos termos da aliança. Ambas as nações européias estavam interessadas em um único recurso: os escravos — e, se a soberana desejava estabelecer qualquer relação comercial significativa com elas — teria de abastecê-las, pois que todos os acordos entre europeus e africanos giravam em torno deste fornecimento em troca de mercadorias européias. Os batavos acabavam de conquistar uma grande parte do Nordeste brasileiro e precisavam de mão-de-obra cativa para suas plantações de cana-de-açúcar, provavelmente cerca de 16 000 escravos por ano[7], e provenientes de preferência de Angola, pois que os escravos da Guiné se mostravam intratáveis nos engenhos.

Quando os holandeses encetaram sua investida imperialista no Atlântico Sul, atacando Luanda em 1624 e em 1629, e conquistando a Bahia em 1625, estavam conscientes da importância crítica do trabalho escravo nas Américas, particularmente no Brasil. Tão desesperadoramente necessitados de escravos estavam eles, que após vários apelos inatendidos da Companhia das Índias Ocidentais a Nicholas van Ypern, governador da Costa

5. GASTÃO SOUSA DIAS, *A Batalha de Ambuíla*, Lisboa, 1941, pp. 54-55.

6. CUVELIER, *op. cit.*, p. 111.

7. BIRMINGHAM, *op. cit.*, p. 107, de: *A Little Forraine Newes*, Londres, 1641/1642.

do Ouro, o Conde Maurício de Nassau recrutou uma pequena força militar no Recife e atacou Mina. Embora o número de escravos que iam para o Brasil holandês aumentasse depois da captura de Mina, estes eram no entanto inadequados para satisfazer as necessidades aparentemente insaciáveis da economia brasileira[8]. Ademais, além de ser "o país mais populoso da terra", os escravos angolanos eram preferidos aos Minas por sua alegada tratabilidade, uma condição que parece estar curiosamente em desacordo com a proliferação da resistência Banto no Brasil, particularmente tal como representado pelos quilombos.

Entrementes, as forças da Rainha, conduzidas por seus comandantes, alcançaram Wandu e depararam com uma cidade quase deserta, pois aparentemente os habitantes, prevenidos do ataque iminente, tinham evacuado o local. Chegando à igreja, os guerreiros encontraram três missionários que aprisionaram, levando-os à presença de Nzinga, a qual desfazendo o grande temor dos cativos, deu-lhes uma recepção amistosa e a garantia de que estariam a salvo. Conversando em português com seus prisioneiros, a soberana manifestou grande interesse por sua fé e ordenou que suas feridas fossem diligentemente tratadas, que os haveres pessoais lhes fossem devolvidos, e que fossem hospedados confortavelmente sem que lhes faltasse nada. Um dos prisioneiros, Padre Sequeira, já fora anteriormente prisioneiro de Nzinga, e ganhara a confiança da Rainha com sua honestidade e maneiras corretas advertindo-a de uma ameaça de fuga de prisioneiros portugueses. De qualquer maneira, o tratamento que ela dispensava aos prisioneiros portugueses, sobretudo aos clérigos, era um tratamento de consideração e, geralmente, imparcial. Os sacerdotes eram melhor tratados do que os outros prisioneiros, porque desde sua visita a Luanda, vinte e dois anos antes, ela associara a riqueza e o poder dos europeus às bênçãos de seus deuses, que estes disseminavam através de seus sacerdotes. O ódio que ela alimentava contra os lusos não parece ter se transferido aos indivíduos sob sua guarda. Mas um soldado europeu que combateu do lado da soberana observou que "ela nunca machucava um português depois lhe dar quartel

---

8. Existe alguma evidência de que os holandeses estavam envolvidos no tráfico desde um período anterior. Um colonizador inglês em Jamestown observou que em 1619 "...um homem-de-guerra holandês... vendeu-nos 20 negros". LERONE BENNETT, *Before the Mayflower*, Baltimore, Maryland, Penguin Books, 1966, pp. 29-30; DANIEL M. MANNIX e MALCOLM COWLEY, *Black Cargoes*, New York, Viking Press, 1962, pp. 50-55.

e ordenava que todos seus escravos e soldados fizessem o mesmo"[9].

Viajando para o sul rumo ao Rio Cuanza, Nzinga tentou libertar a Ilha Ndangi, que fora capturada pelos portugueses. Esta ilha tinha grande importância ritual porque muitos dos falecidos reis e dos ancestrais de Nzinga estavam sepultados aí, e, além do mais, era este o local onde os monarcas Mbundos iam invocar a proteção dos deuses. Mas subestimando a capacidade das forças portuguesas, foi obrigada a retroceder, deixando alguns de seus mortos no campo de batalha.

Nzinga continou a avançar para oeste ao longo do Cuanza até chegar à região em volta de Massangano, na confluência dos Rios Cuanza e Lucala. Erigiu seu acampamento de guerra nesta área, pois os contingentes inimigos estavam totalmente confinados aí em condições difíceis, com escassez de alimentos e de água[10]. Nzinga estava à espera de que as tropas holandesas viessem em seu auxílio para desferir um ataque total, mas os holandeses não cumpriram o compromisso de seu tratado, ou seja, fornecer tropas para as principais forças de resistência. Nzinga enviou vários embaixadores a Luanda, para pleitear junto aos funcionários do governo holandês o envio de reforços. Não que ela pretendesse de todo expulsar os holandeses após ter derrotado os portugueses[11]. Os holandeses sabiam provavelmente disto, mas parece que não estavam à procura de uma base permanente em Angola, mas apenas interessados em adquirir escravos a fim de alimentar suas recém-conquistadas regiões de cultivo de cana-de-açúcar no Nordeste do Brasil e julgavam poder realizar seus objetivos se estivessem em condições de negociar com chefes africanos independentes interessados nas vantagens materiais do tráfico. Na mesma linha desta orientação política procuravam impor suas crenças religiosas aos africanos. Adicionalmente, apresentavam uma vantagem comercial evidente sobre os portugueses, por possuírem mercadorias de melhor qualidade e pagarem preços mais altos pelos escravos. A Rainha Nzinga estava interessada no tráfico e prova-

9. CHARLES BOXER, *Salvador Correa de Sá and the Struggle for Brazil and Angola – 1602-1686*, Londres, University of London, 1952, pp. 227-228.

10. Apesar do contingente português de 30 000 africanos e 900 colonizadores, os ocupantes de Massangano encontravam-se em situação desesperadora, quase cercados por seus inimigos e pagando preços exorbitantes para conseguir as magras provisões disponíveis. Veja-se CUVELIER, *op. cit.*, p. 27.

11. A. A. DA SILVA REGO, *A Dupla Restauração de Angola, 1641-1648*, Lisboa, Divisão de Publicações e Biblioteca Agência Geral, 1956, p. 140.

velmente iria tolerar um arranjo que não envolvesse uma ocupação estrangeira e um controle do território africano.

Das proximidades de Massangano, Nzinga começou desenvolver febril atividade diplomática entre os chefes, procurando instigar revoltas contra os portugueses e tentando também obter tropas de seus aliados para seus exércitos exauridos[12]. Tanto o Manikongo quanto Nzinga ameaçaram e assassinaram chefes que eram leais a Portugal, instilando temor, incerteza e insegurança entre aqueles que eram neutros e aliados dos inimigos. Ao visitar a aldeia de Bengo, que fora atacada pelos holandeses, Nzinga investiu contra os chefes que haviam apoiado o inimigo dela fornecendo-lhes soldados. Dois de seus chefes, Acamochama e Naboangongo, contribuíram com muitos milhares de guerreiros para seu exército. Nesse meio tempo, um de seus aliados, o chefe Ngoleme a Kaita (Angolemen a Caita), atacou um contingente português muito bem equipado, nas proximidades do Rio Lucala, capturando sete soldados portugueses e seu capitão. Alguns reforços incluindo cidadãos brancos de Massangano, "Ngola" Airi, os chefes Kabuku, Kanini (José Guterres Angola) e muitos "soldados escravos" vieram em socorro e contra-atacaram Ngoleme que procurou o auxílio de sua soberana. Nzinga enviou seu general comandante, Nzinga Amona, para derrotar o inimigo; todavia, o número superior das tropas portuguesas, mais sua mortal potência de fogo, frustraram o general Jaga, que enviou um apelo urgente à Rainha. À testa de milhares de seus soldados[13], Nzinga atacou, subjugou e derrotou as tropas portuguesas numa longa e sangrenta batalha em que perdeu mais de cem homens e capturou os aliados dos lusitanos, Kabuku e Kanini, o chefe fantoche de Mbaka[14]. Nzinga demonstrou sua magnanimidade poupando as vidas dos prisioneiros brancos, perdoando Kanini, um parente, e gratificando-o com o título e a posição de *muenelumbo*, que significa camareiro-mor da corte.

Esta vitória aumentou o prestígio e a força de Nzinga, especialmente nos arredores de Massangano. Ela desejava acometer esta fortaleza, mas sabia que seria uma empreitada suicida sem a ajuda de seus aliados, os holandeses, que podiam parear, senão exceder, o poder de fogo dos portugueses. Estava-se agora em princípios de 1645, quase quatro anos desde o desembarque dos holandeses em Luanda, e Nzinga não recebera o

---

12. CADORNEGA, II, *op. cit.*, p. 85.
13. DELGADO, II, *op. cit.*, p. 396.
14. DIAS, *Os Portugueses, op. cit.*, p. 113.

auxílio prometido, continuando os portugueses a ocupar as terras do interior. Para a Rainha, agora com 63 anos, aparentemente ainda com boa saúde, era uma experiência frustrante ver seus inimigos sobreviverem às perdas e às derrotas. Até seus aliados, os holandeses, estavam ficando exasperados e aflitos com a capacidade de sobrevivência dos portugueses em Massangano.

O governador luso profundamente afetado pelo trágico fim de seu exército, ordenou que reforços se dirigissem à fortaleza de Mbaka na expectativa de uma nova ofensiva por parte de Nzinga. Um Mbundo, Funji Amusungo, recentemente avassalado aos portugueses, substituiu Kabuku na qualidade de chefe do acampamento de guerra. Kabuku, capturado e perdoado, era agora aliado das forças de resistência. Para complicar os problemas do governador, havia a imprevisibilidade característica de Nzinga e seu sistema de espionagem, dirigido por sua irmã, que conseguira penetrar nos Conselhos portugueses.

Nzinga recebera informação de que haviam chegado reforços portugueses de além-mar. Tropas pesadamente equipadas tinham desembarcado em Quicombo, 100 milhas ao sul de Luanda, nas proximidades da foz do Rio Kikombo, no caminho para Massangano[15]. Ela sabia que se esse grupo se unisse às tropas em Massangano, o fato afetaria seriamente o equilíbrio de poder na região. Decidida a bloquear e eliminar esse contingente, Nzinga entrou no território do chefe Maniquiagombe, conduzindo 2 000 Jagas numa batalha contra trezentos soldados portugueses, matando a todos menos quatro, incluindo o comandante, Domingos Lopes de Sequeira.

Exultante com o sucesso, Nzinga voltou para o Leste e começou a caçar seu rival, "Ngola" Airi, o rei fantoche. Foi a esta altura que começou a receber a assistência dos holandeses, na forma de canhões e de um contingente de soldados. Um dos oficiais deste destacamento a descreveu como "uma virago astuta e prudente, de tal maneira dedicada às armas, que mal pratica outros exercícios"[16].

A sorte pareceu sorrir à infatigável Rainha e seus aliados nesta oportunidade. Enquanto se empenhava em sua última peleja com os reforços portugueses, seus aliados, os holandeses, com pouco menos de 150 homens, atacaram o inimigo comum e os roubaram 200 000 cruzados de prata, ouro e tecido

---

15. BOXER, *op. cit.*, p. 195. Também BRASIO, IX, *op. cit.*, pp. 332-344. Esse contingente era comandado por Domingos Lopes de Sequeira, e era formado por 360 homens que desembarcaram em 8 de fevereiro de 1645.

16. *Ibid.*, pp. 227-228.

de palmeira[17]. Além do mais estavam também encorajando os chefes africanos a atacar os portugueses.

A persistência de Nzinga era incômoda para os altivos governadores e capitães portugueses, que resolveram acabar de uma vez por todas com a Rainha e suas forças. Com inflexível determinação, o governador planejou uma estratégia dupla para este supremo recontro. Foram organizadas forças terrestres e fluviais; muitos barcos foram espalhados pelo Rio Cuanza com o intuito de privar Nzinga de seu usual refúgio nas ilhas. Um contingente terrestre foi despachado para se unir a um destacamento, liderado por um capitão branco e outro comandado pelo "Ngola" Airi[18], enquanto que o grosso dos contingentes portugueses era conduzido por vários capitães experimentados, comandando 330 soldados brancos. Vinte mil "soldados escravos", armados de arcos e flechas, 16 cavalarianos, 30 canhões e muitos soldados bem armados foram enviados ao encontro da ardilosa soberana[19]. À vanguarda das forças principais havia 2 000 batedores, cuja função era fornecer elementos de informação; seguiam-nos os "soldados escravos".

A Rainha Nzinga, ciente dos preparativos, optou pela tática da diversão do inimigo como melhor forma de defesa. Um de seus oficiais, Arquibuate, deslocou suas forças ao longo do Rio Zenza e atacou os portugueses num mercado de escravos perto de Mbaka, confiscando muitos deles a fim de satisfazer as necessidades comerciais dos holandeses. Após a incursão sobre o entreposto, Arquibuate deixou Mbaka e voltou ao quilombo da Rainha, cujos habitantes não perceberam, talvez, que uma coluna portuguesa seguira o rasto das forças de Arquibuate porque Nzinga e suas tropas foram surpreendidas enquanto jantavam, sendo subjugadas pelo "soldados escravos". Nzinga sofreu perdas tremendas nesta batalha. Ambas as partes usavam armas de fogo, mas o elemento surpresa foi provavelmente um fator decisivo para o sucesso dos portugueses. Assim, Nzinga viu-se muito debilitada para empreender sua projetada ofensiva contra a principal força portuguesa; ela concebera tal operação como a melhor defesa — uma exibição de força — um desempenho de *bravura* da caça com caçador. Daí por que ela tentou tão

---

17. GASTÃO SOUSA DIAS, "Francisco de Sotomaior: Capitão-general e Governador do Reino de Angola, 1645-1646", in: *Congresso do Mundo Português*, VII, Lisboa, Secção dos Congressos, 1940, p. 340. Veja-se também *Julgareis Qual é mais Excelente*, Edição do Museu de Angola, p. 94.

18. DIAS, "Sotomaior", *op. cit.*, p. 349.

19. DELGADO, II, *op. cit.*, p. 356.

desesperadamente obter a ajuda dos holandeses e dos congoleses, sendo que aqueles haviam finalmente compreendido que não se podia permitir que os portugueses, não importa qual fosse sua força, sobrevivessem nas terras do interior. Mas foi somente em 1647 que se firmou uma tríplice aliança entre holandeses, congoleses e Mbundos com o compromisso de empreender uma investida conjunta para exterminar os exércitos lusos.

Os aliados europeus de Nzinga ainda não estavam em condições de atender logo os compromissos do tratado, porque também sofriam, àquela altura, os efeitos de reveses no campo de batalha. A guarnição portuguesa de Isiheiro derrotara uma coluna holandesa em represália pela captura, reclusão e decapitação de seu agente de informação, Domingos Fernandes Companhão. Diz-se que no dia da execução o oficial português alardeou que "Eu não tenho medo do poderio da Holanda! Os holandeses é que devem ter medo de mim!"

A posição de poder das partes rivais mudara novamente seu curso. Os portugueses haviam momentaneamente lutado contra a maré do assalto africano e holandês. Persistência e sorte serviram-lhes perfeitamente para a manutenção de um perigoso ponto de apoio na África Central, a despeito dos esforços combinados de seus antagonistas. O clima tropical era inimigo de ambos os exércitos europeus; ambos estavam perdendo muitas de suas tropas, algumas das quais eram tão parcamente abastecidas que se viam na obrigação de confiscar os escassos recursos alimentares dos Mbundos, o que aumentava os conflitos entre os africanos e os europeus. Ainda que Nzinga tivesse perdido a iniciativa, a situação parecia passível de salvação se os aliados conseguissem destruir as principais forças portuguesas, fortemente entrincheiradas nas fortalezas de Massangano. Nzinga, mais uma vez, preparou-se para esta batalha.

Suas severas perdas em homens levaram-na a instituir algumas reformas, sendo a mais importante a de que os bebês, a menos que tivessem algum defeito físico, não mais deveriam ser abandonados fora dos acampamentos de guerra. Daí por diante, as crianças deveriam ser criadas no interior dos acampamentos. Esta disposição foi recebida favoravelmente e parece ter granjeado a Nzinga alguns partidários leais, especialmente entre as mulheres. Presumivelmente, com o tempo, os bebês, salvos deste modo, aumentariam o número de homens dos Mbundos. Mas ela se recusou efetuar outra reforma que teria aumentado o tamanho do seu exército de resistência e, possivelmente, seu moral. Continuava insistindo que seus soldados deviam combater até o fim, mesmo que isso significasse a aniquilação completa por parte do adversário. A alternativa, por certo, era a morte em mãos de Nzinga. Por conseguinte, em alguns casos, as pretensões de vitória dos portugueses eram maiores do que deviam ser, porque os soldados Mbundo-Jagas, achando-se em desvantagem, prosseguiam na batalha sem esperanças em vez de retroceder. Os exércitos de Nzinga eram, assim, forças suicidas, cuja eficácia era por vezes limitada a uma única peleja. Nzinga continuou nesta prática, que considerava uma medida de disciplina e de engajamento na causa, enfatizada e reenfatizada em seus jogos de guerra, na conversação e no treino. Apesar desta preocupação, a disciplina era um problema, pois, de vez em quando, as tropas se dispersavam em pequenos grupos que evidenciavam sua vulnerabilidade. Considerando o fato de que os Mbundos estavam evolvidos numa luta desesperada por sua terra, liberdade e existência como Estado independente, bem como o comportamento às vezes indisciplinado dos soldados, a devoradora estratégia de Nzinga talvez se justificasse. Em um largo campo próximo ao seu quartel de guerra, desenvolvia exercícios de manobra, dividindo seus exércitos em duas secções a fim de que pudessem simular um ataque uma sobre a outra, exortando as unidades a se manterem juntas.

Nzinga se preparou para a batalha em meio a um incessante bater de tambores de todas as direções. O barulho era indescritível. O General Nzinga Amona erguera sua bandeira enquanto os portugueses lançavam o grito de alerta: "às armas, às armas". Era de manhã bem cedo e os portugueses viram a Rainha à distância com um batalhão de Jagas e de Mbundos, acompanhados por seis soldados holandeses. Uma vez mais a ordem recebida pelas forças lusitanas era "abater a Rainha de Matamba até que as raízes das árvores frutíferas estivessem diante do céu"[20].

A batalha começou sob um sol escaldante, às nove da manhã, e terminou às duas da tarde. Nzinga empregou seu costumeiro torquês com três ou quatro dentes, comandando a carga frontal, enquanto seus oficiais assaltavam os flancos direito e esquerdo. Nzinga por conseguinte dividiu suas forças da seguinte maneira: diretamente sob suas ordens, e na vanguarda, colocou os holandeses e alguns soldados dela. Estes estavam muito bem armados, alguns com armas de fogo fornecidas pelos holandeses, e deviam atacar a vanguarda das forças portuguesas. À segunda coluna conduzida pelo bravo General Nzinga Amona,

20. DELGADO, II, *op. cit.*, p. 325.

homem de confiança da Rainha, incumbia atacar a retaguarda, e um terceiro destacamento liderado por Kanini (João Guterres Angola) tinha de enfrentar a ala direita. Finalmente, uma coluna capitaneada por Ifamuto ficou encarregada do flanco remanescente.

As primeiras ondas de assalto foram chefiadas por Nzinga e por Ifamuto. Nzinga atacou rapidamente o flanco esquerdo, mas foi repelida pela cavalaria e pelos "soldados escravos". Reagrupando seu contingente, voltou novamente à carga, mas os "soldados escravos", liderados pelo "Ngola" Airi, descarregaram suas armas de fogo com exatidão mortal; as forças de Nzinga se retiraram por sobre os corpos caídos de seus compatriotas[21]. Na ala direita, um forte contingente de soldados de Kanini organizando-se para o ataque, avançou sobre pesado fogo inimigo, desbaratando o flanco esquerdo lusitano, que compreendia cavalaria e "soldados escravos". Nzinga Amona assaltou a retaguarda inimiga aumentando a confusão entre as tropas portuguesas. No meio da peleja, um dos generais de Nzinga, Mulundu, com um pequeno contingente de Jagas, foi visto neutralizar um assalto frontal enquanto, simultaneamente, o flanco direito português, inclusive a cavalaria e os "soldados escravos" sob as ordens de "Ngola" Airi ficou a descoberto. Kanini, a quem isto foi atribuído, viu suas tropas presas da desordem; ao invés de continuar a cobrir os flancos como lhes fora consignado, agruparam-se em ambos os lados do inimigo. "Ngola" Airi com a cavalaria e os "soldados escravos" habilmente lançou-se através desta abertura, e dispersou seus inimigos. Foi uma batalha sangrenta e os portugueses conquistaram outra vez tempo para respirar devido em ampla medida ao notável desempenho de "Ngola" Airi. Cerca de 2 000 africanos foram mortos, muitos foram feridos, inclusive o General Nzinga Amona, e houve numerosos prisioneiros, entre os quais cinco holandeses e Mocambo com seu séquito de quarenta mulheres[22]. Nzinga tornou escapar.

No abandonado acampamento de Nzinga, os vencedores encontraram os sinais de sua apressada partida. Entre as coisas deixadas, figuravam cartas incriminadoras de Quifungi, que informava a irmã sobre importantes atividades empreendidas em Luanda pelos portugueses, assim como em Massangano e outras partes. Cartas que se congratulavam com Nzinga por uma precedente vitória sobre seu inimigo comum, com assinatura do

21. DIAS, "Sotomaior", *loc. cit.*
22. DELGADO, *op. cit.*, pp. 404-423.

Rei do Congo, Mani Ambuíla, e de seus dois filhos, bem como outras de Moenga Aquiluanji.

Entrementes, os portugueses estavam preocupados com sua posição. Sabiam que embora houvessem derrotado Nzinga nos recontros mais recentes, não a tinham dominado. Suas fugas e aparente invulnerabilidade davam mais credibilidade à pretensão dos Mbundos alegarem que a Rainha era imortal. Enquanto vivesse, continuaria a pôr em perigo a segurança política e econômica dos portugueses, manipulando astutamente a possibilidade de acesso ou não aos mercados de tráfico e enfraquecendo a lealdade dos vassalos africanos.

Mesmo "Ngola" Airi era suspeito, apesar de ter sido o responsável pela vitória numa importante batalha. Os portugueses eram bastante pragmáticos para compreender que seus triunfos passados se deviam ao apoio africano, um apoio duvidoso baseado nas circunstâncias. Tanto "Ngola" Airi quanto seu aliado sabiam que cada qual, por seu turno, utilizava o outro para seus próprios fins. A Rainha Nzinga era o inimigo comum e cada um deles queria exterminá-la por motivos diferentes. "Ngola" Airi pensara inicialmente que se tornaria um verdadeiro monarca com a derrota de Nzinga, mas o subseqüente tratamento a ele dispensado pelos portugueses o convenceu de que estes estavam determinados a mantê-lo como Rei somente de nome enquanto Nzinga estivesse viva. Uma vez eliminada a Rainha como a séria rival, a utilidade que ele tinha para os portugueses chegaria ao fim. Essa crescente consciência de sua posição insustentável foi o fator que o induziu a procurar uma saída de seu dilema, através da abdicação. Mas seus patrocinadores, com presentes e promessas, impediram-lhe de seguir esse caminho embaraçador, particularmente porque as possibilidades de outras deserções africanas e a ameaça holandesa constituíam problemas aflitivos para os portugueses.

Com essas considerações táticas predominantes, os portugueses tornaram a fazer propostas ao Jaga Kasanji (provavelmente Jaga Kasanji ka Kulashingo), que se aproveitara do envolvimento de seus inimigos nas guerras. O momento das propostas era não só propício pois o principal contendor do Jaga, Nzinga, atravessara diversos reveses recentes, mas como será mostrado mais adiante, o gambito tinha tanto a lógica quanto a aritmética a seu favor. Durante as ausências de Nzinga, o Jaga invadira várias vezes o Ndongo Oriental, apoderando-se de territórios e de butim. Na região ocidental, atacara e pilhara tanto os portugueses como os Mbundos, pilhando, roubando e saqueando com o seu enorme e poderoso exército. Seu apetite voraz e suas tendências marciais não eram absolutamente respeitadoras de pessoas ou de Estados. No Sudeste ele controlava o tráfico de escravos[23], e conseqüentemente estava em condições de extorquir importantes concessões, tais como recompensas materiais e territoriais, dos traficantes e dos portugueses.

O *baliwick* ou reino de Kasanje era extenso, e sua capital, com seus 300 000 habitantes, refletia provavelmente a considerável mistura de povos que caracterizavam seu Estado[24]. Adornando-se com roupas dispendiosas de seda e de linho, o pitoresco governante era pessoalmente protegido por arqueiros e espingardeiros que, juntamente com seus músicos e seus cortesãos, formavam um séquito impressionante[25]. Se Kasanje era um general e um político astuto, era ainda mais negociante visceral, pois controlava completamente o tráfico de escravos em seu reino, obrigando os pombeiros e seus agentes a tratar diretamente com ele nas feiras e, ocasionalmente, jogando um grupo contra outro. Sua receita para a diplomacia e o comércio: dividir, confundir, agir diplomaticamente e sorrir[26]. Militarmente, ele era formidável, tendo adquirido algumas armas de fogo e munições dos portugueses para um exército que, segundo estimativas, tinha 120 000 homens; e, sua posição política pode ser melhor descrita como um exército possuidor de um Estado. Seu domínio, adquirido pela força, cobria as regiões ribeirinhas do Cuanza e do Cuango, até Quimbundu e o Songo a leste[27]. Esses fatores aumentaram o número de seus seguidores diplomáticos e lhe deram um poder de manipulação política em grande parte desconhecido por outros chefes africanos. Se os portugueses pudessem realizar um pacto viável, Kasanje seria

23. GASTÃO SOUSA DIAS, *Ocupação de Angola: Exploração, Conquista e Povoamento*, Lisboa, Agência Geral das Colônias, 1944, p. 11. Também, CADORNEGA, I, *op. cit.*, p. 427, e HENRIQUE DIAS DE CARVALHO, *O Jagado de Cassange na Província de Angola*, Lisboa, Typographia de Cristovão, 1898, pp. 30-35.

24. CHILDS, *op. cit.*, p. 275. (Kasanje talvez fosse o Jaga Kasanje, ou parente dele, que ajudou os portugueses a derrotar Mbandi pouco antes de 1611. Subseqüentemente ele declinou a oferta dos portugueses para se estabelecer nos territórios conquistados, tendo consciência de suas limitações.) REBELO DE ARAGAS, *op. cit.*, e JAN VANSINA, More on the Invasions of Kongo and Angola by the Jaga and the Imbangala, *Journal of African History*, VII, 3, 1966, pp. 421-429.

25. CADORNEGA, III, *op. cit.*, p. 215.

26. O Professor Joseph C. Miller da Universidade de Virgínia efetuou numerosas pesquisas sobre Kasanje.

27. Essas conquistas incluíam uma grande parte do reino do Ndongo, 14 sobas da província de Bondo, uma parte de Matamba, as províncias de Ganguela, Songo e aquelas do Rei Mazumba Acalunda. Ver CHILDS, *op. cit.*, pp. 275-276.

132

um reforço fundamental para seus exércitos no sentido de conter os holandeses, Nzinga e a confederação Mani Ambuíla, que constituíam uma séria ameaça à retaguarda lusa[28].

Em 1647, os portugueses procuraram obter seu apoio e, em troca, prometeram dar-lhe auxílio militar contra o inimigo comum, a Rainha Nzinga, oferecendo-lhe o título de Capitão-General no exército de "Sua Mui Fiel Majestade, o Rei de Portugal". Sensibilizado pelas promessas melosas dos portugueses, o Jaga tornou-se aliado de Portugal. Kasanje tinha uma reivindicação histórica contra Matamba e ele talvez haja recebido ou julgou ter recebido algum tipo de garantia de que sua reivindicação seria legitimada.

A aliança foi outro grande golpe para o movimento de resistência africano; era visível agora que Portugal não iria nem conseguiria derrotar a África, mas que soldados africanos com farda portuguesa poderiam fazê-lo. O emprego de africanos para combater africanos era uma estratégia astuta que gratificou os colonizadores com dividendos consideráveis, apesar das incertezas que envolviam sua confiança e lealdade. Esta dependência militar, realçada durante o ataque holandês, mostrou de novo aos portugueses que havia necessidade urgente de uma força de defesa potente, regular, e confiável[29].

Nzinga passou logo ao campo de batalha. Exasperada com a captura de sua irmã, as graves perdas e a falta de auxílio de alguns chefes Mbundos que não a reconheciam como rainha, atacou e destruiu seus acampamentos de guerra e suas lavouras. A mensagem enviada a esses chefes Ndembos era bastante clara: aqueles que apoiassem os portugueses seriam por ela perseguidos sem piedade, e eliminados. A política da soberana era aumentar a insegurança de quem se predispusesse a auxiliar os portugueses, ilustrando as penalidades para tal cooperação. Ainda rija e ativa aos sessenta e cinco anos, a rainha prosseguia em sua campanha terrorista, atacando de tocaia os soldados portugueses e privando as casas e os campos de seus partidários, de servos e animais domésticos. Numa batalha, ocorrida em outubro de 1647, Nzinga e o comandante holandês, Cornelius Ouman, aniquilaram uma coluna portuguesa comandada por Gaspar Borges Madureira. Mais uma vez liderando forças Mbundo com 220 soldados holandeses sob a chefia do Major Symon Pieterszoon, em 1648, Nzinga massacrou um destacamento luso comandado por Manoel da Nóbrega, acampado em zona de

28. DIAS, "Sotomaior", *op. cit.*, p. 348.
29. CAVAZZI, III, *op. cit.*, p. 145. Também DIAS, *As Relações, op. cit.*, p. 88.

guerra de um vassalo africano, fazendo escravos os sobreviventes. Prosseguiu habilmente na sua marcha clandestina ao longo do Rio Cuanza, intensificando as manobras militares e terroristas, assim como o recrutamento de aliados e encerramento das atividades dos mercados de tráfico e das vias deste comércio, de tal forma que, em fins de 1648, o movimento de resistência novamente se reorganizara. Para efetuar a reorganização, Nzinga trabalhara incansavelmente, de acampamento em acampamento, dia após dia, usando de todos os recursos que podia dispor para tornar realidade sua meta suprema, a de um Ndongo unido.

Considerando o panorama de destruição, decadência e intimidação que cercava os Mbundos no Ndongo, os esforços de Nzinga para a reorganização de seus aliados foram extraordinários. Para alguns africanos, a escolha entre a agressão e a violência portuguesas e a cruzada de Nzinga era extremamente simples, ao passo que para outros, provavelmente, tratar-se-ia de uma escolha sinistra, constituída pela terrível reputação de Nzinga e pelas táticas terroristas, as quais paralisavam sua submissão a qualquer dos lados. Estes últimos eram pressionados a se aliarem a um dos lados, por vezes a ambos, ou eram eliminados. Caminhando centenas e possivelmente milhares de milhas ao longo do extenso Rio Cuanza em direção à densa floresta localizada no centro do Ndongo, ao ritmo de tambores e dos pés em marcha, Nzinga orquestrou as vozes africanas, iradas ou menos iradas, numa força disciplinada que a tinha por maestro.

Uma melhor coordenação com as forças militares de seus aliados, os holandeses e os congoleses, recompensou os esforços de Nzinga. Dos holandeses, acabara de receber cerca de 500 soldados e vários contingentes dos congoleses. Entrementes, seus aliados holandeses preparavam-se para atacar Massangano. O primeiro choque armado deu-se em Cavala. Forçados a se retirar frente ao número superior de tropas e à manutenção do ataque, os portugueses cedo repararam seu prestígio militar num combate próximo a Muxima, onde cerca de 200 portugueses e milhares de "soldados escravos" entrincheirados resistiram com sucesso a um intenso bombardeio holandês. Mesmo assim, os portugueses tiveram muitas dificuldades pela frente, pois Nzinga contava com o auxílio de 500 soldados brancos, as forças congolesas, e um grande número de soldados Mbundo--Jagas e seus chefes. O objetivo imediato de Nzinga, conhecido dos portugueses, era a destruição da fortaleza de Massangano e a libertação de suas irmãs.

O cenário estava preparado para a importante batalha de Massangano. Por sete anos, Nzinga liderara as forças aliadas

134

da resistência; sua coragem, sua aparente invencibilidade, seu zelo, tenacidade e fidelidade à sua causa, tornaram-na legendária nesta cidade, a segunda capital do Ndongo português, o segundo símbolo de resistência e poder europeus. A localização estratégica e seu papel na captura e no embarque de escravos resultou numa prosperidade que excitava a cobiça de africanos e holandeses. Os grupos rivais estavam decididos a combater até o amargo fim. Nzinga pensava que, tão logo caísse Massangano, seria meramente uma questão de tempo até que os portugueses fossem rechaçados para o Atlântico. Mas apesar de sua determinação em capturar a cidade, isto parecia ser ilusório e além das possibilidades. Preparando-se para a batalha, os portugueses destruíram todas as canoas existentes no Rio Lucala a fim de evitar o cruzamento das águas pelas forças de resistência. Dentro da cidade-fortaleza, Quifungi, aprisionada desde quando descobriram-na espionando, soube que Nzinga estava perto e, aparentemente, tentou subornar um dos guardas africanos para que lhe permitisse fugir[30]. Esse homem denunciou-a ao capitão em chefe, a quem ela repreendeu asperamente. O desfecho foi sua condenação como traidora e a pena de morte. Cavazzi afirma terem-na afogado no ponto mais profundo do Rio Cuanza[31]. A execução de Quifungi deve ter sido apressada pelo clima de assédio e de incerteza que envolvia Massangano; ela era por demais valiosa para que lhe fosse permitido chegar até Nzinga com as informações dos planos portugueses.

2. A Batalha Final de Massangano

No Rio Lucala, vinte e uma milhas a oeste de Massangano, a Rainha Nzinga liderou uma coalizão de tropas do Ndongo e do Congo, e seus aliados holandeses, em um ataque contra os portugueses e os derrotou esmagadoramente. Entre os numerosos mortos encontravam-se o capitão em chefe das forças inimigas e seu aliado africano, Fungi Amusungo. Entretanto, Nzinga e sua coalizão não se aproveitaram imediatamente desta vantagem, presumivelmente porque a destruição das canoas no

---

30. JOÃO MÁRIO DE AZEVEDO, *Jinga, Rainha de Matamba*, Braga, Gráficas Augusto Costa, 1949, p. 228. Esse livro é um relato semificcional da vida de Nzinga. Veja-se também DELGADO, II, *op. cit.*, p. 398, e RAVENSTEIN, *op. cit.*, pp. 170-175.

31. CAVAZZI, *op. cit.*, p. 82, e RAVENSTEIN, *loc. cit.*

Lucala lhes impediu de agir deste modo. Massangano, todavia, reforçou seus planos de defesa.

A batalha em defesa de Massangano recomeçou em fins de 1648. Nzinga e seus aliados congoleses-holandeses-Ndongo estavam decididos a infligir o *coup-de-grâce* ao sitiado exército português. Delgado descreveu o exército de Nzinga como uma força poderosa abrangendo todo seu poderio militar no Ndongo e os de seus aliados. Duzentos soldados holandeses prestavam ajuda a dois mil soldados africanos[32]. Do lado português, havia 140 soldados brancos e 10 000 africanos[33]. Apesar das forças de resistência excederem numericamente as do inimigo em cinco para um, Nzinga sentiu-se encorajada a se aproximar por ter observado fumaça sair da fortaleza, presumindo daí que um de seus espiões ou talvez um dos chefes irresponsáveis tivesse ateado fogo às palhoças do sítio. De fato, os portugueses mobilizaram todas as pessoas na fortaleza e atearam fogo em algumas das coberturas de palha das casas a fim de impedir que Nzinga utilizasse o fogo, que ela usara antes, contra eles, com grande sucesso. Nzinga e seu general, Nzinga Amona, restabelecido dos ferimentos recebidos em sua última batalha, depararam-se com uma violenta oposição portuguesa. Por três vezes, Nzinga e seus aliados atacaram; por três vezes foram rechaçados. Por fim, a superior potência de fogo dos portugueses obrigou-os a retirarem-se para as colinas de Mulundo Acaculo; seus aliados holandeses retrocederam até o Rio Lucala. O ataque tinha falhado.

Os portugueses aproveitaram-se de sua vitória enviando um contingente de 120 homens ao outro lado do Rio Lucala para atacar e castigar aqueles chefes rebeldes em Bango Bango, que haviam apoiado seus adversários. Nzinga porém, solicitou o auxílio militar dos holandeses em Luanda e de seus aliados congoleses; recebeu duzentos e vinte soldados holandeses para apoiar sua artilharia e, conduzida por Nzinga Amona com um amplo contingente de africanos, liquidou completamente as forças portuguesas em Conta Cabalanga. Cento e oitenta soldados inimigos foram mortos e os sobreviventes foram levados para Luanda.

Mais que qualquer outra batalha, Massangano simbolizou para Nzinga e seus aliados do Ndongo uma decisiva derrota, tanto psicológica quanto militar. Passado algum tempo, ela parecia representar algo mais do que um fator de aborrecimento, porém algo menos do que a insuperável ameaça que simbolizara na política

32. DIAS, *Os Portugueses, op. cit.*, p. 124.
33. DIAS, *Relações, op. cit.*, p. 70.

do Ndongo, cujo capítulo final, para todos os objetivos práticos, acabara de ser escrito por seu adversário europeu, revelando uma notável tenacidade sob condições adversas. Militar e politicamente, Massangano foi o arauto de um Ndongo independente sob a dominação portuguesa. Parece também que este apogeu militar afetou positivamente a expansão controlada e estruturada e o desenvolvimento do domínio de Matamba, um reino suficientemente poderoso para resistir aos assaltos lusos, na medida em que crescia aí a consolidação africana.

No entanto, apesar dos reveses anteriores e posteriores a Massangano, Nzinga parecia propensa a continuar seus incessantes ataques de guerrilha, embora muitos Mbundos parecessem estar igualmente determinados a neles não persistirem. Talvez, em nenhum outro lugar tenha ficado ilustrado de forma mais convincente a incapacidade de Nzinga em conduzir mais de 2 000 soldados no campo de batalha do que em Massangano, quando enfrentara seus adversários que representavam, em número, um quinto de seus homens. É provável que os laços comunitários, os vínculos morais que tinham alimentado sua fama legendária e sua tradicional autoridade entre os chefes estivessem diminuindo; qualquer que fosse a lealdade nacionalista que Nzinga pudesse alcançar no Ndongo se reduzira a uma ideologia individualista ou grupal, presumivelmente intimidada pelo trauma psíquico do poder de fogo dos portugueses. Por fim, sua política suicida em forçar os soldados a combater até o amargo fim, independente de considerações táticas, desperdiçou de forma imprudente um insubstituível reservatório de guerreiros experientes. Conseqüentemente, os escassos recursos humanos, combinados ao êxodo desconcertante para as Américas, estavam tornando inadequada a manutenção do movimento.

O recuo das forças de resistência em Massangano foi um fator importante na vida e no modo de pensar de Nzinga. Ela não foi subjugada e manteve-se decidida a cotinuar a luta apesar da diminuição do efetivo e da crescente dependência no apoio internacional; começara a avaliar as forças comparativas dos deuses africanos e europeus, admitindo que possivelmente o "deus dos brancos" era mais forte que o seu próprio deus; eventualmente, começou a prestar atenção aos convincentes argumentos de um dos sacerdotes prisioneiros[34], embora rejeitando suas sugestões de converter-se outra vez, porque seus partidários se ressentiriam com isso. Pensando que ela os forçaria a se converterem à nova religião, algumas destas pessoas orga-

---

34. Capturado durante o ataque em Wandu.

nizaram uma resistência tanto dissimulada quanto manifesta contra Nzinga por esse motivo[35].

35. CUVELIER, *op. cit.*, p. 111.

8. O DECLÍNIO DO NDONGO

1. Brasil e Angola: Ação e Reação

Por volta de 1640 quase a metade do Nordeste do Brasil e menos que a metade do Ndongo Ocidental eram dominados pelos holandeses[1]. Na África, o tráfico de escravos debilitara o desenvolvimento econômico, enquanto que no Brasil, ele o promovera. O tráfico proveniente da África tornara-se tão lucrativo e o custo em esforço, mão-de-obra e capital era tão pequeno que todos os esforços para desen-

---

1. Para relatórios adicionais sobre o envolvimento dos holandeses, veja-se C. R. BOXER, *The Dutch Seaborne Empire, 1600-1800*. New York, Knopf and Company, 1965, pp. 21-45, e também sua obra *The Dutch in Brazil, 1624-1654*. Londres, Oxford University Press, 1969.

volver uma economia de base mais ampla em Angola foram subvertidos pelos traficantes e seus aliados africanos. Em algumas regiões, a demanda africana para bens de consumo europeus e brasileiros era uma das principais forças econômicas que mantinha o tráfico de escravos. Por outro lado, as sociedades mercantis e comerciais internacionais (predominantemente portuguesas) de Luanda, Benguela e Massangano, dependiam dos fazendeiros no Brasil. O Brasil, na qualidade de colônia mantida através dos escravos, não poderia sobreviver sem fornecimentos regulares e adequados de escravos africanos. Embora o índice de mortalidade durante a travessia do Atlântico fosse elevado, cerca de 30%, os traficantes de escravos portugueses eram notáveis pela eficiência deste transporte. Afirmava-se que lavavam diariamente os tombadilhos dos navios com vinagre, e preparavam refeições quentes com feijão, milho, peixe seco e azeite de dendê[2]. Entretanto, qualquer que seja a fama de caridosos que possam ter adquirido nas rotas do Atlântico, perderam-na nas plantações brasileiras onde ganharam a reputação de "brutais disciplinadores"[3].

A disciplina era mantida com tal severidade que freqüentemente degenerava em crueldade sádica onde estava envolvido uso de castigo corporal. Alguns fazendeiros "por ofensas insignificantes lançavam seus escravos em fornalhas, ou os matavam de várias maneiras bárbaras e desumanas". Esses excessos de sadismo eram naturalmente evitados nas plantações melhor administradas, nas quais o castigo reconhecido "não era surrá-los com uma vara, nem lançar-lhes pedras e telhas, mas quando um escravo merece tal, atá-lo a um carroça e açoitá-lo. Depois de açoitado, seria picado com uma navalha ou uma faca afiada, e as feridas esfregadas com sal, suco de limão, e vinho, após o que ele seria acorrentado por alguns dias".

O aumento de colônias de escravos fugitivos foi em grande escala conseqüência dos barbarismos cometidos nas plantações no Brasil e da sede de liberdade dos africanos.

Esses quilombos, nome pelo qual eram conhecidas as colônias de fugitivos, conseguiram baluartes em Minas Gerais, Bahia e Pernambuco. A mais expressiva destas rebeliões de escravos foi constatada na Capitania de Pernambuco, o Quilombo de Palmares que, em seu apogeu, abrigou vinte mil africanos fugitivos. Na realidade, Palmares foi uma República cujas aldeias eram guarnecidas por soldados negros[4]. O milho, a mandioca,

2. BOXER, *Salvador de Sá, op. cit.*, p. 232.

3. C. R. BOXER, *The Golden Age of Brazil, 1695-1750*. Berkeley, University of California Press, 1969, p. 8, e também GLASGOW, *op. cit.*

4. Alguns dos estudos importantes sobre Palmares são: EDISON CARNEIRO, *O Quilombo dos Palmares*, Rio de Janeiro, Editora Civili-

140

a tecitura de cestos e a criação de gado, entre outras atividades econômicas africanas tradicionais eram aí empreendidas.

Palmares foi criado por volta de 1603, e sobreviveu a muitos ataques portugueses e holandeses até que foi destruído em 1697 por um contingente especialmente treinado de paulistas e mamelucos. O impulso inicial para seu estabelecimento parece ter se originado com os Bantos, povo proveniente de Angola. Muitos escravos angolanos eram embarcados para Pernambuco, Bahia e Rio de Janeiro, em especial para Pernambuco, particularmente durante o fim do século XVI e o início do século XVII[5]. Alguns chefes recalcitrantes eram banidos para o Brasil[6]. Sabendo que muitos dos Bantos eram embarcados para Pernambuco durante o início do século XVII, parece ser razoável supor que muitos deles pudessem ter sido aliados ou partidários de Nzinga, ou que, esporadicamente, tivessem ouvido falar de sua fama. Se tal fosse o caso, isto nos forneceria uma importante explicação para a persistência da imagem de Nzinga no Nordeste do Brasil, e, possivelmente, para parte da resistência afro-brasileira em certas regiões.

Como indicado acima, Palmares foi a expressão mais pura da resistência africana (leia-se angolana) no Brasil. Identificável como angolana na origem, estrutura e governo[7], sua formação (Palmares) "pôde apontar com precisão a entrada e a distribuição dos primeiros negros de Angola, particularmente os Jagas, em Alagoas e Pernambuco"[8]. Esses angolanos trouxeram sua língua, cultura e forma de governo a Palmares. A

zação Brasileira, 1966; ERNESTO ENNES, *As Guerras nos Palmares: Subsídios para a sua História*, São Paulo, Companhia Editora Nacional, 1938; LEDA MARIA DE ALBUQUERQUE, *Zumbi dos Palmares*, Rio de Janeiro, Companhia Editora Leitora, 1944 e DUVITILIANO RAMOS, A Posse Útil da Terra entre os Quilombolas, *Estudos Sociais*, I, n. 3-4 (set.-dez. de 1958), pp. 393-398.

5. PIERRE VERGER, *Bahia and the West African Slave Trade 1549-1851*, Ibadan, Ibadan University Press, 1964, pp. 3-5.

6. Tais como os poderosos subchefes de Kasanje de Ensaka de Cassange, e Kabuku, Ngole a Kaita, Ndambi Ngonga e Kiteshi Kandambi. Os funcionários portugueses em Angola deploravam as deportações, temendo que os chefes liderassem ali rebeliões contra o domínio português. Ver BRASIO, VII, *op. cit.*, pp. 17-24, A.H.U., Angola, caixa 2, e CADORNEGA, II, *op. cit.*, pp. 150-158.

7. CARNEIRO, *op. cit.*, pp. 10-22, descreve Palmares como um estado descentralizado governado por reis africanos.

8. MÁRIO M. DE FREITAS, *Reino Negro de Palmares*, Rio de Janeiro, Biblioteca do Exército, 1944, pp. 264-278; NINA RODRIGUES, *Os Africanos no Brasil*, 3. ed., São Paulo, Companhia Editora Nacional, 1945, pp. 109-143; *Proposta a sua Majestade Sobre a Escravaria das Terras da Conquista de Portugal*, fólio 147, e ENNES, *op. cit.* De modo

área central do quilombo era onde o Rei, Ganga-Zambi, recebia seus hóspedes; esse local era idêntico à corte do rei (ou da Rainha) em Angola[9]. Igualmente, tanto no Brasil como na África, seus quilombos eram situados no interior de densas florestas, próximos a escarpas (*pungos*) e penhascos íngremes que proporcionavam uma vista panorâmica da região. Frente as realidades estratégicas esses observatórios rochosos serviam como linha avançada de defesa pela possibilidade que forneciam de assinalar a aproximação de um inimigo. Em resumo, Palmares era uma república africana no Brasil[10], que, de acordo com Aderbal Jurema, "era um transplante de cultura africana... possuindo todas as características de um verdadeiro estado africano... agricultura africana, organização política nativa, uma polícia e uma rede de defesa bem organizadas e técnicas de cultivo da terra"[11].

A evolução e o desenvolvimento de Palmares representou não uma rejeição dos africanos ao papel de escravos, mas também uma ameaça constante em potencial, assim como uma considerável perda de investimento para os proprietários de plantações. Seis anos de luta contínua durante a década de 1640 quase mutilou a agricultura em Alagoas (Pernambuco) e, presumivelmente, afetou a demanda de escravos, e o nível das hostilidades, em Angola. Isso pode não ser tão forçado como parece, considerando a natureza integrada e complementar de ambas as economias e a inexorável tendência destas e dos eventos, em agir e reagir entre si.

Um exemplo característico é o redemoinho de violência criado por Palmares, cujo vórtice traiçoeiro tragou igualmente africanos, holandeses, portugueses e índios, e cujas raízes podem ser parcialmente localizadas em Angola. Ao traçar a ligação e

---

inverso, Rocha Pitta afirma que quarenta negros da Guiné formaram o primeiro quilombo, asserção essa que está em conflito com pontos de vista de vários autores mencionados nesta seção. Veja-se a obra de SEBASTIANO DA ROCHA PITTA, *História da América Portugueza*, Bahia, Imprensa Econômica, 1878, pp. 324-325.

9. Muitas palavras jagas, por demais numerosas para serem mencionadas aqui, foram aportuguesadas no Brasil, tais como *kilombo* (quilombo), *mukambo* (mocambo), *samba* e *Ganga-Zumba*, palavra kimbundu para Grande Senhor. Ver R. K. KENT, Palmares: an African State in Brazil, *Journal of African History*, VI, n. 2, 1965, pp. 161-175; RENATO MENDONÇA, *A Influência Africana no Português do Brasil*, 1. ed., Rio de Janeiro, 1933.

10. KENT, *ibid.*

11. ADERBAL JUREMA, *Insurreições Negras no Brasil*, Recife, Edições da Casa Mozart, 1935, p. 39.

a continuidade da violência Mbundo-Jaga no Brasil e sua possível influência, pode-se propor algumas questões. Persistiram os escravos angolanos com seus atos de violência em Palmares, tanto quanto em outras partes do Brasil? Qual, se é que houve algum, foi o papel indireto de Nzinga na sua persistência tática e tenacidade? Em primeiro lugar, visto que os negros não escolheram a escravização, é razoável supor que alguns, muitos ou todos resistiram à ela, e estavam tão aterrorizados pelas perspectivas incertas que tinham pela frente, que muitos deles prefeririam atirar-se ao mar[12]. Pelo fato de muitos deles terem sido aprisionados e traumatizados pelas lutas em Angola, a resistência perdurava durante a captura, o embarque, a chegada e o cativeiro nas Américas[13].

2. As Rotas Atlânticas dos Escravos para o Brasil

O constante receio de insurreições agitou os portugueses no Brasil[14], assim como os governadores de ambos os lados do Atlântico que tiveram momentos de pesadelo quanto à possibilidade de revoltas de escravos, particularmente em situações em que os brancos representavam uma minoria ou quase uma minoria, como acontecia no Brasil. Conseqüentemente, a intensidade da brutalidade dos fazendeiros era usualmente uma função da aritmética demográfica da situação. Quando os subchefes de Kasanje foram deportados para o Brasil em 1622, o governador foi informado do potencial de rebelião deles, particularmente quanto à liderança de revoltas de escravos, e recomendou com insistência que se mandasse de volta para Angola aqueles que o desejassem[15]. O acima citado sugere que os angolanos poderiam ter tido então uma reputação revolucionária no Brasil.

Freitas diminui de certo modo a proporção desses eventos, argumentando que os Jagas foram os instigadores e os líderes da revolta que induziu ao estabelecimento de Palmares[16].

12. BOWSER, *op. cit.*, p. 48, e MANNIX, *op. cit.*

13. Artigo lido pelo Professor John Henrik Clarke na Conferência Internacional Marcus Garvey, Universidade das Índias Ocidentais, Mona, Jamaica, em janeiro de 1973.

14. RONALD CHILCOTE (org.), "Protest and Resistance in Brazil and Portuguese Africa: A Synthesis and Classification", *op. cit.*, pp. 249-260.

15. Veja-se a nota 6, p. 141.

16. DE FREITAS, *op. cit.*, p. 95.

143

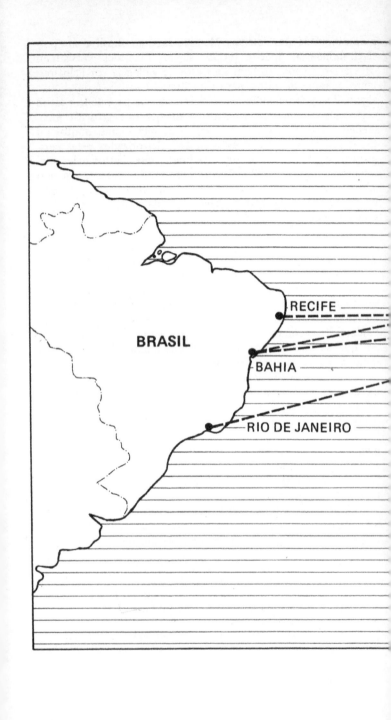

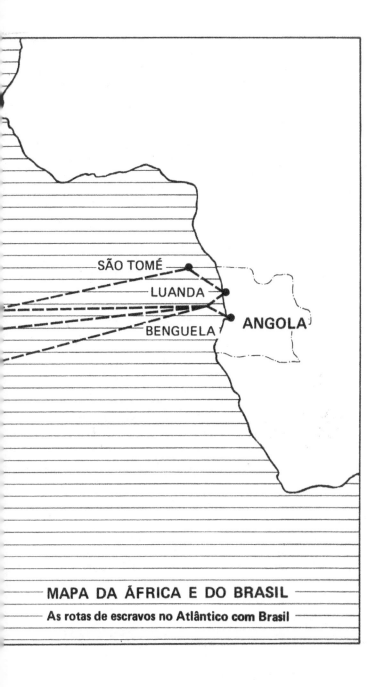

MAPA DA ÁFRICA E DO BRASIL
As rotas de escravos no Atlântico com Brasil

Alega ainda que o espírito de Nzinga acompanhava os "escravos trazidos a Pernambuco e a Minas Gerais"[17]. Considerando que Nzinga foi o símbolo da resistência angolana durante cerca de dois terços do século XVII, e considerando que o embarque forçado de escravos angolanos de Luanda, particularmente Jagas, era tão contumaz e violento, parece que uma certa resistência Mbundo-Jaga, influenciada pela memória de Nzinga, poderia ter sido importada para Pernambuco e outras regiões do Brasil, e possivelmente para as Américas. O Professor Luís da Câmara Cascudo, um dos mais importantes autores do Brasil, declara que o caráter e a imagem de Nzinga afetaram, de alguma forma, os "padrões de vida e os distúrbios de guerrilha" no Nordeste... "pois os escravos angolanos trouxeram consigo a odisséia guerreira da rainha negra de Matamba"[18]. Quase um século mais tarde (por volta de 1840), dois viajantes estrangeiros no Brasil observaram o costume dos escravos de eleger um Rei do Congo e uma Rainha Xinga (Nzinga ou Jinga) com sua corte[19].

Se as táticas de guerrilha de Nzinga influenciaram diretamente os palmaristas, os dados documentais conhecidos são ínfimos, mas sua estratégia de combate sugere uma certa analogia com a praticada pelos Mbundos em Angola. Os princípios de rápida mobilidade, combate breve e ataques de surpresa, estavam razoavelmente bem estabelecidos no Brasil. Antes de 1684, a escaramuça mais longa (em 1647) durou sete horas[20]. Parece plausível sugerir que essas táticas, tão admiravelmente convenientes às vastas áreas florestais do Nordeste brasileiro, possam ter contribuído para a longevidade do movimento em quase cem anos, ao mesmo tempo que fizeram exigências adicionais, e que extenuaram os recursos de um exército português já subnutrido e empobrecido em Angola e outras partes do império português.

Portugal, incapaz de conter a violência em suas duas colônias, e incapaz de estabelecer sua hègemonia comercial em Angola, gradualmente cedeu mais e mais o controle político e econômico aos interesses brasileiros. Esse argumento não pretende afirmar que a incapacidade de Portugal em derrotar as forças de resistência sem o auxílio brasileiro fosse o único

17. *Ibid.*

18. LUÍS DA CÂMARA CASCUDO, *Made in Africa (Pesquisas e Notas)*, Rio de Janeiro, Editora Civilização Brasileira, 1965, p. 32.

19. *Ibid.*, p. 31, referência a J. B. VON SPIX e C. F. P. VON MARTIUS, *Viagem Pelo Brasil*, Rio de Janeiro, Imprensa Nacional, 1938.

20. CARNEIRO, *op. cit.*

fator responsável pelo declínio de seu poder e de sua influência no Brasil e em Angola. Deduzimos, de preferência, que houve uma inevitabilidade dinâmica de ordem geográfica, demográfica, econômica e cultural ao redor da ascendência dos interesses brasileiros em Angola, que foi alimentada, mantida e executada pela semelhança geográfica, pelos interesses mútuos e forças econômicas complementares. Homem e natureza determinaram a orientação econômica do Ndongo, uma orientação canalizada de modo a servir aos interesses comerciais daqueles que residiam além de suas fronteiras.

Em fins do século XVII e depois, um número crescente de governadores e funcionários públicos deixou a Bahia, ao invés de Lisboa, para preencher posições na África, pois os interesses que estavam em desenvolvimento em Luanda eram brasileiros e não basicamente portugueses. A administração pública deteriorara-se e estava se tornando caótica. Dava-se menor ênfase à conversão religiosa enquanto se dava maior ênfase aos lucros. Era o início da subordinação dos interesses portugueses e da ascendência do poder administrativo, comercial e econômico do Brasil. Até mesmo o alimento consumido em Angola era importado do Brasil[21]. Considerando que a sede do poder se deslocara ou que gradualmente vinha-se deslocando para a colônia irmã, não foi surpresa que Salvador Correa de Sá, um carioca, restaurador do poderio português em Angola, organizasse uma expedição no Brasil, para a reconquista do Ndongo. No Rio de Janeiro, Correa de Sá organizou um contingente de baianos, paulistas, e índios, sendo que os últimos foram selecionados por sua suposta capacidade de adaptação a condições semelhantes na África e por seu conhecimento de combate na floresta virgem.

A repentina chegada da expedição em Luanda pôs em fuga dois navios holandeses, com cinqüenta soldados a bordo. Correa de Sá enviou um *ultimatum* ao governador holandês, exigindo sua rendição. Amenizou sua exigência garantindo a seu oponente uma capitulação honrosa, porém o astucioso holandês pediu oito dias para considerar a solicitação. Os portugueses concederam-lhe somente dois dias. Como o holandês recusou-se a capitular decidindo recomeçar a luta, Correa de Sá ordenou um ataque geral, e na encarniçada batalha que se seguiu, sofreu a perda de 163 homens, mortos e feridos[22].

21. F. CLEMENT EGERTON, *Angola in Perspective*, Londres, Routledge and Kegan Paul, 1957, p. 50. Veja-se também JAMES DUFFY, *Portuguese Africa*, Cambridge, Harvard University Press, 1959, p. 45, e também NOGUEIRA, *op. cit.*, pp. 22-31.

22. MONTEIRO, I, *op. cit.*, p. 141; A. DA SILVA REGO, *op. cit.*

Os defensores não tinham consciência das severas perdas sofridas pelos portugueses e receando um novo ataque, precipitadamente levantaram uma bandeira branca e enviaram emissários para tratarem dos termos da capitulação. Só perceberam, os holandeses, que tinham cometido um grave erro de cálculo, por ocasião da abertura dos portões, em 15 de agosto de 1648, quando os 1 100 holandeses, alemães e franceses, com igual número de africanos, foram surpreendidos pelo pequeno tamanho das forças portuguesas, arrependendo-se então de sua decisão impetuosa. Ao vencedor, o fato deve ter parecido uma dádiva divina. A sorte revitalizou seus espíritos, pois uma vez mais os portugueses tiraram proveito dos erros de seus inimigos.

A derrota de seus aliados foi outro sério golpe para Nzinga e grande foi seu desapontamento e cólera, pois que esta simbolizou seu malogro em manter o equilíbrio do poder no Ndongo. Anos de paciente diplomacia e sistemática construção de uma tríplice aliança tinham sido, aparentemente, levados pelo vento. Mas se a derrota militar enfraqueceu o espírito dos soldados remanescentes do Congo-Ndongo, pareceu inflamar uma vez mais os instintos marciais da soberana, pois começou a contatar os chefes a fim de infundir nova vida as suas milícias extenuadas e exauridas. A calmaria temporária da luta seguida ao desastre trouxe renovados contatos diplomáticos portugueses com Nzinga e, em seu pátio real, recebeu a primeira de várias missões diplomáticas que vieram para negociar uma paz honrosa. Meticulosa com respeito às delicadezas diplomáticas, Nzinga aceitou os presentes dispendiosos e duas cartas, uma do Rei de Portugal e a outra do novo governador. Mas, embora estivesse desejosa de negociar, era extremamente desconfiada dos brancos, em grande parte porque haviam falhado na implementação do tratado de 1622, dirigido aos problemas diplomáticos e geopolíticos básicos da soberania Mbundo. Já que o tratado atribuía grande importância à soberania territorial e política Mbundo (veja-se o Cap. 4, para detalhes), era uma espécie de Magna Carta dos direitos nacionais Mbundos cuja não-implementação desgastara a credibilidade portuguesa e precipitara a continuação da violência que arruinara a nação. Tudo fazia crer aos africanos que a marca da civilização européia era sinônimo de pilhagem, incêndio, roubo, tortura, assassinatos e destruição. Eram portanto "civilizadores" sanguinários e falsos. Era difícil, senão impossível, ser totalmente sinceros com eles.

Depois de dispensados os preliminares ritualísticos da diplomacia, a soberana delineou sua posição. A principal exigência de Nzinga ao embaixador foi a retirada das forças portuguesas de Mbaka e a apresentação de desculpas pelos atos

148

agressivos dos governadores precedentes. O embaixador argumentou que se Nzinga abjurasse de sua religião e se convertesse ao "deus verdadeiro", eles lhe forneceriam soldados e armas e lhe dariam apoio em sua reivindicação dos territórios perdidos, e fariam "Ngola" Airi seu vassalo. Essa oferta incluía também aquela parte do Ndongo Oriental que fora ocupada por Jaga Kasanje, seu aliado não confiável. Um passo na direção certa, afirmavam eles, teria sido a escolha de uma capital permanente para a Rainha, onde residisse, permitindo a entrada de sacerdotes e garantindo-lhes salvo-conduto. Independentemente das garantias acima, o embaixador português prometeu negociar o retorno de sua irmã em troca de uns poucos escravos. As condições estavam de conformidade com os desejos de ambas as partes e o embaixador voltou a Luanda onde comunicou-se com o governador que, imediatamente, procurou executar os detalhes finais do acordo[23].

O tratado com o embaixador português, Dom Rui Pegado, foi assinado em 10 de dezembro de 1650, vinte e oito anos depois de Nzinga ter assinado o primeiro tratado em Luanda. Aquele tratado nunca havia sido implementado e, presumivelmente, Nzinga considerou que também este de 1650 sofreria o mesmo destino. As experiências passadas tinham-na tornado desconfiada de acordos e tratados negociados com os portugueses. O tratado de 1622, incorporando um inventário de seus reclamos, foi um dos pontos de atrito. Sua diplomacia pessoal em Luanda, e a política de pacificação não satisfizeram seus adversários. E assim, sem testar ulteriormente a boa fé dos portugueses, a velha soberana de 68 anos de idade, em consulta a seus ministros, decidiu vingar-se daqueles chefes, vassalos dos portugueses, e iniciar a reconquista de partes de seu reino, particularmente as regiões mais orientais.

De novo, aparentemente, a frustração alimentou as tendências belicistas da soberana, que agora começava a traduzi-las em política, um passo aparentemente imprudente considerando o equilíbrio do poder no Ndongo e o panorama de desespero, destruição e morte, aí existente. Cercada por seus constantes (ou ameaçadores) companheiros de devastação e ruína, a Rainha Nzinga começou reconstruindo suas alianças no Ndongo Oriental a fim de melhorar seu preparo militar e, possivelmente, sua posição futura de negociação. É sempre atraente para o historiador poder beneficiar-se da visão do passado, questionar esta ou aquela ação de mulheres e homens que ornamentam as páginas da história, e a pergunta que ora levantamos é se uma

23. CAVAZZI, *op. cit.*, p. 88.

significativa trégua teria sido de interesse para Nzinga nesta fase dos acontecimentos, considerando a distribuição de forças militares portuguesas e africanas e os recursos de que ela dispunha. Como seu movimento de resistência fora alimentado internamente com doações locais de recrutas, os quais diminuíram drasticamente devido aos combates incessantes, aos efeitos corrosivos da exportação de escravos e à devastação causada pela varíola[24], poder-se-ia argumentar que uma reaproximação imediata com os portugueses seria de seu maior interesse, em vez da continuação do conflito.

Por outro lado, Nzinga estava lutando por sua terra, por sua nação, por sua própria existência, cuja preservação exigia medidas desesperadas. Como artífice do movimento de resistência, ou do que dele restara, procurar uma trégua teria significado legalizar o *status quo* e não corrigi-lo. Entretanto, parece que havia uma terceira opção: a cuidadosa e clandestina reconstrução de alianças e de forças que estavam adormecidas há um longo período. Tal passo teria diminuído a vulnerabilidade de Nzinga. Considerando, todavia, as exigências de sua posição, esperar até que tudo e todos estivessem prontos seria provavelmente esperar até que fosse de todo tarde demais, pois, na vida, nunca se tem certeza de nada.

Nzinga recebeu uma carta enérgica do governador condenando suas atividades e relembrando-lhe as promessas anteriores que, se tivessem sido honradas, teriam significado com efeito a sanção dos Mbundos aos anteriores atos de agressão portuguesa. Especificamente, o governador reiterou a necessidade de uma paz longa e honrosa entre ambas as partes auxiliando-se reciprocamente. A nota mencionava também uma mudança na localização de sua capital. Agora ela poderia construí-la onde desejasse, contanto que protegesse os sacerdotes e lhes permitisse entrar na cidade e aí construir igrejas.

Nzinga devia trilhar por um caminho cauteloso entre seus seguidores e conselheiros. Recebera muitas notas diplomáticas do governador, todas elas enfatizando a necessidade de conversão à "verdadeira fé". Parece que a idosa soberana estava tentada, não só a restabelecer a "verdadeira fé" em seu reino, mas também a converter seus seguidores. A 5 de junho de 1651, um capuchinho, Padre Seraphinus, registrou que Nzinga

---

24. BOXER, *Golden Age, op. cit.*, p. 4, de Manuel Fernandes, S. J. (o confessor real), "Voto sobre as vexações que se fazem aos negros de Angola", MS de ca. 1670 in BA., Cod. 50-V-39, tomo V, doc. 24, fls. 40-41; Consulta do Conselho de Além-Mar, 9 de setembro de 1973, A.H.U., "Consultas Mistas", Cod. 17, fls. 122-124.

150

escrevera-lhe dizendo desejar converter o seu povo[25]. O sacerdote poderia ter sido otimista demais porque era evidente que a influência da doutrina estrangeira em impor sua cultura e domínio já havia polarizado muitos dos conselheiros de Nzinga. Alguns estavam desconfiados da última oferta do governador e não queriam qualquer reforma que pudesse enfraquecer suas tradições. Outro grupo de ministros admoestou contra uma hostilização grosseira ao governador, e aconselhou uma resposta ambígua e diplomática às solicitações. A resposta da soberana à carta do governador foi redigida segundo esse conselho, pois ela declarava não ser absolutamente sua intenção impedir os justos anseios dos portugueses e que desejava viver em paz com eles. Mais cedo ou mais tarde, afirmava, consentiria em ser convertida.

De tempos em tempos, embaixadores portugueses e mensageiros diplomáticos do governador chegavam à corte de Nzinga para discutirem várias questões, especialmente a que dizia respeito à paz. Nzinga recebeu muitas ofertas tentadoras e secretas de auxílio militar, outras de presentes dispendiosos e lisonjeiros. Todas elas foram feitas com reiterados apelos por sua conversão e por uma mudança de seus sentimentos para com os portugueses. Rejeitando essas propostas, Nzinga continuou a combater as forças lusas no interior apesar de ter perdido o apoio de um de seus aliados, o Rei do Congo, quando este assinou um repressivo tratado de paz com seus inimigos.

Por este acordo o rei concordou em pagar as reparações no valor de 900 cestadas de fibra de palmeira que valiam 1 000 escravos; concordou com um pacto de mútua defesa com uma cláusula em que os portugueses não iriam lhe dar auxílio em sua guerra com a província de Songo; concordou em permitir aos brancos que construíssem fortalezas no estuário do Rio Congo; em reconhecer a soberania lusa ao sul do Rio Dande; e em ceder minas de ouro e prata no Congo e transferir-lhes a Ilha de Luanda, de onde o Rei Garcia II Afonso do Congo obtinha sua moeda corrente, e seus locais de pesca *nzimbu* aos portugueses, como garantia pelas minas[26]. Subseqüentemente, o Rei de Portugal, percebendo que seus governadores foram injustos em seu modo de tratar com os africanos, atenuou os termos do tratado, observando que os funcionários da Coroa

---

25. CUVELIER, *op. cit.*, pp. 120-121, e CADORNEGA, *op. cit.*, pp. 80-110.

26. DELGADO, II, *op. cit.*, p. 304; PAIVA MANSO, *op. cit.*, e FELNER, *op. cit.*, p. 177. Felner observa que a entrega da ilha equivalia ao confisco do tesouro do Rei, isto é, das finanças do país.

151

deveriam "tratar aqueles pagãos e o Rei do Congo com a maior clemência"[27].

Lenta porém seguramente, os aliados de Nzinga haviam sido derrotados, mas ela sobrevivera e estava determinada a continuar a luta. Como seqüência lógica, Nzinga procurou secretamente e iniciou negociações com um dos mais poderosos aliados africanos de Portugal, Jaga Kabuku Kandonga, e seu general, Jaga Kalanda, para conseguir auxílio armado contra os portugueses e uma confederação de suas respectivas nações. Se a Rainha fizesse uma aliança com Kandonga, seus oponentes poderiam ser colocados na defensiva militar. Mas ocorriam fatos que cedo fariam abortar a estratégia de Nzinga. As negociações estavam evoluindo quando Nzinga recebeu de Luanda um mensageiro em missão de paz solicitando, entre outras coisas, a regularização do tráfico de escravos. Nzinga estava ansiosa por retribuir afirmativamente, somente porque desejava a devolução de sua irmã aprisionada. O tráfico poderia ser a alavanca da libertação de Mocambo.

Simultaneamente, o governador recebeu informações, em 1653, de fonte desconhecida, sobre os contatos secretos entre seu vassalo Kandonga e Nzinga. Estava decidido a impedir tal aliança e a punir seus instigadores. Segundo as instruções do Conselho Municipal, o capitão em chefe, Diogo Gomes Moralles, partiu para o interior a fim de convidar Kabuku Kandonga, sua corte e Kalanda, para discutir assuntos "urgentes" de interesse comum em Luanda. Desconfiado, o General Kalanda ignorou o convite, declarando não poder abandonar seu acampamento de guerra. Kandonga, entretanto, aceitou.

Em Luanda, Kabuku Kandonga constatou ter sido acusado de traição, depois de haver desfrutado de muitos anos de proteção imperial. O astuto Jaga dera não só os detalhes das horas, dias e locais onde Kandonga se encontrara com os representantes da Rainha, mas também relatara os assuntos principais que foram discutidos durante esses encontros. Kandonga resolveu blefar para conseguir uma saída e rapidamente recorreu a ofensiva, citando um inatacável relatório de auxílio aos portugueses. Dominando a sessão, Kandonga atribuiu todas

---

27. CADORNEGA, III, *op. cit.*, p. 34; BIRMINGHAM, *op. cit.*, p. 112, citados de: Arquivos de Angola, série 11, v. 11, pp. 169-189. O tratado punitivo imposto a Garcia II pode ter sido também influenciado por sua posição autônoma sobre as missões católicas naquela nação, pois que ele solicitou três bispados diretamente de Roma e convidou sacerdotes espanhóis a irem para o Congo. Ver JOSÉ ANTÔNIO DE MELLO, *João Fernandes Vieira*, v. II, Recife, Universidade de Recife, 1956, pp. 170-174 e BALANDIER, *op. cit.*, p. 74.

tendências supostamente subversivas a Jaga Kalanda, que estava, conforme apontou a seus juízes, significativamente ausente. A ausência de Kalanda, continuou, indicava seu envolvimento na suposta conspiração, ao passo que a sua (de Kandonga) mera presença em Luanda era uma prova positiva de sua consciência isenta de culpa; de que viera para discutir assuntos importantes. Os portugueses não deram crédito a sua estória; no entanto, o governador resolveu perdoá-lo aparentemente porque as precedentes incursões lusas em seu território foram suficientemente punitivas[28]. Referia-se a um incidente durante o qual seu capitão em chefe se introduzira na região de Libolo, ateara fogo no principal acampamento militar, destruíra suas granjas e confiscara seus bens. Esse ataque fora não somente acidental mas também o produto, não de comando, mas de gozo de pilhagem das tropas portuguesas sobre os africanos. O chefe, surpreso quando o governador lhe ofereceu uma almofada sem especificar outras punições, interpretou o ato de perdão não como um sinal de fraqueza, mas como um gesto de generosidade; tais atitudes valeram aos portugueses uma certa simpatia entre os Mbundos.

Em 1654, a Rainha Nzinga renovou os contatos diplomáticos com os portugueses com a chegada, em Luanda, do novo governador, Luís Martins de Sousa Chichorro. Supondo que esse poderia ser o momento propício para obtenção da liberdade de sua irmã, Nzinga enviou rapidamente seu embaixador a Luanda, onde fez a entrega de uma carta ao governador em 5 de outubro de 1654, durante a cerimônia de sua posse. Nesta carta, Nzinga expressara a esperança pelo desenvolvimento de melhores relações entre os dois povos e solicitava a restituição de sua irmã, que era prisioneira de guerra há nove anos. Enviara também, ao governador, um presente de dez escravos[29]. Nzinga, profundamente afeiçoada a sua irmã mais moça, sentia-se agora bastante velha, e não seria de admirar se pensasse em não voltar mais a ver Mocambo; durante a detenção de Mocambo, Nzinga fizera várias tentativas para garantir sua libertação. Em um de seus primeiros contatos diplomáticos, o embaixador português prometera soltar Mocambo em troca de alguns escravos, que Nzinga enviou, conseguindo somente a traição dos portugueses; sabendo o quanto ela se afligia pela irmã, os

28. DELGADO, II, *op. cit.*, p. 304. Também CADORNEGA, II, *op. cit.*, pp. 75-79. Birmingham, citando fontes semelhantes, dá uma interpretação diferente desses eventos. BIRMINGHAM, *op. cit.*, p. 115.

29. CADORNEGA, II, *op. cit.*, p. 82.

153

portugueses pretendiam se utilizar de Mocambo como de uma alavanca para extorquir concessões da Rainha.

A proposta de Nzinga ao governador criara divisão no Conselho Municipal de Luanda. Alguns duvidavam da conveniência de se reunirem e negociarem com Nzinga conforme suas condições, ao passo que outros membros do Conselho, incluindo o governador Chichorro, estavam dispostos a negociar com ela. O governador era muito influente, tendo construído com sucesso sua carreira, combatendo os índios no Brasil. Político astuto, ganhara considerável experiência nas negociações com os índios e era de se esperar que dela se valesse ao negociar com Nzinga e seus seguidores. Os oponentes do governador, particularmente alguns membros do clero, argumentaram que Mocambo não seria solta. A experiência deles em lidar com Nzinga e seu falecido irmão, Ngola Mbandi, convenceram-nos que as propostas de Nzinga eram parte de um esquema subversivo mais amplo dos Mbundos. Igualmente, achavam que qualquer tipo de contato diplomático com Nzinga poria seriamente em risco a legitimidade por mais tênue que "Ngola" Airi tivesse, pois assinalaria mesmo de forma indireta o reconhecimento de Nzinga como soberana legítima do Ndongo. Nzinga se rebelara contra Deus e contra o Rei e por conseguinte perdera sua legitimidade, estando seus súditos livres de qualquer submissão a ela, argumentavam alguns portugueses[30].

As manobras diplomáticas e militares de Nzinga colocaram seus inimigos numa difícil posição. Não podiam ignorar o fato, por desagradável que fosse, dela ser a soberana reconhecida que liderara as forças de resistência e cujo auxílio era necessário para abrir as rotas comerciais aos mercados internos. Por outro lado, eles queriam um fantoche. Enquanto negociavam com "Ngola" Airi preparavam-se para reconhecer Nzinga como Rainha se ela concordasse em fazer certas concessões. Como conseqüência, havia considerável ambivalência na orientação política lusa no que dizia respeito a esses dois líderes africanos.

A posição de "Ngola" Airi e sua influência como rei nunca foram extensivamente aceitas nem entre os Mbundos e nem entre os membros locais da linhagem portuguesa. Um ano antes, ele suplicara em vão a D. João IV, Rei de Portugal, solicitando auxílio militar contra Nzinga[31]. Parecia que os portugueses não

30. SOUSA CHICHORRO AO REI, 19 de setembro de 1655, A.H.U., Angola, caixa 4.

31. "NGOLA" AIRI AO REI, 8 de abril de 1653, A.H.U., Angola, caixa 4.

acreditavam realmente em sua própria alegação de que ele era o Rei do Ndongo e por isso nunca lhe deram o tipo de auxílio que iria legitimar sua posição. Ele se queixava de não ter sido tratado como rei; dez mil de seus súditos haviam sido capturados pelos portugueses e ele fora continuamente coagido a fornecer os carregadores para as forças militares lusas.

Nzinga recebeu uma resposta do governador na qual ele declarava que iria soltar sua irmã se ela voltasse à religião católica, mandasse de volta os escravos fugitivos, entregasse Jaga Kalanda, e cessasse de praticar o paganismo. A resposta dela com respeito à conversão foi evasiva, exprimindo uma certa disposição em ser reconvertida, mas mencionando a cisão entre seus ministros nesta importante questão. Deu ao enviado muitos presentes para o governador, incluindo uma doação de vinte escravos para a libertação de sua irmã. Novamente o embaixador português, Manuel Peixoto, voltou à corte dela sem Mocambo, e desta vez Nzinga o seqüestrou e o aprisionou como refém a fim de forçar a volta de Mocambo. Presumivelmente frustradas com as manobras diplomáticas, aparentemente resolveu negociar de uma posição de força, embora a sua carta subseqüente explicando a detenção de Peixoto fosse redigida num tom conciliatório[32]. Um certo número de fatores pode ter influenciado a decisão de Nzinga em agir desta maneira. Primeiramente, ela estava com setenta e quatro anos e o controle da estrutura que a tinha sustentado e que poderia sustentar este prolongado conflito parecia estar enfraquecendo. Havia uma lenta deterioração no movimento em vez de um colapso repentino. Tornava-se cada vez mais difícil mobilizar grandes exércitos no Ndongo porque o padrão das alianças entre os chefes estava dilacerado e em farrapos devido ao incessante combate, ao despovoamento da terra e, possivelmente, a uma certa redução do legendário esplendor de Nzinga. Essas forças estavam gravemente mutiladas e portanto seriamente enfraquecidas. Em segundo lugar, a perda dos contingentes de Kabuku Kandonga prejudicou seriamente os planos de Nzinga para fomentar uma rebelião geral. Finalmente, havia a influência dos capuchinhos sobre a velha Rainha, especialmente dos padres Jerônimo H. de Sequeira, Serafim de Cortona e Clexto Zelote. Estreitos contatos se desenvolveram nos anos de 1644-1646, entre o Padre Sequeira e a soberana, no período em que o sacerdote foi seu prisioneiro, mas foi somente após começar a receber relatórios

---

32. Carta da Rainha Nzinga ao Governador Luís Martins de Sousa Chichorro, 13 de dezembro de 1655; CADORNEGA, II, *op. cit.*, pp. 500-503, e CAVAZZI, *op. cit.*, pp. 330-332. Veja-se Apêndice A: Três Cartas da Rainha Nzinga.

entusiasmados de sua irmã cativa, Mocambo, a respeito do amável tratamento do padre, que Nzinga iniciou sua correspondência com ele. Este foi provavelmente um dos fatores mais importantes na inversão das atitudes da soberana concordando, em meados de 1651, em receber missionários. O clérigo respondera de modo enérgico, desejando reconvertê-la à "verdadeira fé" na qual ela havia sido batizada em 1622 e na qual estava, aos poucos, começando a acreditar.

A proselitização não era a única preocupação do capuchinho; também convenceu Nzinga da necessidade de negociar um acordo de paz com seus compatriotas, argüindo eficazmente que a única conclusão lógica das terríveis guerras era o·extermínio mútuo[33]. O sacerdote foi o responsável por uma reviravolta significativa dos eventos, pois foi ele quem persuadiu o governador a resistir à oposição dos jesuítas e do Conselho Municipal para a devolução de Mocambo à sua irmã. Negócios urgentes alhures causaram a volta à Europa do Padre Serafim que, por ocasião de sua partida, aconselhou Nzinga a enviar embaixadores às cortes de Lisboa e de Roma. A 15 de agosto de 1657, Nzinga lhe escreveu uma carta para ser entregue ao Santo Padre, Alexandre VII[34].

3. As Missões de Paz

Quase dois anos depois de sua carta a Luanda, Nzinga recebeu, em 1657, uma missão diplomática que viera para negociar os detalhes de um acordo de paz que incluiria a libertação de sua irmã. Mocambo seria libertada contra o pagamento de cento e trinta escravos, conquanto Nzinga concordasse também em reabrir os mercados de tráfico próximos das áreas ocupadas e em dar auxílio militar aos portugueses, para derrotar

33. CAVAZZI, *op. cit.*, p. 403; também RAVENSTEIN, *op. cit.*, p. 176. Battell afirma que a soberana estava particularmente predisposta a se converter naquele momento: "Depois de 1655 quando o general da Rainha, depois de uma incursão em Mbuila, trouxe um crucifixo miraculoso, Ginga (Nzinga) sentiu-se transtornada em sua consciência e ao consultar os espíritos de seus ancestrais, ela teve conhecimento de que eles estavam sofrendo os tormentos eternos dos quais ela podia se livrar somente abraçando uma vez mais a fé cristã e procurando a amizade dos portugueses. Segundo esse conselho, ela agiu em conformidade".

34. Carta de apresentação de credenciais da Rainha Nzinga a seu secretário e ao Padre Serafim de Cortona, 15 de agosto de 1657; CADORNEGA, II, *op. cit.*, p. 509, e PAIVA MANSO, *op. cit.*, documento CLXXII, p. 241.

Kalanda e seu subchefe, Kalandola. Por fim, em adendo acima exposto, Nzinga concordou em abandonar os costumes Jagas e em adotar um modo de vida mais "assentado".

A missão para concluir o tratado de paz partiu de Luanda sob o comando de José Carrasco, um Mbundo, com um amplo contingente de oficiais e soldados que formavam uma escolta oficial para a Princesa Mocambo. O encarregado destas delicadas negociações diplomáticas era o capuchinho, Padre Antônio Gaeta, que cuidava para que não faltasse à Princesa Mocambo todo o conforto durante a longa viagem. Conforme a delegação prosseguia em direção à antiga capital Mbundo, Mbaka, Mocambo recebeu vários presentes e demonstrações de afeto por parte dos Mbundos ao longo do caminho. Todavia, mútua desconfiança e suspeita frustraram os esforços da missão de paz desde seus primórdios, pois Carrasco recebera instruções no sentido de que não deveria prosseguir para além de Mbaka sem ordens ulteriores. Consciente das promessas anteriores não cumpridas, Nzinga não entregara os escravos prometidos e por conseguinte, Mocambo deveria ser detida na fortaleza de Mbaka até que fosse pago o resgate de cento e trinta escravos. Dois embaixadores foram enviados à Rainha para explicar a nova evolução dos eventos, pois ela manifestara o receio de que Mocambo fosse devolvida a Luanda, provocando, deste modo, o fracasso de toda a empresa.

Nzinga recebeu os diplomatas depois de tê-los feito esperar por vários dias em frente a seu palácio. Sentada num trono imponente, ofereceu aos enviados duas cadeiras de braço decoradas em ouro, ao seu lado. Em frente ao trono havia valiosos tapetes e esplêndidas almofadas. Esses eram os lugares reservados a seus ministros. Trajada em estilo europeu, coberta de jóias, fez impressiva aparição quando se iniciaram as conversações. Informada de que os portugueses não iriam soltar sua irmã a não ser que o resgate todo fosse pago, ela ameaçou matar Peixoto, a quem tinha detido, mas por fim concordou em adiantar cem escravos como pagamento parcial. Esta importância evidenciou-se inaceitável ao governador que exigiu o pagamento total dos cento e trinta escravos antes de soltar Mocambo.

Padre Antônio Gaeta, acompanhado por dez africanos, e por um homem branco que iria atuar como seu intérprete, foram enviados à capital da Rainha a fim de romper o impasse diplomático.

Nesse ínterim, Nzinga se reunia com seus conselheiros para determinar sua conduta seguinte. Discutindo minuciosamente com cada membro de seu Conselho, ganhou a concordância às suas sugestões. Essencialmente, a soberana argumen-

157

tava que as propostas de paz deveriam ser aceitas, que deveria pagar o resgate total antes que sua irmã fosse devolvida, e que deveria voltar a abraçar o catolicismo. Os membros do Conselho que concordavam com ela, estavam provavelmente dizendo à soberana exatamente aquilo que pensavam que ela queria ouvir. Na realidade, alguns de seus seguidores faziam sérias reservas quanto às negociações com os portugueses ou quanto à introdução de mudanças em sua religião.

Em setembro de 1657, a Rainha Nzinga, rodeada por uma distinta assembléia, ofereceu uma amável audiência à missão diplomática chefiada pelo Padre Gaeta. Sentados nas almofadas próximas da Rainha estavam os diplomatas lusos; os outros membros de seu grupo permaneciam de pé enquanto Nzinga ouvia pacientemente as explicações do embaixador sobre a disposição do governador em libertar sua irmã, que ainda se encontrava em Mbaka. Gaeta relatou com muitos detalhes a difícil posição política do governador em Luanda, cuja decisão de libertar Mocambo produzira uma reação indignada. Uma ruidosa e influente facção do Conselho Municipal, os magistrados e alguns sacerdotes, opuseram-se à política de reconciliação e negociação, e particularmente ao seu desejo de libertar Mocambo sem primeiro receber o número total de escravos. Convencida das boas intenções da Coroa portuguesa e de sua preocupação por seu bem-estar material e espiritual, Nzinga aceitou a explicação do embaixador e enviou os trinta escravos restantes a fim de satisfazer as exigências, apesar de afirmar que o resgate fora exorbitante[35]. A soberana deu então por encerrada a entrevista.

Depois de ter deixado os embaixadores lusos, Nzinga se dirigiu à capela construída pelo Padre Sequeira, e uma vez em seu interior, cometeu um ato que teve repercussões significativas por todos os seus territórios. Removeu a caixa de prata que continha os ossos de seus ancestrais da frente do altar e a colocou no chão numa posição obscura. Depois disso rezou diante da cruz e a beijou. Seus atos causaram uma certa consternação entre seus ministros, pois perceberam nisso o início de uma mudança oficial definida em direção ao catolicismo; isso indicava, não só uma disposição para honrar sua parte no acordo,

---

35. Várias cifras têm sido citadas na literatura concernente ao número de escravos que foram efetivamente resgatados. RAVENSTEIN, *op. cit.*, p. 176, menciona 200; CUVELIER, *op. cit.*, p. 145, menciona 200, ao passo que DAVID BIRMINGHAM estabelece a cifra em 130 (p. 116); CAVAZZI, *op. cit.*, p. 99, aumentou o número para 300. Todavia, a correspondência trocada entre a Rainha e Luanda classifica o número em 130. Veja-se Apêndice D.

158

mas também mostrava um importante aspecto do caráter de Nzinga: sua total e absoluta submissão a uma causa que poderia significar ou a libertação, ou a introdução de novas idéias e novos valores; com o enfraquecimento do movimento de resistência, Nzinga procurava empregar o catolicismo como um fator de integração na construção nacional.

Mocambo fora prisioneira dos portugueses de 1629 a 1633, e de 1646 a 1657. Sua chegada em território controlado por sua irmã provocou o júbilo entre os africanos. Tão logo ultrapassou o Rio Lucala, houve uma descarga de canhões e de artilharia por parte dos soldados lusos que a escoltavam. Às margens do rio, foi recepcionada por aplausos entusiásticos enquanto era levantada e carregada nos ombros de seu povo.

A 12 de outubro de 1657, quarenta e dois dias depois da chegada de Gaeta à corte real, a Princesa Mocambo chegou à residência de Nzinga em Matamba. Durante sua longa e cansativa viagem, fora forçada a parar em vários lugares, enquanto os detalhes de sua libertação estavam sendo elaborados por ambas as partes. Em seu caminho para leste, seu espírito abatido foi reanimado pelas demonstrações espontâneas e entusiásticas de estima e apoio que recebeu dos habitantes da região.

A Rainha Nzinga, exultante, foi ao encontro da delegação logo depois de sua chegada à corte, e apesar de sua idade avançada seu interesse pela moda não diminuíra; vestia-se no mais elaborado dos estilos europeus quando Mocambo lhe prestou sua homenagem, beijou-lhe a mão e, então, as duas irmãs se abraçaram carinhosamente depois de uma penosa separação de nove anos. Tomando sua irmã à parte, ouvia e acenava aprovativamente enquanto Mocambo lhe relatava, entre outras coisas, o tratamento realmente amável que recebera dos portugueses durante seus anos de cativeiro. Antes de se retirar para o palácio real onde se iniciavam as cerimônias de boas-vindas, Nzinga chamou os embaixadores e pediu-lhes que agradecessem ao governador a maneira pela qual sua irmã fora tratada. Capitão Carrasco, o mulato, participou desta recepção de boas-vindas, enquanto os sacerdotes deram início aos preparativos para a conversão do povo. A Princesa Mocambo, todavia, não participou totalmente das festividades, pois se tornara uma cristã devota durante seu longo cativeiro e alguns dos costumes executados por seu povo pareciam-lhe aparentemente heréticos ou desnecessários. Logo, acompanhada por Nzinga e por cem de suas damas a serviço, Mocambo se retirou para a tranqüilidade da capela e começou a rezar e a agradecer a Deus por devolvê-la sã e salva a seu povo.

159

Por sugestão do Padre Gaeta, Nzinga resolveu concluir rapidamente o tratado de paz com os portugueses, e convidou vários conselheiros e funcionários de ambas as partes, inclusive Manuel Frois Peixoto, embaixador do governador em Luanda, o Capitão Carrasco e Francisco Lopes Carrião, o oficial de registro. Os seguintes detalhes da proposta não deixam de ter interesse[36]:

a) Que a Rainha voltaria à "verdadeira religião", construiria uma igreja em sua capital e se esforçaria para converter seus seguidores.

b) Que os portugueses devolveriam à Rainha Nzinga vários chefes e a antiga capital Mbaka.

c) Que os portugueses retirariam suas forças da região oriental do Ndongo e devolveriam esse território à soberana.

d) Que a Rainha Nzinga devolveria cerca de 200 escravos que tinham procurado refúgio em seus domínios durante os dez últimos anos. Incluído, também, havia o compromisso de negar asilo a escravos foragidos e a devolução imediata de todos os prisioneiros capturados na última guerra.

e) Que os portugueses teriam o direito de comerciar livremente, sem impedimentos em seus domínios.

f) Que o Rio Lucala seria a fronteira entre as duas regiões do Ndongo Oriental e Ocidental.

g) Que a Rainha Nzinga nunca atacaria seus amigos de Portugal, especialmente na região em torno do Ndongo Oriental e que seria aliada dos amigos de Portugal e inimiga de seus adversários.

h) Que a Rainha pagaria um tributo anual à Coroa portuguesa. Se não cumprisse essa condição, o tratado seria anulado e cancelado.

Ao ouvir esta última condição, Nzinga e seus conselheiros protestaram ruidosamente e se recusaram em concordar com a mesma. Fora este exatamente o ponto que rejeitara pela primeira vez em Luanda, em 1622, e em subseqüentes reuniões malogradas. Nzinga ficou muito indignada e observou que era soberana absoluta de seu país, e que nunca se tornaria vassala de ninguém. Continuando, ela disse ao embaixador[37]:

Se vosso amo, o Rei de Portugal, deseja devolver uma parte de meu reino do Ndongo que conquistou pela força, deverá negociar como um cavalheiro e como um cristão, e não recorrer à duplicidade. Se tiver intenções honestas, deverá negociar como um cristão... Tenho o direito de reinar sobre esse país e não tenho que obedecer a ninguém. Sou soberana absoluta deste país e nunca me tornarei escrava.

Ficou claro aos interlocutores que a Rainha, de setenta e cinco anos de idade, ainda estava determinada a governar

36. CADORNEGA, II, *op. cit.*, pp. 55-84; também CAVAZZI, *op. cit.*, pp. 106-112; CUVELIER, *op. cit.*, p. 141, e RAVENSTEIN, *op. cit.*, pp. 145-177.

37. CUVELIER, *ibid.*

seu país, ou o que dele sobrara, e que nunca se tornaria uma escrava de Portugal. A tentativa de seu adversário para torná-la vassala, e, *ipso facto*, sua nação, foi um esforço para aromatizar, isto é, para tornar mais agradável, os inevitáveis colonialismo e imperialismo inerentes à vassalagem, ganhando desse modo através do tratado o que não era possível ser alcançado no capo de batalha. O impasse parecia ser incontornável. Padre Gaeta sabia que a Coroa cometera um *faux pas*. Sabia também de que maneira iria reagir a Rainha Nzinga. Todo o tratado poderia ser posto em jogo destruindo deste modo anos de paciente e sutil diplomacia. Inevitavelmente, isto poderia marcar um retorno às hostilidades e ao derramamento de sangue, situação que ambas as partes estavam tentando evitar.

Enquanto o diplomata clerical continuava a trabalhar para um acordo mutuamente aceitável, a resposta negativa da Rainha africana foi imediatamente remetida a Luanda. A seguir, Gaeta, tentando reparar o conflito diplomático, moldando e fixando as propostas numa oferta aceitável, sugeriu que o Rio Lucala viesse a ser o marco de delimitação entre a região Oriental e a região Ocidental. Esse ponto foi aceito por todas as partes, mas continuou a controvérsia principal em torno do pagamento do tributo anual. Sobre esse ponto a Rainha Nzinga estava determinada a não se render e o assunto foi finalmente resolvido a seu favor pelo governador, sob as instâncias do Padre Gaeta. A soberana concordou com as condições revistas e em fins de 1657 os documentos relativos à paz foram enviados a Luanda.

Escrevendo a seu Rei, o governador observou, posteriormente, que a assinatura do tratado de paz produzira uma reação tremendamente favorável no Ndongo e que realçara o prestígio de Portugal[38]. Fora possível esta realização pelas atividades de proselitismo dos missionários, que influenciaram a Rainha a introduzir reformas as quais modificaram muitas das práticas religiosas dos Mbundos. O objetivo da soberana fora o de introduzir medidas que transformassem Matamba num Estado modelado segundo as linhas da cidade afro-européia de Luanda. Uma dessas reformas pôs fim à prática de oferecer sacrifícios aos ídolos, sob pena de morte.

A assinatura do tratado de paz representou para Nzinga uma concessão política significativa à Coroa de Portugal no Ndongo, pois este fato legitimou o *status quo* e neutralizou o movimento de resistência da Rainha Nzinga, tornando legal-

---

38. SOUSA CHICHORRO AO REI, 8 de dezembro de 1654, A.H.U., Angola, caixa 5. Para detalhes sobre essa carta veja-se Apêndice C.

161

mente impossível para ela atacar os europeus e seus aliados. Foi, provavelmente, a estreita margem de manobra que legalizou e contribuiu para a destruição posterior da monarquia Mbundo após a morte de Nzinga. Tanto a Igreja quanto a Coroa tinham finalidades comuns que eram a de conquistar os Mbundos espiritual e politicamente, escravizando suas mentes e suas pessoas. Embora a atitude de Nzinga não fosse mais ameaçadora, no campo militar, seu espírito vigoroso estava vigilante, pois continuava a defender sua soberania em Matamba.

Até certo ponto, a vitória dos portugueses no Ndongo poderia ter representado uma vitória de Pirro no que diz respeito as suas finalidades econômicas imediatas, visto que seus problemas econômicos fundamentais, tráfico e hegemonia do mercado, não foram resolvidos de forma satisfatória. A devastação da nação Mbundo trouxe uma consolidação do poder Mbundo em Matamba, sobre o qual a influência missionária portuguesa declinou rapidamente. Do ponto de vista comercial, este fato solucionou a diplomacia caprichosa de facilidade de acesso aos mercados de tráfico e às rotas comerciais, garantindo de maneira mais previsível e segura, embora mais dispendiosa, o intercâmbio comercial, no coração do território sob controle e supervisão africanos. E ainda, como foi salientado acima[39], a decisão por um determinado tipo de diplomacia introduziu outra: a argúcia nos negócios e as práticas extorsivas dos chefes nos mercados de tráfico, que exploravam amplamente os agentes das principais casas comerciais de Luanda, cobrando-lhes preços exorbitantes, jogando os compradores uns contra os outros, e impondo termos de crédito muito estrito. No que concerne aos portugueses, o sistema que daí emergiu, na prática, foi provavelmente uma triunfante perfeição da imperfeição, pois que qualquer hegemonia que tivessem tido no Ndongo, evaporara-se fora de seus limites.

39. Veja-se o Cap. 3.

9. OS ANOS DE DECADÊNCIA EM MATAMBA

1. As Reformas e Alguns de seus Efeitos

A conversão da Rainha Nzinga ao catolicismo teve efeitos de longo alcance aquém e além das fronteiras do Ndongo e de Matamba. Os missionários, ao receber a autorização de Nzinga, começaram a planejar a construção de uma igreja, que, de acordo com a lei portuguesa, tinha que medir 60 pés de comprimento, 25 de altura e 29 de largura. Por ordem da Rainha, seus súditos coletaram uma considerável quantidade de madeira para a construção desta igreja[1]. Devido à diligência dos trabalhadores, o edifício foi completado em tempo recorde.

1. CAVAZZI, III, op. cit., pp. 100-101.

Nzinga e Gaeta concordaram que o melhor método para influenciar a conversão de seus súditos seria um ato de penitência pública da parte dela, o qual simplificaria o trabalho dos capuchinhos, que haviam anotado todas as práticas a serem eliminadas a fim de prevenir possíveis deslizes pelos recém-conversos. Por conseguinte os missionários, prudentemente, separaram os conversos e aqueles que manifestaram. o desejo de serem convertidos daqueles que não haviam sido iniciados na "verdadeira fé". Decidindo que aboliria muitas das práticas nacionais consideradas prejudiciais ao progresso de seu povo, a soberana declarou que daí por diante o paganismo não mais era permitido. Muitos de seus chefes, entre os quais seu Capitão-General, Nzinga Amona, decidiram ser batizados e compareciam à igreja todos os dias para aprender o catecismo. No dia do batismo, haviam muitos africanos e alguns soldados portugueses com bandeiras e canhões.

Sob as novas ordens articuladas pela Rainha Nzinga, a ninguém era permitido invocar os espíritos dos ancestrrais falecidos. A lei especificando que as mulheres grávidas tinham permissão para permanecer nos acampamentos de guerra para darem à luz seus filhos, não devendo abandonar sua prole nas florestas, devia ser posta agora em execução, e as crianças de ambos os sexos deviam ser levadas, ao nascer, à igreja para serem batizadas. Todos os ídolos religiosos deveriam ser queimados e aqueles que não pudessem ser destruídos pelo fogo deveriam ser entregues ao clero, apesar da própria Nzinga não ter ainda queimado seu talismã feito de ossos e cinzas de seu irmão[2], embora não mais o usasse.

Várias reformas econômicas, sugeridas por seus conselheiros administrativos, e planejadas para aumentar a produção agrícola, visaram o cultivo da região oriental com a finalidade de produzir excesso de alimentos para exportação às regiões circunvizinhas[3]. Todos os homens e mulheres foram requisitados para cultivar as terras da Rainha três vezes por semana, e seus próprios lotes de terra durante os dias restantes: a chave para pôr termo à instabilidade da população, um dos principais fatores da baixa utilização do solo. Alguns chefes e funcionários Mbundos convertidos expediram os éditos e os fizeram cumprir por meio de inspeções periódicas.

A diligente implementação das reformas associada ao respeito comum, amor e temor por Nzinga, produziram uma submissão significativa, embora, em muitas áreas onde os chefes

2. CUVELIER, op. cit., p. 142.
3. CAVAZZI, I, op. cit., p. 21.

e os homens religiosos tradicionalistas resistissem aos princípios impostos pelos portugueses, prevalecesse às vezes a antiga autoridade sem uma base ou uma função legítima frente à nova ordem. A fim de evitar uma inconveniente dissensão entre esses grupos, Nzinga e Gaeta aconselharam tato e moderação na implementação dos princípios cristãos.

A introdução do ensino e da escrita seguiu-se à introdução e à expansão do cristianismo: artesãos, mestres e missionários acompanharam-na. Essas inovações não foram obtidas de Nzinga pela força, pois estava convencida de sua necessidade a fim de criar um Matamba progressista e poderoso segundo o modelo português que vira em Luanda, trinta e seis anos antes (1622). Conseqüentemente, sob sua orientação, houve progresso do nível intelectual, material e espiritual de seu povo[4]. Os estilos europeus e alguns artifícios culinários também foram introduzidos. Eram consideráveis os portugueses na advocacia, na participação e no financiamento pelo menos nos estágios iniciais, devido ao pequeno estoque de boa vontade e confiança que se estabelecera entre Nzinga e os capuchinhos.

A reconversão de Nzinga abrira aos capuchinhos italianos os portais das populosas regiões que anteriormente lhes eram proibidos, em particular as zonas orientais. Seu exemplo de conversão e de cooperação poderia ter influenciado o Jaga Kasanje e os chefes das regiões circunvizinhas a requererem, também, a presença de missionários em seus reinos.

2. O Casamento da Rainha Nzinga

A declarada intenção de Nzinga em se casar com Dom Salvatore, um filho de escravo, convertido ao catolicismo, que fugira de Luanda para integrar seu exército, proporcionou aos padres uma oportunidade para introduzirem, discretamente, o tema do casamento monogâmico. Esperava-se, naturalmente, que a soberana respeitaria este costume cristão instituído.

As bodas se realizariam em 5 de fevereiro de 1658[5]. Convocados através de proclamação real de todos os pontos de seu reino, para se reunirem diante da igreja, estavam esplendidamente trajados seus ministros, funcionários, capitães, alguns de seus soldados, chefes, e o povo. Deveria ter sido um ajunta-

4. DIAS, *Os Portugueses, op. cit.*, p. 130.
5. ANTÔNIO BRANDÃO DE MELLO, "Breve História da Rainha Jinga Mbandi, D. Ana de Sousa", *Boletim da Sociedade de Geographia de Lisboa*, série 63, n. 1 e 2, jan.-fev. 1945, pp. 135-136.

mento poliglota e colorido, que aguardava a soberana e seu futuro marido ao som das melodias dos músicos reais. Repentinamente, os mosquetes detonaram suas cargas, enquanto o casal real se aproximava da igreja e Nzinga, visível aos que estavam presentes, sentou em seu trono e assistiu às danças tradicionais.

Depois de cerca de uma hora, levantou-se após ter pedido silêncio e começou a expor o tom e a direção de sua futura política. Segurando um arco e uma flecha, relembrou com tristeza o longo cativeiro de sua irmã e as guerras prolongadas com os portugueses, que tinham culminado com o tratado de paz[6]. Neste ponto, jogou fora seu arco e flecha, querendo com isto demonstrar simbolicamente um empenho à paz, enquanto comentava as mudanças que estavam sendo introduzidas no reino. A conversão de Nzinga ao cristianismo e seu compromisso de uma união monógama não foram senão dois exemplos. Ela exortou os presentes a se tornarem bons cristãos, vivendo de acordo com os preceitos da Igreja e os aconselhou a continuarem o cultivo dos campos e acumularem alimento para suas comunidades. Um dos poucos funcionários portugueses que compreendia a língua Mbundo observou que

esse não foi o discurso de um pagão, mas o discurso de uma santa e perfeita cristã. Poder-se-ia dizer que Deus a estava inspirando. Se eu não tivesse ouvido, não teria acreditado[7].

A soberana entrou então na pequena igreja com seu séquito e se casou com Dom Salvatore.

A cerimônia foi seguida por uma recepção onde serviram um suntuoso jantar regado por um forte aguardente de palmeira, e de vários dias de festividades. Nzinga, determinada a manter o completo controle e indèpendência de Matamba, não permitiu nem a seu marido nem aos portugueses que interferissem na administração política do reino; todavia, como desejasse que Dom Salvatore fosse respeitado como príncipe, presenteou-o com 500 servos para trabalhar em seus campos.

A seguir, Nzinga queria sua irmã casada com Kanini, seu conselheiro em chefe e um dos possíveis sucessores ao trono Mbundo; quando o Padre Gaeta descobriu, através de fontes em Luanda, que Kanini já era casado com uma mulher em Mbaka, comunicou esta informação a Nzinga que solicitou a verificação deste primeiro casamento; após ter recebido confirmação, Nzinga retirou seu consentimento e em seu lugar prometeu a mão de

6. CUVELIER, *op. cit.*, pp. 166-170.
7. *Ibid.*, e CAVAZZI, III, *op. cit.*, p. 103.

166

sua irmã em casamento ao General Nzinga Amona. Dois dias depois, Nzinga visitou o sacerdote para discutir o próximo casamento de sua irmã. Cônscio de que se tratava de uma discussão e não realmente de uma consulta, embora se opusesse ao general, porque, secretamente, este vivia segundo os costumes Mbundos postos fora da lei e professava o catolicismo somente para agradar Nzinga, o clérigo refreou seu conselho porque sabia que a soberana já tomara uma decisão. Revelou a Nzinga que queria antes se consultar com Deus, como a significar que queria evitar a questão. Nzinga, contudo, resolveu não esperar pelo conselho do sacerdote e aprovou o casamento. Tão logo tomou esta decisão, não mais queria se contradizer, porque se assim fizesse enfraqueceria sua posição perante os Mbundos.

As bodas foram realizadas segundo os ritos da Igreja e da nação. Não foi um casamento feliz porque o general maltratava Mocambo[8].

3. O Problema de Jaga Kalanda

Em setembro de 1657, Nzinga escrevera ao Papa agradecendo-lhe pela assistência dos capuchinhos na educação de seu povo. Sua carta era um catálogo das atividades que estavam sendo realizadas em seu reino, tais como o batismo dos membros de sua corte e a construção de igrejas. Nzinga concluía sua carta solicitando ao Santo Padre o envio de um maior número de missionários que iriam expandir a nova fé.

Dois anos mais tarde, o tratado de paz foi assinado pelo Rei de Portugal e os participantes do acordo principiaram a implementá-lo. Uma das provisões deste tratado foi a extradição, por parte de Nzinga, de Jaga Kalanda, ao governador em Luanda. O leitor poderá lembrar que, em 1653, o General Kalanda, ao contrário de seu chefe Kandonga, havia ignorado o convite para visitar Luanda. Desafiando seus benfeitores de outrora, ele, juntamente com muitas centenas de escravos e mais de um milhar de soldados, escapara para as proximidades do Rio Lucala, a cerca de seis milhas dos territórios de Nzinga, onde procurara e obtivera a proteção da Rainha. O novo governador, João Fernandes Vieira, que chegara de Pernambuco,

---

8. Concordando com relutância em se casar com um homem que ela desprezava, porque sua irmã assim exigia, e tentando clandestinamente fazê-lo malograr, o casamento de Mocambo foi realmente infeliz. Sua relação com o general era tão ruim que ela notou que "era mais feliz durante seu cativeiro com os portugueses do que em seu casamento". CUVELIER, *op. cit.*, pp. 180-182.

estava desejoso por tirar o máximo proveito do tráfico de escravos durante o seu mandato no Ndongo[9]. Presumivelmente cobiçando os servos do Jaga, pressionou a Rainha Nzinga a entregar-lhe Kalanda.

Nzinga estava relutante em capturar e entregar Jaga Kalanda aos portugueses. Sentia, ao mesmo tempo, lealdade para com Kalanda, que apoiara seu movimento de resistência nas fases mais recentes, e irritação pelo fato de que os interesses comerciais dos governadores no tráfico tivessem sido um fator importante nos repetidos malogros dos africa. e lusos em alcançar um acordo em questões de impor..ncia. Secretamente, contatou Jaga e explicou-lhe que tinha que cumprir, ou pelo menos dar a aparência de estar mantendo seu acordo com os portugueses. Nzinga advertiu-o de que não deveria nem molestar e nem atacar território algum sob o controle dos brancos, e que deveria procurar refúgio numa região fora dos domínios dela e não controlada pelos europeus. A explicação que daria ao governador seria a de que ele teria fugido para outra parte do país, presumivelmente para Matamba Oriental, vendo-se ela na impossibilidade de capturá-lo. Por fim, Nzinga preveniu-o que sua negligência em obedecer às suas instruções causaria sua aliança com os portugueses, destruindo deste modo a amizade que existia entre eles.

Kalanda agiu de maneira contrária às advertências da Rainha. Voltando para seu acampamento de guerra, selecionou novo local no Rio Lucala, de onde mobilizou um exército imenso e atacou os portugueses. Nzinga recebeu os protestos destes últimos e decidiu cumprir sua desagradável tarefa. Mobilizando seu exército, ela foi no encalço de Kalanda, e o descobriu na noite de 5 de dezembro de 1659, em seu acampamento de guerra situado numa colina escarpada. Ali, sub-repticiamente começou a dispor suas forças, protegida pela escuridão, primeiramente vedando por completo todas os possíveis canais de fuga e ao romper do dia, desfraldou seu estandarte real em desafio. Receando que tudo estivesse perdido, Kalanda enviou à soberana uma mensagem, na qual mencionava seu desejo de iniciar as negociações. Porém, enquanto Nzinga parlamentava com seus generais, percebeu que o astucioso Jaga reagrupara furtivamente suas forças e tentava atacar as fileiras do seu exército. Reunindo imediatamente suas forças, Nzinga atacou furiosamente e

---

9. BIRMINGHAM, *op. cit.*, p. 119, e GONÇALVES DE MELLO, *op. cit.*, pp. 148-172. Os fundamentos essenciais desta narrativa são de CUVELIER, *loc. cit.* e estão em conflito com a narrativa semelhante reportada no Apêndice C.

derrotou o exército do Jaga; Kalanda foi morto durante a batalha e Nzinga ordenou que a cabeça dele fosse enviada ao governador. Esse gesto consolidou ainda mais a crescente confiança entre portugueses e africanos em Matamba.

Retornando em março de 1660, Nzinga adoeceu; a recente batalha fora, provavelmente, por demais extenuante para sua idade avançada. Apesar de seu estado, Nzinga continuou a cuidar dos negócios recentes e, quando um de seus chefes de Ajaca se rebelou, enviou seu exército, sob o comando de Mbariangongo, para derrotar os exércitos daquele chefe; capturado, o soba de Ajaca foi forçado a pagar um pesado tributo a Nzinga.

Mas a imposição religiosa e cultural em Matamba não foi o fim da resistência Mbundo-Jaga e Congolesa em Angola. Houve muitos ataques esporádicos dos chefes, apesar de desorganizados, contra as forças lusas. Ngoleme a Kaita, um antigo membro do movimento de resistência de Nzinga, que massacrara um contingente português no ano de 1644[10], sob o comando do Capitão Francisco da Fonseca Saraiva, continuou a usar suas táticas de ataque contra as forças inimigas. Quatrocentos soldados lusos e um número indeterminado de "soldados-escravos" invadiram a região entre os Rios Bengo e Dande em missão punitiva contra Ngoleme a Kaita e um chefe chamado Mabuku. Os invasores derrotaram o exército de Kaita e passaram a devastar a região[11] e a deportar alguns dos habitantes para trabalharem nas plantações que o governador tinha no Brasil, ato esse que demonstrou as relações muito estreitas que existiam entre os deveres oficiais e as finalidades privadas. Seis ministros foram decapitados e os prisioneiros restantes foram divididos entre os oficiais do exército. Ngoleme a Kaita fugiu para a região de Ndembo. Enquanto crepitou a chama da resistência e ela foi realimentada, os vários governadores foram mantidos ocupados defendendo regiões sujeitas aos ataques africanos. A sudeste, nos arredores de Hako, os europeus foram completamente derrotados. A fim de vingar essa derrota, uma coluna portuguesa formada por 400 soldados e 6 000 "soldados escravos" invadiu o Sul do Congo e derrotou o exército do rei, que era formado por 10 000 homens[12]. Segundo Birmingham, a razão do ataque foi a recusa do rei em entregar aos por-

10. A Batalha de Empures, assim chamada por causa das grandes cavernas *mpundi* onde os negros tinham buscado refúgio.

11. CADORNEGA, II, *op. cit.*; pp. 148-150, e GONÇALVES DE MELLO, *op. cit.*, pp. 173-180.

12. DIAS DE CARVALHO, *O Jagado de Cassange na Província de Angola, op. cit.*, pp. 38-46.

169

tugueses as minas de ouro, que tinham sido prometidas por seu predecessor[13]. Mas o Rei de Portugal, já há longo tempo, havia desobrigado a soberana africana desta imposição por considerá-la onerosa.

4. Os Dias de Decadência

A conversão de Nzinga e suas conseqüências aumentaram as necessidades de maior presença eclesiástica no Ndongo e em Matamba. Em fins de 1660, a velha Rainha de setenta e oito anos de idade, foi informada que os conversos africanos alcançavam agora o número de 3 000 cristãos e 150 chefes em Matamba[14]. As repercussões foram sentidas para além das fronteiras de Matamba, pois o Jaga Kasanje também se convertera. Nzinga, em sua carta ao Papa, solicitara de Roma o envio de mais missionários. O Papa Alexandre era um dos mais incondicionais partidários dos capuchinhos e o Padre Serafim de Cortona sugeriu a Nzinga que seus rogos de ajuda cairiam em ouvidos mais receptivos se um dos embaixadores dela o acompanhasse ao Vaticano. Nzinga prontamente endossou a proposta e seu embaixador acompanhou o missionário a Luanda, provavelmente para impressionar as autoridades com a importância da missão proposta. O governador não ficou impressionado, e recusou sua permissão para o embarque do embaixador.

Em 1661, Nzinga já havia iniciado a construção de uma nova capital, Uamba, a duas milhas de distância da antiga capital[15]. A nova cidade estava situada numa área ampla ao longo das margens do Rio Uamba, e devia refletir a personalidade empreendedora, os gostos espetaculares da Rainha. Determinada a construir uma grande cidade e uma grandiosa catedral, que merecessem a admiração de todos os povos, africanos e europeus, decidiu situar seu palácio e a igreja na praça central. Dentro do palácio foi planejado um intricado labirinto de corredores, todos eles conduzindo para a sala do trono; do lado externo dos edifícios havia 300 casas para seus servidores, junto com aquelas de seus súditos e enviados estrangeiros. Uma cerca resistente estava sendo construída em volta da cidade. Um clé-

13. BIRMINGHAM, *op. cit.*, p. 119, de: Arquivos de Angola, II. Vol. 11, pp. 172-187.

14. CUVELIER, *op. cit.*, p. 183.

15. DELGADO, III, *op. cit.*, p. 272, e CUVELIER, *op. cit.*, pp. 188-195.

170

rigo fez a estimativa que num determinado lugar havia aproximadamente 1 700 homens e mulheres trabalhando na nova igreja, que seria dedicada a Santa Ana, e cujas medidas eram de 120 pés de comprimento e 40 de largura. A própria Nzinga colocara a pedra fundamental em princípios de 1661, e os trabalhos progrediram tão rapidamente que a igreja foi terminada em agosto de 1663. Nzinga esperava que sua nova capital tornar-se-ia o centro da cristandade em Matamba, de onde os missionários seguiriam para todos os pontos da África, levando a palavra de Deus. Em fins de 1661, o Padre Cavazzi voltou a Matamba e substituiu Gaeta, que tinha sido promovido à posição de prefeito do Congo e do Ndongo.

A volta de Cavazzi à capital de Nzinga serviu para incrementar a expansão da nova religião, pois ele procurou converter os chefes restantes que, por sua vez, seriam um poderoso estímulo à conversão de seu povo. Iniciou sua obra nas ilhas e recebeu de Roma assistência adicional em 1662. A Rainha Nzinga recebeu uma carta de Cavazzi em data de 13 de julho de 1662, enviada pelo Papa Alexandre em resposta à sua carta, datada de 1657. O Santo Padre escreveu que estava satisfeito pela volta dela ao cristianismo e esperava que as grandes distâncias que os separavam fossem consolidadas pelo amor e pela caridade cristã. O Papa pedia a ajuda dela em suas empresas conjuntas, particularmente no que dizia respeito à cristianização de seu povo, do qual esperava que seguisse seu exemplo e, finalmente, concluía cumulando-a com suas bênçãos apostólicas, que se estendiam à sua corte e a seu povo[16].

Nzinga comoveu-se ao receber a mensagem do Papa e decidiu que a ocasião merecia uma celebração. Conseqüentemente, organizaram festividades populares por vários dias e noites, durante as quais seus funcionários e ministros foram agraciados com títulos e honrarias; até aos escravos e aos criminosos foi concedida liberdade. Em meio às festividades, a soberana, com oitenta anos de idade, estava causando consternação por atuar como uma jovem de vinte e cinco anos com suas incríveis manifestações de agilidade e bravura no uso do arco e flecha e do machado. Finalizando, apoteoticamente, Nzinga, com solene dignidade, conduziu alguns de seus generais, ministros, missionários e nobres à igreja, para ler a missiva papal. A carta foi lida em português e em traduções Mbundo para a assistência mista de africanos e europeus. Nzinga reiterou então seu compromisso de defender e respeitar a religião católica.

16. CUVELIER, *op. cit.*, pp. 208-210.

Em fins de 1662 chegaram notícias terríveis para a idosa soberana. Seu confidente, amigo e mentor espiritual, o Padre Gaeta, falecera em conseqüência da malária, aos quarenta e sete anos, no Sul do Congo. Em sinal de respeito, as paredes internas da igreja foram cobertas com cortinados negros. Nzinga ordenou que todos seus súditos trouxessem à igreja os filhos que tinham sido batizados pelo Padre Gaeta, para pranteá-lo com ela.

A morte de seu amigo havia estimulado em Nzinga uma maior preocupação, assim como em outros missionários, para a continuação do trabalho de cristianização e para a administração da justiça. De Uamba, Nzinga percorreu longas distâncias para dispensar justiça, havendo naquela época somente mais um juiz envolvido com as transgressões civis. Mas Nzinga tinha profundas dúvidas, dúvidas que eram sugeridas, em parte, por deslizes ocasionais, acerca de sua habilidade em dispensar justiça com mão equilibrada, de acordo com os princípios cristãos. Em várias ocasiões, ela consultava primeiramente os sacerdotes, antes de tomar suas decisões. Apesar de sua profunda devoção ao cristianismo ela não conseguia decidir a se desfazer da caixa de prata que continha as cinzas de seu irmão, e que carregava consigo, embora não a usasse para nenhuma cerimônia. Todavia, Nzinga se comprometera com a nova religião e quando o sacerdote pressionou-a sobre esse assunto, ela, juntamente com seu povo, armou uma enorme fogueira e queimou suas jóias, que os capuchinhos associavam a um modo de vida não cristão. Por fim, ela entregou a caixa de prata ao sacerdote e solicitou que, com ela, fosse feito um candelabro de prata. Em fins de 1662 a caixa foi enviada a Luanda para ser transformada em um candelabro por um ourives de renome.

A seguir, voltando sua atenção aos soldados convertidos de seu exército, insistiu para que usassem um medalhão com a marca de uma cruz, pois isto garantia que, em caso de morte, fosse dado a seus corpos um sepultamento segundo os ritos da Igreja católica. Prosseguindo em sua tentativa inovadora, Nzinga convidou muitas mulheres portuguesas de Luanda para que ensinassem a fazer rendas e vestidos[17]. Os hábitos de vestuário das mulheres e jovens começaram a mudar à medida que um número sempre maior de mulheres africanas principiou insensatamente a usar roupas que cobriam por completo seus corpos, mesmo que tais roupas fossem incômodas no clima tropical úmido. Os enfermos, os pobres, as crianças e os moribundos

17. CADORNEGA, II, *op. cit.*, pp. 223-224.

passaram a receber maiores atenções, cuidados e tratamentos, pois Nzinga manifestou preocupação e simpatia fora do comum, além de um amor especial por essas pessoas, particularmente pelos pobres e pelas crianças, distribuindo pessoalmente grandes quantidades de esmolas e alimentos para eles. A fim de manter o símbolo e o espírito do cristianismo sempre presentes, foram erigidas cruzes em cada esquina, diante delas, o povo tinha que inclinar a cabeça.

Estava-se agora em 1663, e Nzinga contava então oitenta e um anos. O cristianismo ganhara muito prestígio; mais e mais súditos desejavam ser batizados e a extensão e a freqüência das cerimônias tinham que ser aumentadas. Apesar de sua idade avançada, Nzinga desejava desesperadamente um herdeiro homem; apelou para a ajuda da igreja e prodigalizava suas preocupações com as crianças. A soberana estava preocupada com a sucessão pela linha de Ngola, apreensiva com a possibilidade de haver um conflito prejudicial pelo poder após sua morte; ela tinha em mente o que ocorrera depois do falecimento de seu pai, pois esse fato foi responsável por profundas divisões na liderança Mbundo. A adoção não era uma alternativa exeqüível, pois somente um vínculo de sangue iria legitimar o sucessor. Nem seu próprio casamento, nem o infeliz casamento de sua irmã com Nzinga Amona produzira um herdeiro que pudesse suceder à soberana.

5. O Fim de uma Época

Em outubro de 1663, o Padre Cavazzi, que estivera no interior desempenhando suas atividades de proselitização, foi repentinamente solicitado a voltar à corte da Rainha. Nzinga estava muito doente, aparentemente com pneumonia, e sua voz era praticamente inaudível. Apesar de experimentar uma leve melhora, houve uma recaída alguns dias depois. Durante esse período, seus pensamentos estavam sempre voltados para a morte, afastando pelo menos por ora qualquer discussão sobre negócios de Estado. O missionário estava cônscio do sofrimento da soberana e tentou desviar a conversação para longe deste aflitivo tópico e dirigi-la para seu assunto favorito que era o seu povo. Mas Nzinga recusou-se em ser distraída, declarando que[18]:

Vou morrer logo. Não posso me iludir com esperanças vãs. Que dirá meu povo, que dirão aqueles que pensavam que eu fosse imortal?

18. CUVELIER, *op. cit.*, pp. 230-233.

Sei que sou mortal e que tenho muitos pecados que serão julgados por Deus. Sinto que vou morrer.

Sentia dores no lado esquerdo do peito e tinha uma febre muito alta. Os médicos podiam fazer muito pouco para aliviar seu sofrimento, e ela parecia compreender que nenhum medicamento seria eficaz. Nzinga pediu-lhes que não a abandonassem nesse difícil período.

Em seu quarto estavam quatro dos nove membros de seu Conselho Consultivo, com o Padre Cavazzi. Este último ouviu a confissão da moribunda, e discutiu assuntos que deveriam ser tratados após a sua morte. Presumivelmente, alguns deles deveriam envolver o temor dos capuchinhos, prevendo que a morte da Rainha poderia causar uma avalancha de oposição à nova religião. Cavazzi sabia que o sucesso de sua missão era devido ao tremendo empenho de energia, de tempo, e do grande prestígio no apoio que recebera da Rainha. Era possível que sua morte causasse um retorno aos costumes antigos. Os quatro membros do Conselho eram responsáveis pela execução do testamento e, na ausência de um herdeiro, o *tandala*, que era o primeiro ministro, automaticamente tornava-se vice-rei ou vice-rainha provisório. Ela disse a seu primeiro-ministro, "Faça com que nossa nação permaneça em paz, assim como está neste momento, e mantenha-a deste modo"[19]. Exortou-o também a ajudar os sacerdotes em seus esforços para converter o povo. Os ministros então deixaram o quarto para deliberarem sobre a sucessão do trono e o Padre Cavazzi, cansado até à exaustão, recolheu-se por algumas horas.

Na manhã do dia 17 de dezembro de 1663, Cavazzi acordou de repente com a premonição que deveria se dirigir imediatamente aos aposentos reais. Ao entrar no quarto da Rainha, percebeu que o fim estava próximo. Apesar de seu estado, Nzinga conservara uma certa lucidez de pensamento, e pôde conversar facilmente com ele. Segurava um crucifixo com suas mãos. Morreu serenamente. Fora do palácio, haviam dobrado a guarda e bloqueado as entradas, pois a multidão se reunira informada de sua doença e do desenlace iminente. No dia seguinte, a multidão voltou a se reunir fora do palácio e testemunhou a entrega oficial a Mocambo do arco e da flecha, como símbolo de liderança da nação. Quando Mocambo foi declarada Rainha, e seu marido Rei, todos souberam que Nzinga morrera.

O corpo ficou exposto num ataúde aberto durante catorze dias de luto público, e apoiado numa almofada à cuja volta

19. CADORNEGA, II, *op. cit.*, pp. 141-144.

O enterro da Rainha Nzinga (J. B. Labat, *Relation Historique*, IV).

queimavam incenso[20]. Os missionários liam uma litania todos os dias. A Rainha morta estava inteiramente vestida e adornada de jóias. O exército fazia aumentar a emoção geral, ao efetuar manobras ruidosas enquanto entoava louvores à rainha morta.

Ela foi inumada num sepulcro, "com doze palmos de profundidade e dezoito de comprimento", na Igreja de Santa Ana. O sepulcro foi revestido de seda e decorado com valiosos tapetes. Seu ataúde foi depositado no pó, com um arranjo de seus arcos e flechas, suas roupas e coroa, seus mais refinados objetos e inúmeros escudos.

20. DELGADO, III, *op. cit.*, pp. 273-274. Esse período de exposição parece extraordinariamente longo para uma região tropical. O autor não sabe se teriam usado algum método especial de embalsamento.

10. ALGUMAS OBSERVAÇÕES CONCLUSIVAS

A Rainha Nzinga simbolizou o primeiro movimento de resistência Mbundo à dominação portuguesa. Tendo um compromisso total e absoluto para com a libertação e o nacionalismo angolanos, ela foi "de 1620 até sua morte, em 1663, a personalidade mais importante de Angola"[1]. Nzinga fracassou na missão de expulsar os portugueses e de se tornar rainha da "Etiópia Ocidental", incluindo Matamba (Ndongo Oriental) e o Ndongo. Entretanto, sua importância histórica transcende esse fracasso, pois despertou e encorajou o primeiro movimento nacionalista de que se tem conhecimento na África Centro-Ocidental organizando a aliança nacional e internacional (o Manikongo) em sua oposição total à dominação européia.

1. BIRMINGHAM, *op. cit.*, p. 89.

177

O Professor John Marcum cita a Rainha Nzinga como sendo uma das possíveis fontes do primeiro nacionalismo Mbundo[2]. Atualmente ela é reverenciada por alguns angolanos como sendo uma das inspirações do nacionalismo angolano contemporâneo[3]. Mesmo no Nordeste do Brasil e no Estado do Ceará a fama de Nzinga sobrevive no folclore afro-brasileiro[4], especialmente nos congos ou congadas daquela região:

> Sou irmão da Rainha Ginga,
> Afilhado da Virgem Maria.

Freqüentemente, um atributo de rainha sobrenatural está vinculado à invocação do seu nome como alguém que possui a panacéia para todos os problemas e como sendo a soberana sempre vitoriosa. Estranha e inexplicavelmente, o nome de Nzinga aparece hoje no folclore brasileiro não no contexto de suas campanhas militares contra os portugueses, mas em virtude de suas guerras vingativas contra seus inimigos africanos[5].

> Ela ordenou-me matar meu rei
> E quem deu a ordem foi a Rainha Jinga!
> . . . .
> A Rainha Jinga é uma guerreira.

Nzinga pode ter sido a única soberana africana que não tinha conhecimento da existência do Brasil, mas cuja memória,

2. JOHN MARCUM, *The Angolan Revolution: The Anatomy of an Explosion, 1950-1962*. Cambridge, The M.I.T. Press, 1968, pp. 14-15.

3. Entrevistas com estudantes e exilados políticos angolanos em Lisboa e em Londres. Veja-se também MPLA, *Angola in Arms* (Dar es Salaam), n. 1 (janeiro de 1967), p. 5, citado in: MARCUM, *ibid.*; também CASTRO SOROMENHO, Portrait, Jinga, reine de Ngola et de Matamba, *Présence Africaine*, Paris, n. 42, 1962, pp. 47-53. Versão inglesa, Portrait, Queen Nzinga of Angola, *Voice of Africa* IV (mar.-abr. 1964), pp. 12-14.

14. CHARLES BOXER, Salvador Correa de Sá e Benevides and the Reconquest of Angola, *Hispanic American Historical Review*, v. 28, n. 4, 1949, p. 495, de: GUSTAVO BARROSO, "O Brasil e a Restauração de Angola", *Anais da Academia Portuguesa de História*, VII, 1942, pp. 50-62. Muitos afro-brasileiros são descendentes de escravos angolanos e por conseguinte esta tradição oral é levada adiante. Por exemplo, no Brasil (Nordeste), alguns negros declaram com orgulho: "Sou um neto da Rainha Jinga"; isto tem uma conotação semelhante com os Hebreus, "Sou filho de Israel". Sou grato à senhora Jane McDivitt, Ph. D., estudante em Harvard, por esta informação.

5. CÂMARA CASCUDO, *op. cit.*, p. 32; Mário Antônio Fernandes de Oliveira documentou exemplos da influência literária brasileira na África portuguesa. Veja-se sua obra: *Influências da Literatura Brasileira sobre as Literaturas Portuguesas do Atlântico Tropical*. Lisboa, Instituto Superior de Ciências Sociais e Política Ultramarina, 1967.

em todo o seu esplendor militar, vive na alma do nordestino brasileiro. Talvez isso justifique a crença não incomum que "a Rainha Jinga (Nzinga)... invisível e racionalmente, embarcou em cada navio negreiro"[6].

Como foi salientado acima, alguns jovens angolanos, se bem que os elementos mais combativos, viam Nzinga como uma importante figura nacionalista numa região que parece ter tido poucos líderes militares importantes. Seu nome foi e ainda é, uma metáfora para resistência, para uma ameaça quase invencível, para uma maneira de personalizar o conflito contra o primitivo colonialismo português e, possível e esperançosamente, para as atuais ações de guerrilha, unindo estes elementos angolanos desiguais numa força de combate coerente. Nzinga, tanto no verão como no inverno de sua vida, com franqueza atávica, organizou e liderou o movimento de resistência que perdurou por mais de quarenta anos.

Construíra seu movimento recorrendo a um conjunto de grupos étnicos representativos de africanos e ainda que seus exércitos fossem formados principalmente por guerreiros Jagas, constituíam unidades heterogêneas que Nzinga procurava consolidar numa força de combate efetiva[7]. Sempre procurava criar unidades coesas, problema tremendo onde havia muitos agrupamentos étnicos. A proliferação de grupos nacionalistas rivais e em conflito entre-si desde a revolta angolana da década de 1960, indica que o problema histórico de forjar um movimento nacional de representação ainda perdura[8].

Nzinga plantou as sementes do protesto e da hostilidade dos africanos contra o colonialismo português no Ndongo. Espantosas analogias são evidentes entre algumas de suas técnicas e aquelas empregadas pelos grupos nacionalistas das décadas de 1960 e 1970; sua intercessão em prol da participação em massa dos Mbundos na luta de guerrilha, e seu apoio aos líderes da resistência e movimentos clandestinos são uma característica das atuais forças de resistência e de guerrilha em Angola e nos vizinhos países amigos. Alguns estudiosos dos negócios portugueses identificaram uma ligação contínua entre o movimento de Nzinga e os padrões da resistência angolana que se desenrolaram na década de 1960[9]. O Ndongo Oriental e Ma-

6. *Ibid.*

7. CAVAZZI, III, *op. cit.*, pp. 51-54.

8. Veja-se RONALD H. CHILCOTE, Development and Nationalism in Brazil and Portuguese Africa, *Comparative Political Studies*, v. I, n. 4, janeiro de 1969.

9. MARCUM, *op. cit.*, p. 16; também RONALD H. CHILCOTE, *Portuguese Africa*. Englewood Cliffs, N.J., Prentice Hall, 1967, p. 71.

179

tamba continuaram com a tradição de resistência instituída por Nzinga há três séculos, mantendo uma atitude política africana muito forte e independente até fins do século XIX, particularmente em Ndembo e no planalto de Benguela. A hostilidade e a oposição africanas no decorrer dos últimos 400 anos assumiram vários aspectos, expressando-se por vezes por meio da violência e em outras ocasiões por meio de literatura de protesto. É tentador sugerir que possa existir uma correlação entre a tímida emergência de uma minúscula classe mulata culta em Angola durante o início do século XVII e o subseqüente desenvolvimento de uma elite Mbundo culta (*assimiladoes*), refletindo valores europeus e às vezes questionando por uma maior autonomia para Angola. Alguns dos líderes africanos cultos do período pós-Nzinga eram obviamente produto desta primitiva ênfase na educação; ênfase que poderia ter feito com que os angolanos se conscientizassem de sua condição colonial, produzindo por conseguinte movimentos de oposição. Apesar desta conexão não poder ser totalmente verificável, sabemos que muitas das vozes iradas do nacionalismo angolano contemporâneo foram emitidas por angolanos que receberam instrução em história, língua e cultura portuguesas. Se, por conseguinte, Nzinga foi o arauto, a mãe-negra da resistência e do nacionalismo angolanos, opinião esta, que vem ganhando crescente aceitação entre os estudantes angolanos que vivem no exterior, então os movimentos angolanos de resistência atuais talvez sejam sua descedência e sua herança.

180

APÊNDICES

APÉNCIDE A

TRÊS CARTAS DA RAINHA NZINGA

CARTA DA RAINHA NZINGA AO GOVERNADOR LUÍS MARTINS DE SOUSA CHICHORRO – 13 DE DEZEMBRO DE 1655

Senhor – Recebi vossa carta que me foi entregue pelo Capitão Manuel Frois Peixoto, vosso embaixador, assegurando-me estardes gozando de boa saúde. Do mesmo modo que o desejo para mim mesma, peço a Deus, nosso Senhor, que vos conserve com boa saúde, em paz e tranqüilidade. Como o tempo demonstrará, estou suficientemente saudável para vos servir da melhor forma que puder. Vosso embaixador aqui chegou tão cansado e em tão más condições, devido às estradas inundadas, que imediatamente o enviei à minha residência real para que repousasse; três dias mais tarde, sábado, 5 de dezembro, entregou-me vossa mensagem como representante de Sua Majestade – que Deus o conserve; deu-ma de forma tão credenciada e de maneira tão nobre que imediatamente compreendi o quanto sois sincero em tudo. Na realidade, tenho muitas queixas a fazer contra os governadores precedentes, os quais sempre prometiam libertar minha irmã. Tenho dado muitos presentes e doações de escravos a esses governadores visando sua libertação. Porém, eles nunca a devolveram para mim: ao contrário, eles (os governadores) travaram guerras contra mim, perturbando-me, e forçando-me a ser muito severa

183

e a usar métodos tirânicos, tais como proibir o nascimento de crianças, uma vez que é este o costume do Quilombo, entre outras coisas. Prometo-vos que cessarei todas estas atividades tão logo possa, e permitirei aos sacerdotes, que darão um bom exemplo aos meus anciãos, entrarem em meu reino. Eles ensinarão aos meus ministros (anciãos) a viver de acordo com a fé católica. Por isso é que eu vos peço para me enviar o Padre Serafim e o Padre João, da Ordem do Carmo. Desejo ver o Padre João, porque me foi dito ser um bom pregador e conhecedor da língua de Dongo (Ndongo). Peço-lhe que envie minha irmã com esses dois missionários, pois ela estará em boa companhia e bem protegida. E se isto for do vosso agrado, mais alguém poderá acompanhá-la mesmo um soldado que possa fazer estrépitos de fogo (arcabuz) para celebrar a volta de minha irmã. Deus permita que outro soldado possa também vir com eles para que sirva aos sacerdotes, como bom cristão.

Tão logo saiba da chegada de minha irmã à fronteira, o Capitão Manuel Frois Peixoto partirá imediatamente para conduzi-la ao meu palácio. A honra deverá ser dele por ter sido capaz de fazer com que meus anciãos, muito desconfiados pelas decepções anteriores causadas pelos governadores, mudassem de idéia. De fato, o Capitão Manuel Frois Peixoto merece muitos louvores; mudou meus anciãos, e a mim mesma; é um verdadeiro embaixador (diplomata e cristão) em contraste com os precedentes embaixadores, aos quais me referi.

Estou muito desapontada com a deputação do governador Salvador Correia (Correa de Sá) a quem dei os presentes de que ireis ouvir falar e duzentos banzos (moeda corrente) para obter dele o envio de alguém como o Capitão Ruy Pegado como embaixador representando o Rei – que Deus o conserve – que me devolveria minha irmã. Então a paz iria reinar. Eu não faltaria com a minha palavra de Rainha. Por causa destas e de outras decepções tenho estado a vaguear nos bosques, longe de minhas terras, e com intenções pacíficas. Por causa de minhas perambulações, não pude entrar em contato com ninguém que pudesse informar o rei acerca de minhas intenções de paz para com ele e seus governadores. Todavia, pelo que sei, todos os governadores aqui vieram visando seu próprio proveito e não para servir ao rei. De fato, este reino é proveitoso às suas prerrogativas reais tanto quanto o é para mim. Todavia, seria mais lucrativo se estivéssemos em paz para que eu pudesse estabelecer mercados mais próximos para os "pombeiros", permitindo-lhes ter mercadorias mais baratas. Por fim, espero que pedireis ao Rei – que Deus mantenha a paz – que me deixe em paz e saúde. [Quicama (uma região a sudoeste de Angola) que nenhum (os governadores) deles conquistou, nem teria a honra de conquistar, deve também ser deixada para mim].

Ofereço minha ajuda para essa conquista e se não houver esperança de permissão, enviar-vos-ei alguns de meus homens mais fortes, se isto vos aprouver. Farei isto em sinal de respeito à Sua Majestade a quem Deus conserve vivo, e também prometo que tão logo cheguem os sacerdotes com minha irmã, permitirei às mulheres terem seus bebês – algo que até agora não permitira por ser um costume comum no "Quilombo". Isso naturalmente não mais ocorrerá tão logo haja paz e sejam meus territórios novamente devolvidos. De fato, agora, somente pessoas de outras províncias e nações estão me servindo, de povos que conquistei. Eles me obedecem como seu líder natural; alguns com amor e outros com receio. Vossa Excelência não poderia ter enviado embaixador melhor do que o Capitão Manuel Frois Peixoto, que sabe falar a língua de meu reino. Todos meus anciãos estão muito felizes, e todos me dizem que somente ele traz a verdadeira paz e diz a verdade e tudo que lhe ordenastes dizer. Já tenho o vosso presente, e estou pensando pacífica e calmamente nos dias que me restam nessa minha idade avançada. Não quero deixar minhas terras para escravos, mas para a minha irmã, porque se eu as deixasse para os meus escravos eles não iriam saber administrá-las, e as arruinariam. Além do mais, poderiam não obedecer à Sua Majestade (que Deus conserve em paz). Minha irmã, desde que tem vivido com os europeus (os brancos) e é, assim me dizem, uma boa cristã, saberá como administrá-las de maneira sábia.

Não prestai ouvidos aos povos vizinhos, pois eles sempre procuraram me apresentar como inimiga dos governadores precedentes. E, desde que sois parente do Governador João Correa de Sousa, meu Padrinho, que Deus concedeu a honra, eu vos peço que traga esta paz consignada por uma carta oficial de Sua Majestade, para minha própria garantia e para garantia de meus anciãos, de modo que eles possam permanecer tranqüilos e comecem a abrir os campos assim como o fizeram antes quando o Capitão Manuel Frois Peixoto o solicitou, na qualidade de representante de Sua Majestade para o "Jaga Cabuca" (Jaga Kabuka), de maneira tão cortês que não pude recusar, apesar de ter muitas queixas contra Cabuca, que destruiu tantas de minhas terras. Por esta razão ele trabalhou alguns anos para mim a fim de compensar as perdas que me causou. Todavia, o júbilo pela chegada de minha irmã seria tão grande que deixaria imediatamente o supracitado "jiga" (*sic*) partir com o Capitão Manuel Frois Peixoto para que ficasse às suas ordens. Posso vos garantir que darei a Quissama (Quicama) meu apoio militar se achardes necessário, e que providenciarei qualquer outra coisa. Quanto às duzentas "peças" que pedistes pela libertação de minha irmã Dona Bárbara, confesso-vos ser um alto preço a pagar se considerardes o quanto já tenho dado aos precedentes governadores e embaixadores, e também a secretários, criados, e a muitas pessoas da localidade. Lembro-me de suas falsidades até o dia de hoje. Darei somente cento e trinta peças. Enviarei cem tão logo minha irmã chegue à fronteira, para minha própria garantia. Vossa Excelência não deveria achar essa proposta estranha. Porque, somente deste modo eu posso ter fé na transação e evitar as frustrações e desapontamentos que sofri por causa dos governadores anteriores. O embaixador permanecerá aqui como refém, a fim de evitar qualquer infortúnio, até que minha irmã chegue à minha Corte. Vossa Excelência há de compreender que meus anciãos ficam muito desconfiados quando relembram o passado. Ireis desculpar o fato de minha carta ser tão longa, mas é assim que deve ser.

O embaixador apresentou-me vossos respeitos. (Muito) vos agradeço. Gostei bastante do copo de madre-pérola; não vos aborreceis comigo, porque tudo tenho em minha corte, exceto minha irmã. Depois de seu retorno servirei Vossa Excelência com grande prazer, como podereis ver. Esse mensageiro irá vos confirmar que concordei com o embaixador. E uma vez que está partindo imediatamente, leva consigo doze "peças", e não mais que isso. Elas são um presente para Vossa Excelência.

De minha corte, Matamba, 13 de dezembro de 1655
R. D. Ana de Sousa.

(Cadornega, v. II, pp. 500-503.)

185

CARTA DE CREDENCIAIS DA RAINHA NZINGA AO SEU SECRETÁRIO E AO PADRE SERAFIM DE CORTONA – 15 DE AGOSTO DE 1657.

Ao Mui Reverendo Padre Serafim.

Estou enviando meu secretário, Dom João, na qualidade de Embaixador junto a Portugal, para apresentar minhas condolências à Rainha por ocasião da morte do Rei João – que descanse em paz – e para restabelecer com ela a paz que já fiz, e também para autorizá-lo (o seu secretário) ir a Roma visitar o Santo Padre que é o pai universal de todos os cristãos para que, em meu nome, possa beijar-lhe os pés e pedir-lhe uma bênção para mim, como filha de sua igreja pela Graça de Deus e pela doutrina de vossa fraternidade.

Recomendo a Vossa Reverência favorecer-nos junto ao Governador de Luanda em suas opiniões e auxiliar meu embaixador em tudo o que for necessário. Se por alguma razão ele não puder obter acesso em Luanda ou em Lisboa, peço a Vossa Reverência, como meu pai espiritual, que assuma o encargo de embaixador, para o qual, nesse momento eu vos nomeio e vos dou todos os meus poderes para fazer tudo quanto meu secretário estava creditado a executar em Lisboa e, também, para beijar os pés do Santo Padre e pedir-lhe sua bênção, e entregar-lhe as cartas que escrevi para ele e para a Segunda Congregação de Cardeais.

Desde que tendes que ter credenciais como meu embaixador estou vos enviando esta carta de recomendação, assinada com o sinal da cruz, e o selo de nosso reino.

Esta foi feita em Matamba, a 15 de agosto de 1657.

Rainha Nzinga,   Secretário – Dom João

(Cadornega, v. II, p. 509.)

CARTA DA RAINHA NZINGA AO GOVERNADOR DE ANGOLA, LUÍS MARTINS DE SOUSA – 12 DE JANEIRO DE 1658

Estou escrevendo esta carta como uma filha escreveria a seu pai. Estou enviando um servo de minha Corte. Escrevi extensivamente na carta que os mensageiros levaram que sou vossa filha. Uma vez que somos parentes espirituais, usarei desta afinidade. Neste momento, nada tenho que seja mais valioso do que isso para vos enviar. Não foi com má intenção mas somente porque nada tinha (de melhor) para vos oferecer. Meu mensageiro vos dará um lindo presente em sinal de (minha) afeição. Peço a Vossa Excelência que me envie brincos de qualidade muito boa pois não tenho mais nenhum. Se tiverdes algum, por favor mande para mim.

Não escreverei uma carta longa. Nosso Senhor vos guarde.

12 de janeiro de 1658 – Rainha Dona Ana.

(Cadornega, v. II, p. 507.)

186

APÉNDICE B

TERMOS DE PAZ ENTRE OS PORTUGUESES E A RAINHA NZINGA
12 DE OUTUBRO DE 1657

Estes são os termos de paz que o Capitão Manuel Frois Peixoto elaborou na qualidade de Embaixador nesta Corte da Rainha Dona Ana de Sousa tal como lhe foi ordenado pelo Governador e pelo Capitão-Geral desse território, Luís Martins de Sousa, e ratificados pelo Capitão José Carrasco.

Em primeiro lugar, a supracitada Rainha está reconciliada com a Santa Igreja Católica, mãe dos fiéis. Ela imediatamente recebeu os sacerdotes e os missionários que havia solicitado. O Padre Antônio Romano, capuchinho e missionário apostólico, foi o primeiro que chegou. Uma igreja foi construída, e muitas criancinhas foram batizadas depois que os termos da paz foram ajustados aos costumes de Quimbundo (Mbundo). Este sacerdote realizara muitas cerimônias e a Rainha autorizou todas as mulheres a conceber filhos livremente, daí por diante.

Como sinal da obediência, devida a Sua Majestade, Dom João IV (que Deus o conserve), ela lhe oferece todo seu auxílio militar quando e onde for necessário.

187

Com esta paz a Rainha e seus vassalos terão tranqüilidade, e o comércio trará riqueza a ela e a seus vassalos, como acontece com todos aqueles que desejam e que oferecem a paz, assim como a Rainha está fazendo (agora).

E para demonstrar sua sinceridade nos termos de paz, ela libertou imediatamente "Jaga" Calandula (Jaga Kalanda) que estivera ausente do serviço de Sua Majestade e contra quem tinha muitas queixas. De fato, ele destruíra muitos dos seus territórios em "Quituquila". Quando ela o libertou para servir Sua Majestade, a Rainha o admoestou, recomendando-lhe com insistência para ir e servir ao Rei. Ela o advertiu diante do embaixador Manuel Frois Peixoto de que não haveria escapatória para ele caso não se portasse direito.

Ela prometeu pagar 130 peças ao invés de 200 pela liberdade de sua irmã Dona Bárbara. Também disse que as terras de Quitucula lhe pertenciam, terras estas que, no momento, estavam desabitadas pois que eram caminho dos pombeiros. O Governador disse aos "Jagas" Cassange e Angolahari para não interferirem com o povo a quem ela daria as terras. E por ser este caminho muito próximo da Corte da Rainha, haveria indenização por prejuízos da Rainha se os Jagas Cassange e Angolahari perturbassem seu povo.

Também fica estipulado que ele (o governador) será obrigado a fornecer todo o auxílio militar necessário para castigar os inimigos dela e os rebeldes. Com este entendimento haverá uma paz permanente. A Rainha aguarda confirmação de Sua Majestade (que Deus o guarde) para sua própria garantia. Ela será amiga dos amigos d'Ele e inimiga dos inimigos d'Ele. Este documento foi assinado na presença do Capitão Manuel Frois Peixoto, Embaixador-Assistente, do Capitão José Carrasco, do Padre Antônio Romano (capuchinho), missionário apostólico, e do representante do Governador, Francisco Lopes Carrião.

ATA DE ENTREGA À RAINHA D. ANA DE SOUSA, DE SUA IRMÃ D. BÁRBARA DE ARAÚJO, DE ACORDO COM AS ORDENS DO GOVERNADOR LUÍS MARTINS DE SOUSA

No ano de 1657 (A.D.), a 13 de outubro, na Corte da Rainha D. Ana de Sousa, na província de Matamba, na presença de dita Rainha e de seus Generais e Chefes Ginga Amona Manibumbo, o anterior tendala Ango Combole Manimachao, Manicange Barian Gonga, e o secretário João de Souza por um lado, o Capitão José Carrasco aos cuidados de quem estava colocada Dona Bárbara de Araújo; Padre Antônio Romano, pregador capuchinho e missionário apostólico designado pelo Alferes (Lugar-Tenente?) Francisco Lopez Carrião, tendala (representante) do governo por outro lado; estando todos presentes os termos e condições oferecidos pela dita Rainha ao Governador, Luís Martins de Sousa, termos que foram aceitos por ele, foram lidos por mim, notário, abaixo assinado. Os termos formulavam a restituição de sua irmã, D. Bárbara de Araújo, que durante anos estivera aprisionada pelas autoridades portuguesas após uma guerra justa. O Governador, tendo obtido garantia de que a Rainha manteria os termos e as condições a que se havia chegado, decidiu libertar sua irmã. A fim de tornar solene a ocasião, e de garantir que o pacto seria mantido por longo tempo, ordenou que os termos fossem lidos

188

na presença da Rainha e de seus Conselheiros. Também ordenou que a refém fosse restituída com aclamação de todos eles de modo a demonstrar de sua parte (o governador) que mantivera sua palavra de acordo com as ordens de Sua Majestade, Dom João IV. Também esperava que a Rainha, de sua parte, agisse do mesmo modo, sem fraude. Tudo foi feito desta forma e declarado em língua Ambundu (Kimbundu), pelo tendala (representante?) do dito governo da Rainha D. Ana de Sousa; novamente o tratado foi ratificado na presença de seus conselheiros e assistentes sem qualquer oposição por parte de seu povo. Ao contrário, foi uma ocasião feliz: nessa atmosfera o Lugar-Tenente José Carrasco imediatamente lhe devolveu sua irmã D. Bárbara de Araújo. Ela aceitou o pacto e ordenou a seu povo que celebrasse de acordo com o uso de sua corte. Para que o pacto fosse permanente, o embaixador-assistente pediu-me que redigisse esse tratado, que seria assinado por ele mesmo, pela Rainha, pelo Padre Antônio Romano, pelo Capitão José Carrasco e pelos presentes em nome do Governador Luís Martins de Sousa. O tendala (representante) do governador também apôs sua assinatura. Ele recebera poderes especiais do dito governador. Eu, Francisco Ribeiro Pereira, Notário para este Pacto, também assinei de minha própria mão desta maneira: . . .Eu, Francisco Ribeiro Pereira, assino pela Rainha D. Anna de Sousa, Crus*; Eu, João de Souza, secretário, assino pelo Governador Luís Martins de Sousa; (estas foram as outras assinaturas): Francisco Lopez Carrião, Crus de Angolabole, Crus de Ginga Amona, Crus de Mani Oanga, Crus de Mani Macau, Crus de Bariangona, Crus de João Mani Lumbo, Crus de Tendallo, Manoel Fernandes, digo Manuel Frois Peixoto (*sic*), José Carrasco, Padre Antônio Romano, missionário apostólico e pregador capuchinho, De Calisto Tolletis (*sic*), Conselheiro-Mor da Rainha.

(Arquivos de Angola, série I, v. II, n. 7-8, 1936, pp. 9-14:
citando: Overseas Historical Archives, Angola, Papéis Avulsos,
Capilha de 8 de dezembro de 1657.)

* *Crus* poderia significar um "X" no lugar da assinatura, para aqueles que não sabiam escrever.

APÉNDICE C

CARTA DO GOVERNADOR LUÍS DE SOUSA CHICHORRO AO REI DE PORTUGAL, RELATANDO ACERCA DOS TERMOS DE PAZ COM A RAINHA NZINGA – 8 DE DEZEMBRO DE 1657

Senhor – Aos 5 dias deste mês, mensageiros da Rainha Dona Ana de Sousa aqui chegaram com os termos da paz que fiz com ela. Enviei o documento a Vossa Majestade. Parece a mim e a muitas outras pessoas de bom senso, que o trabalho que realizei para Vossa Majestade, não é desprezível; já que Vossa Majestade está por demais preocupada com aquilo que diz respeito a Deus e à nossa santa religião. Parece que o melhor resultado está no fato da Rainha, que rejeitara por completo os ensinamentos de nossa religião, ter retornado à Igreja Católica reconciliada depois de demonstrar tantos sinais de arrependimento; ela ouve a Missa todos os dias com grande respeito e adora a Imagem do Cristo Crucificado, que conserva numa Capela particular (ao lado da Igreja) que construiu. Também aplicou severas punições para as práticas dos ritos pagãos. Igualmente ordenou que todos os recém-nascidos fossem batizados. Os missionários capuchinhos que me solicitou são por ela muito bem tratados. Na verdade, foi ao seu encontro quando ainda se achavam a uma distância de 50 milhas de seu quilombo. Recebeu-os publicamente ajoelhada, beijou seus hábitos; imediatamente os missionários lhe disseram para remover de sua cabeça alguns dos objetos de superstição que esses bárbaros usam. Ela jogou todos esses objetos fora e perguntou se havia algo mais a que devia renunciar. Agora está me pedindo para que sejam enviados mais capuchinhos, tão surpresa está com a pobreza e despreendimento deles para com as coisas materiais/, qualidades que podem/impressionar/e/convencer qualquer pessoa.

Deixando as questões espirituais (de lado), ela pôs em liberdade nosso Jaga Calanda, que procurara refúgio junto dela, com todas as suas forças; como escrevi a Vossa Majestade sobre ele, e relatei o quanto o serviço de Vossa Majestade sentia sua falta. Este homem mostrou grande lealdade no tempo dos flamengos, e em outras ocasiões. Devo confessar que não ousei pedir por sua devolução nos acordos de paz feitos com a Rainha. Mas cuidei de mencionar isto aos poucos e consegui o resultado desejado. Ela o entregou para mim juntamente com os outros (termos) (escravos) que estou enviando à Vossa Majestade.

Além da conversão religiosa, que é o maior interesse de Vossa Majestade, foi uma grande surpresa para os etíopes (africanos) do Império da Rainha Jinga, saber da submissão dela às leis de Vossa Majestade. Vosso nome causa reverência a todo mundo

Esses bárbaros estão muito surpresos com a espantosa submissão da Rainha Jinga; também eu e todos vossos servos nesses territórios ficamos surpresos.

Esta mudança é certamente devida ao fervor e ao exemplo dos missionários. Espero que outros missionários da Igreja seguirão o mesmo exemplo. Mas nunca se pode saber se, algum dia, virão a ser perseguidos, pois ninguém pode predizer o que a paixão humana é capaz de fazer sem nenhuma consideração de seu *status* sagrado. Seria uma coisa triste se isso lhes acontecesse depois de terem colocado em perigo suas vidas pelo bem-estar de toda esta Etiópia (África). Estou assim dizendo porque vejo e sei disso, e também porque me confiastes o cuidado da cristandade. Asseguro-vos que se esses missionários italianos não tivessem vindo, não mais haveria cristandade nessas terras de Vossa Majestade.

Meus informantes mais próximos à Rainha contam-me que ela aguarda a volta de seu General, que está na guerra, para que se case com sua irmã Bárbara que pus em liberdade. Ele será batizado e parece que muitas pessoas seguirão o seu exemplo, porque é este negro que governa tudo o que diz respeito à guerra e à paz.

Das 130 peças que a Rainha ofereceu em troca da liberdade de sua irmã, enviou 99 antes do tratado. Tomei nota delas através do Provedor da Fazenda (Administrador Econômico) e lhe ordenei para que as deixasse comigo a fim de evitar inútil risco de vida e grandes despesas antes da chegada da ordem de Vossa Majestade; isto não custaria demais, segundo me foi dito pelos Ministros da Economia (Fazenda). Aguardo para qualquer destes dias as 31 peças restantes e as ordens de Vossa Majestade a respeito do pagamento que devo fazer. Espero que Vossa Majestade não se demore a responder porque os governadores sem recursos não são bons poupadores de dinheiro.

Nós todos desejamos que Deus guarde Vossa Majestade e vosso povo.

S. P. + de Assumpção + 8 de dezembro de 1657 — Luís M. de Sousa.

(Museu de Angola — Documentação Histórica (. . .) por
Ralph Delgado, v. II, pp. 170-275.)

APÊNDICE D

ESCRAVOS QUE A RAINHA NZINGA DEU AO GOVERNADOR LUÍS MARTINS DE SOUSA CHICHORRO PELA LIBERDADE DE SUA IRMÃ D. BÁRBARA DE ARAÚJO

Numa carta de 25 de fevereiro de 1657, o governador escreveu para o Rei de Portugal: Com referência ao preço de libertação da irmã da Rainha Jinga, valor este destinado ao Tesouro Real, como comuniquei, isto foi o que permiti que ela fizesse: considerando que ela estava se queixando de precedente(s) fraude(s) dos governadores anteriores, e que achava o preço por demais elevado pensei que seria melhor lhe facilitar as coisas a fim de torná-la feliz. Este sinal de cortesia (que ela entendeu perfeitamente) me faz crer que manterá sua palavra a respeito das outras promessas.

(Museu de Angola — Documentação Histórica (. . .) por Ralph Delgado, v. II, pp. 229-232; citando: A.H.V., Lisboa, Angola, Papés Avulsos, de 25 de fevereiro de 1657.)

O governador havia solicitado 200 escravos, mas a Rainha reduziu o número para 130, tendo enviado na primeira metade do ano de 1657, 100 escravos, um dos quais morreu no caminho. O governador recebeu 99 em 17 de dezembro de 1657, classificados e avaliados da seguinte forma:

30 (cabeças) da Índia (peças da Índia)	: a 22 000 réis cada = 660 000 réis
5 negros barbados	: a 18 000 réis cada = 90 000 réis
1 homem velho	: a 14 000 réis cada = 14 000 réis
14 servas, moças grandes	: a 19 000 réis cada = 266 000 réis
8 servos, rapazes grandes	: a 19 000 réis cada = 152 000 réis
5 servos, rapazes	: a 18 000 réis cada = 90 000 réis
6 servas, moças grandes	: a 17 000 réis cada = 102 000 réis
8 servos, moças e rapazes	: a 16 000 réis cada = 128 000 réis
11 servos, moças e rapazes	: a 15 000 réis cada = 165 000 réis
6 servos, rapazes e moças	: a 14 000 réis cada = 84 000 réis
3 servos rapazes	: a 13 000 réis cada = 39 000 réis
2 servos rapazes	: a 12 000 réis cada = 24 000 réis
99	1 814 000 réis

No fim do ano, os restantes 30 chegaram como segundo grupo, e foram classificados e avaliados de maneira semelhante, como se segue:

8 servos, rapazes grandes	: a 20 000 réis cada = 160 000 réis
8 homens barbados	: a 16 000 réis cada = 128 000 réis
2 mulheres velhas	: a 14 000 réis cada = 28 000 réis
10 pequenos servos	: a 12 000 réis cada = 120 000 réis
2 moleques (rapazes pequenos)	: a 11 000 réis cada = 22 000 réis
30	458 000 réis

Portanto, o número total trocado pela liberdade de D. Bárbara foi de 129 escravos, avaliados em 2 272 000 réis.

Ibid. (Anexo à carta do Governador Luís Martins de Sousa Chichorro, de 12 de março de 1657, pp. 310 e seguintes).

BIBLIOGRAFIA SELECIONADA

Durante os anos que trabalhei reunindo dados e escrevendo esse estudo, entremeados por minhas obrigações profissionais, fiz uso de muitas bolsas de auxílio à pesquisa, em Portugal, Brasil e Estados Unidos, cuja importância e conteúdo não poderiam aqui ser nem excessivamente avaliadas, nem completamente detalhadas. Sem dúvida, a mais rica fonte de informação parece ser a dos documentos inéditos, conservados em caixas, na série *Documentos Avulsos de Angola*, 1-10, no Arquivo Histórico do Ultramar em Lisboa. Todavia é necessária uma palavra de advertência. Embora as várias caixas contenham importantes documentos e correspondência dos funcionários portugueses a serviço em Angola, durante o período do presente estudo, sua pesquisa envolve a leitura atenta de milhares de documentos que refletem estilos diferentes de tendências

195

e caligrafia portuguesas. Apesar de sua extrema subjetividade, eles proporcionam raras introspecções no funcionamento da burocracia portuguesa em Angola e a reação africana àquelas ações.

Outra importante fonte de material veio da Biblioteca Nacional (Lisboa e Rio de Janeiro), do Instituto Histórico e Geográfico e do Arquivo Nacional do Rio de Janeiro, Brasil. A seção de manuscritos e a seção de Livros Raros da Biblioteca contêm grande quantidade de livros raros, artigos e documentos que foram de valor inestimável. Por fim, a Biblioteca do Congresso e a Biblioteca da Universidade do Estado de Carolina do Norte, em Chapel Hill, forneceram o primeiro material para o início do presente estudo. A seguir, darei a lista de algumas das referências que foram de grande valia no preparo desse estudo. Gostaria de repetir que não se trata de uma lista ampla, mas simplesmente uma amostragem dos livros, documentos e/ou periódicos, que teceram o fio e a trama deste estudo.

ANAIS Universidade Museu Paulista, 1941.

ARAGUÃO, Baltazar Rebelo de. *Terras e Minas Africanas*. Lisboa, s.d.

ARQUIVO Histórico do Ultramar. Lisboa, *Documentos*, Papéis Avulsos, caixas 1-10.

AZEVEDO, João Mário de. *Jinga, Rainha de Matamba*. Braga, Gráficas Augusto Costa, 1949.

BALANDIER, Georges. *Daily Life in the Kingdom of the Kongo*. New York, Random House, 1968.

BIRMINGHAM, David. *Trade and Conflict in Angola: The Mbundu and Their Neighbors Under the Influence of the Portuguese 1483-1790*. Oxford, Clarendon Press, 1966.

BOLETIM da Sociedade de Geographia de Lisboa. Lisboa, Imprensa Nacional, 1883.

———. Lisboa, Imprensa Nacional, 1885, 1945.

BOXER, Charles. *Portuguese Society in the Tropics: The Municipal Councils of Goa, Macao, Bahia and Luanda 1510-1800*. Madison, University of Wisconsin Press, 1965.

———. *Race Relations in the Portuguese Colonial Empire 1415-1825*. Oxford, Clarendon Press, 1963.

———. *Salvador Correa de Sá and the Struggle for Brazil and Angola 1602-1686*. London, University of London, 1952.

———. *The Dutch in Brazil*. London, Oxford University Press, 1963.

———. *The Dutch Seaborne Empire, 1600-1800*. New York, Knopf, 1965.

BRASIO, A. *Monumenta Missionária Africana, Africa Oriental*. Lisboa, Agência Geral do Ultramar, 1956, 10 v.

BRITO, Domingos de Abreu e. *Um Inquérito da Vida Administrativa e Econômica de Angola e do Brasil em Fins do Século XVI*. Coimbra, Imprensa da Universidade, 1931.

CADORNEGA, Antônio de Oliveira de. *História Geral das Guerras Angolanas*. (org.) Matias Delgado e Alvares da Cunha, Lisboa, Divisão de Publicações e Biblioteca, 1942, v. 3.

CARNEIRO, Edison. *O Quilombo dos Palmares*. 3. ed., Rio de Janeiro, Editora Civilização Brasileira, 1966.

CARVALHO, Henrique Dias de. *O Jagado de Cassange na Província de Angola*. Lisboa, Typographia de Christovão, 1898.

CASCUDO, Luís da Câmara. *Made in Africa (Pesquisas e Notas)*. Rio de Janeiro, Editora Civilização Brasileira, 1965.

CAVAZZI DE MONTECUCCOLO, João Antônio. *Descrição e História dos Três Reinos do Congo, Matamba e Angola*. Lisboa, Junta de Investigações do Ultramar, 1965.

CAYOLLA, Júlio. *A Reconquista de Angola por Salvador Correa de Sá*. Lisboa, 1942.

CHILCOTE, Ronald H. Development and Nationalism in Brazil and Portuguese Africa. *Comparative Political Studies*, v. 1, n. 4 (jan. 1969).

——. *Portuguese Africa*. Englewood Cliffs, N.J., Prentice Hall, 1967.

CHILDS, Gladwyn Murray. The People of Angola in the Seventeenth Century According to Cadornega. *Journal of African History*, 1, 2, 1960, pp. 271-299.

CORDEIRO, Luciano. *Memórias do Ultramar: Terras e Minas Africanas*. Lisboa, Imprensa da Universidade, s.d.

——. *Viagens, Explorações e Conquistas dos Portugueses, 1620-1629: Produções, Comércio e Governo do Congo e Angola*. Lisboa, 1861.

CUNHA, M. Álvares da. "Em Volta da Nova Missão da Cazunga-Notas Históricas e Missionárias". *Boletim Eclesiástico de Angola e São Tomé*, Ano III, n. XII, (49)-jan. 1943.

——. "A Antiga Missão de Santa Maria de Matamba". *Boletim da Diocese de Angola e Congo*, Ano V, n. 27, mai.-jun. 1939, p. 85.

CUVELIER, MGR. J. *Koningin Nzinga van Matamba*. Brugge, Brussum, 1957.

DELGADO, Ralph. *História de Angola*. Luanda e Benguela, Tipografia do Jornal de Benguela, 1948, 4 v.

DIAS, Augusto. *Cuadernos Coloniais*, n. 35: *Pombeiros de Angola*. Lisboa, Editoria Cosmos, s.d.

DIAS, Gastão Sousa. *A Batalha de Ambuíla*. Lisboa, 1941.

——. "Francisco de Sotomaior, Capitão-General e Governador do Reino de Angola, 1645-1646", em *Congresso do Mundo Português*, VII, Lisboa, Seção dos Congressos, 1940.

——. *Julgareis Qual é Mais Excelente*. Edição do Museu de Angola, s.d.

——. *Ocupação de Angola: Exploração, Conquista e Povoamento*. Lisboa, Agência Geral das Colônias, 1944.

——. *Os Auxiliares na Ocupação do Sul de Angola*. Lisboa, Agência Geral das Colônias, 1943.

——. *Os Portugueses em Angola*. Lisboa, Agência Geral do Ultramar, 1959.

——. *As Relações de Angola*. Coimbra, Imprensa da Universidade, 1934.

——. "Uma Viagem a Cassange nos Meados do Século XVIII". *Boletim da Sociedade de Geographia de Lisboa*. Série 56.ª, n. 1 e 2, jan.-fev. 1938.

DUFFY, James. *Portuguese Africa*. Cambridge, Harvard University Press, 1959.

EGERTON, P. Clement. *Angola in Perspective*. London, Routledge and Kegan Paul, 1957.

FELNER, Albuquerque. *Angola: Apontamentos sobre a Ocupação e Início do Estabelecimento dos Portugueses no Congo, Angola e Benguela*. Coimbra, Imprensa da Universidade, 1933.

FERREIRA, F. de Salles. "Memória sobre o Presídio de Pungo-Andongo". *Annaes Marítimos e Colônias*, série VI, 1846, pp. 118-120.

LIMA, Lopez de J. J. *Ensaio sobre a Estatística das Possessões Portuguesas d'Angola e Benguela.* Lisboa, 1846, v. III, parte II.

MANSO, Paivo. *História do Congo.* Documentos, CLXXII, Lisboa, Typographia da Academia, 1897.

MARCUM, John. *The Angolan Revolution: The Anatomy of an Explosion 1950-1962.* Cambridge, The M.I.T. Press, 1968.

MATTA, J. D. Cordeiro de. *Ensaio de Diccionário – Kumbundu-Portuguez.* Lisboa, Da Casa Editora Antônio Gonzales, 1893.

MELLO, Antônio Brandão de. "Breve História da Rainha Jinga Mbandi, D. Ana de Sousa". *Boletim da Sociedade de Geographia de Lisboa*, série 63, n. 1 e 2, jan.-fev. 1945.

MELLO, José Antônio Gonçalves de. *João Fernandes Vieira.* Recife, Universidade do Recife, 1956, v. II.

MILLER, Joseph P. The Imbangala and the Chronology of Early Central African History. *Journal of African History*, XII, 4, 1972, pp. 549-574.

MONTEIRO, Joachim John. *Angola and the River Congo.* London, Macmillan and Company, 1875, 2 v.

MOURA, Clóvis. *Rebeliões da Senzala (Quilombos, Insurreições, Guerrilhas).* São Paulo, Edições Zumbi, 1959.

NOGUEIRA, Jofre Amaral. *Angola na Época Pombalina: O Governo de Sousa Coutinho.* Lisboa, Publicações Europa-América, 1960.

POMBO, Padre Manuel Ruelo. *Angola Menina 1560-1565.* Lisboa, Imprensa de Revista, 1944.

PIGAFETTA, Filippo. *A Report of the Kingdom of the Kongo and the Surrounding Countries.* London, Frank Cass, 1970.

RAVENSTEIN, E. G. (org.). *The Strange Adventures of Andrew Battell of Leigh in Angola and the Adjoining Regions.* London, The Hakluyt Society, MDCCCI.

REGO, Silva A. do. *A Dupla Restauração de Angola 1641-1648.* Lisboa, Divisão de Publicações e Biblioteca Agência Geral, 1956.

————. *Portuguese Colonization in the Sixteenth Century: A Study of the Royal Ordinances.* (Regimentos). Johannesburg, Witwatersrand University Press, 1959.

RODRIGUES, Rev. Francisco. *História da Companhia de Jesus na Assistência dos Portugueses.* II, Porto, 1938.

————. *Uma História Inédita de Angola.* Lisboa, 1936.

SELVAGEM, Carlos. *Português Militar. Compêndio de História Militar e Naval de Portugal 1140-1940.* Lisboa, 1931.

SILVA CORREA, Elias Alexandre da. *História de Angola.* Lisboa, 1937.

SOROMENHO, Castro. *Sertanejos de Angola*, n. 98. Lisboa, Agência Geral das Colônias.

TAUNAY, Affonso de Escragnolle. "Ensaios da História Paulistana". *Anais*, 10, Universidade Museu Paulista, 1941.

————. *Subsídios para a História do Tráfico Africano no Brasil.* São Paulo, Imprensa Oficial, 1941.

VANSINA, Jan. Long Distance Trade-Routes in Central Africa. *Journal of African History*, III, n. 3, 1962, p. 378.

————. The Foundations of the Kingdom of Kasanje. *Journal of African History*, IV, 3, 1963, p. 358.

VIEIRA, Antônio. *Cartas.* I, Lisboa.

VITÓRIA, Simeão. *Reconquista de Angola aos Holandeses, 1658.* Luanda, Imprensa Nacional, 1926.

COLEÇÃO DEBATES
(Últimos Lançamentos)

320. *O Hedonista Virtuoso*, Giovanni Cutolo.
321. *Tradução, Ato Desmedido*, Boris Schnaiderman.
322. *Preconceito, Racismo e Política*, Anatol Rosenfeld.
323. *Contar Histórias com o Jogo Teatral*, Alessandra Ancona de Faria.
324. *Judaísmo, Reflexões e Vivências*, Anatol Rosenfeld.
325. *Dramaturgia de Televisão*, Renata Pallottini.
326. *Brecht e o Teatro Épico*, Anatol Rosenfeld.
327. *Teatro no Brasil*, Ruggero Jacobbi.
328. *40 Questões Para Um Papel*, Jurij Alschitz.
329. *Teatro Brasileiro: Ideias de uma História*, J. Guinsburg e Rosangela Patriota.
330. *Dramaturgia: A Construção da Personagem*, Renata Pallottini.
331. *Caminhante, Não Há Caminho. Só Rastros*, Ana Cristina Colla.
332. *Ensaios de Atuação*, Renato Ferracini.
333. *A Vertical do Papel*, Jurij Alschitz.
334. *Máscara e Personagem: O Judeu no Teatro Brasileiro*, Maria Augusta de Toledo Bergerman.
335. *Razão de Estado e Outros Estados da Razão*, Roberto Romano.
336. *Teatro em Crise*, Anatol Rosenfeld.
337. *Lukács e Seus Contemporâneos*, Nicaolas Terulian.
338. *A Tradução Como Manipulação*, Cyril Aslanov.
339. *Teoria da Alteridade Jurídica,* Carlos Eduardo Nicolletti Camillo.

Este livro foi impresso na cidade de Cotia,
nas oficinas da Meta Brasil,
para a Editora Perspectiva.